O2O 在线教育图解微课教程

汽车电气系统检修

张明 杨定峰 / 主编 / / 何扬 舒一鸣 / 副主编

赵林 / 主审 / / 朱军 / 总顾问

人民邮电出版社

北京

图书在版编目（CIP）数据

汽车电气系统检修 / 张明，杨定峰主编. -- 北京 : 人民邮电出版社，2016.6
职业院校汽车类“十三五”微课版创新教材 020在线教育图解微课教程
ISBN 978-7-115-42037-4

Ⅰ. ①汽… Ⅱ. ①张… ②杨… Ⅲ. ①汽车－电气系统－检修－高等职业教育－教材 Ⅳ. ①U472.41

中国版本图书馆CIP数据核字(2016)第063977号

内 容 提 要

本书共 10 个项目，内容涉及汽车电气设备的主要维修项目。各项目以场景式故障案例引入，结合案例所涉及的相关知识，完成项目所涉及的任务，最后以项目实操任务单测评为主线进行学习。通过理实一体化的教学模式和方法，可以使读者较快地了解项目所需的基础理论知识、熟悉项目及所涉及的相关故障处理方法，初步掌握实操技能。

本书既可作为职业院校汽车类相关专业的教材，也可作为相关从业人员和汽车爱好者的参考书。

◆ 主　　编　张　明　杨定峰
副 主 编　何　扬　舒一鸣
主　　审　赵　林
总 顾 问　朱　军
责任编辑　刘盛平
责任印制　焦志炜

◆ 人民邮电出版社出版发行　北京市丰台区成寿寺路 11 号
邮编　100164　电子邮件　315@ptpress.com.cn
网址　http://www.ptpress.com.cn
固安县铭成印刷有限公司印刷

◆ 开本：787×1092　1/16
印张：14.25　2016 年 6 月第 1 版
字数：361 千字　2025 年 10 月河北第 28 次印刷

定价：59.00 元

读者服务热线：(010)81055256　印装质量热线：(010)81055316
反盗版热线：(010)81055315

本书编委会

总顾问　朱　军

主　编　张　明　杨定峰

副主编　何　扬　舒一鸣

主　审　赵　林

编　委（排名不分先后）

潘耀才　刘明春　张俊良　张荣全　李迎春　王　振　彭卫国

江丽萍　潘太煌　李永鹏　程勇技　李登宝　方胜利　牛照鲁

丁　旭　郑凯勇　杨　柳　徐　虹　费维东

参　编　叶永辉　孙中田　吴大伟　时海峰　马春伟

前　言

30 年前，房子可以买卖？

20 年前，有一个大哥大，该是多神气呀！

10 年前，能有一辆属于自己的小汽车，那是多么美好的梦想呀！

今天，这些都还是问题吗？都还是梦想吗？！

2015 年，我国汽车产销量均超过 2 450 万辆，连续七年全球第一，汽车保有量也早已跃居世界第二。巨大的汽车产销市场，使得我国的汽车后服务市场得到蓬勃发展。

深化教育教学改革已呼唤多年，但效果不明显。在职教领域，众多的专家、学者都在研究改革的破冰之路，引入案例教学、项目教学、理实一体化教学，目的都在于实现学生喜欢读、读得懂、学得会这三个目标。本系列职业教育汽车专业骨干课程教材，也不能免俗，由情境案例引入、相关理论知识学习、任务实施、实操任务单等模块构成。然而，在机电类（汽车也属于机电）课程的教学中，最大的问题在于很多零部件的工作原理，是无法通过图片等静态的模式来生动、形象地表现的，这是二维平面媒体最大的困惑。

“互联网 + 教育”给我们以启发，给创新带来手段。“节气门是如何工作的？”“活塞的运动轨迹是什么样的？”等，这些在纸媒体上用枯燥文字呈现的知识，现在可以通过手机扫描二维码观看动画、视频的形式来进行学习。这种创新，既解决了抽象思维到形象思维的转变，又有效提高了学生的学习兴趣。

利用“互联网 + 教育”，这只是目前的一点点尝试，由文字转变为图像是思维的一个方面，然而由物体变为图像却是另一方面。纸质教材可以“互联网 +”，实训过程的“互联网 +”又该如何处理？也许未来全息三维动态显示技术、纸媒和物体的结合能解决这个问题。那时的学习将不仅是知识的传播，更是艺术的享受！

本书由张明、杨定峰任主编，何扬、舒一鸣任副主编，赵林主审，全书由中国汽车工程学会首席汽车维修专家朱军教授担任总顾问。参加本书编写的还有叶永辉、孙中田、吴大伟、时海峰和马春伟。另外，橙品广告传媒有限公司承担了部分微视频制作，人民邮电出版社在版面设计、编辑和后台网络服务方面做了大量工作，在此一并表示感谢。

由于编者水平和创意思维有限，难免还存在不足之处，敬请读（观）者批评指正。

编者

2016 年 1 月

CONTENTS

目 录

CONTENTS

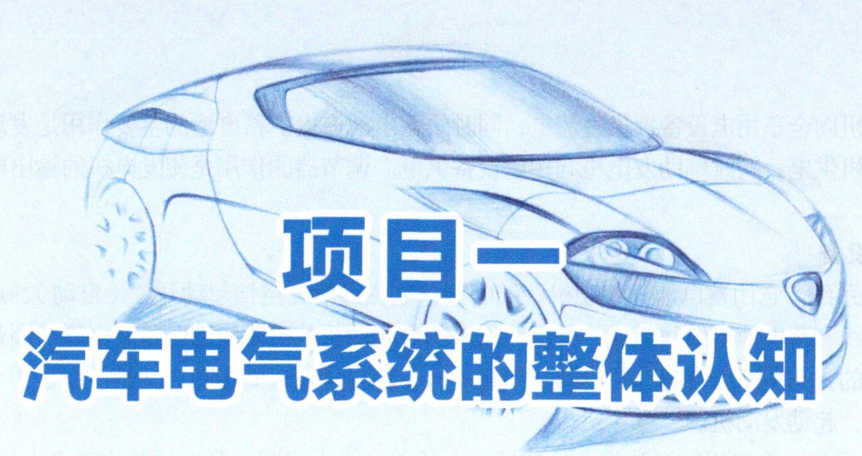

项目一 汽车电气系统的整体认知

项目引入

卡卡在学校就要进入汽车电气系统检修课程的学习了。随着车辆技术的发展，各种电气设备在车辆上的应用越来越多。卡卡暗下决心，一定要把该课程学好，当然舅舅家的修理厂将是他的重要学习基地。

学习目标

（1）了解汽车电气系统的组成。

（2）了解汽车电气系统的特点。

（3）了解汽车电气系统的发展趋势。

（4）能够在实车上找到相应的汽车电气部件。

（5）能够分辨出每一部件所属的电气系统。

（6）能够严格遵守安全规程和操作规范。

相关知识

汽车电气设备成为汽车上越来越重要的组成部分。其结构是否合理、性能是否优良、技术状况是否正常，对汽车的动力性、经济性、安全性、可靠性、舒适性和排放水平正产生越来越重要的影响。虽然汽车电气设备各个系统的结构、性能随着其他技术的发展和人们的要求是不断变化和发展的，但是，只要真正掌握汽车电气设备各个系统的作用、基本工作原理，及时掌握各种新技术在汽车电气设备中的应用动态，我们就一定能适应汽车发展的要求，维护好汽车电气设备。

一、汽车电气系统的组成

汽车电气系统由电源系统、用电设备和配电装置三部分组成，如图 1-1 所示。

1. 电源系统

电源系统主要包括发电机、蓄电池、调节器等。其中，发电机为主电源，发电机正常工作时，由发电机向全车用电设备提供直流电，同时给蓄电池充电。蓄电池的主要作用是发动机起动时向起动机供电，同时辅助发电机向用电设备供电。调节器的作用是使发电机的输出电压保持恒定。

2. 用电设备

（1）起动系统。它由蓄电池、起动机、继电器、电磁线圈、空挡起动开关（自动）、点火开关、连接导线和蓄电池电缆线组成。继电器用来闭合起动机的电磁线圈电路，电磁线圈是安装在起动机上的，它用来闭合起动机电路，使起动机齿轮与飞轮齿圈相啮合，其作用是用于带动发动机运转，起动发动机。

（2）点火系统。它仅用在汽油机上，包括点火开关、点火线圈、分电器总成、点火模块、火花塞等。其作用是产生高压电火花，点燃气缸内的可燃混合气。

（3）照明系统。它包括汽车内、外各种照明灯及其控制装置，用于保证夜间行车安全。

（4）信号系统。它包括声像信号（如喇叭、蜂鸣器、闪光器）和灯光信号（如各种行车信号标识灯），用于保证车辆运行时的人、车安全。

（5）仪表系统。它包括各种电气仪表（水温表、燃油表、车速及里程表、发动机转速表及指示报警指示灯等），用来显示发动机和汽车行驶中有关装置的运行参数和信息。

（6）辅助电气系统。它主要为驾驶员和乘员提供良好的工作条件和舒适的乘坐环境，如电动刮水器、空调装置、低温起动预热装置、收音机、点烟器、玻璃升降器等。

（7）电子控制系统。它主要分为驱动系统、安全系统、通信系统、舒适系统，如电控燃油喷射装置、电子点火装置、制动防抱死装置、自动变速器等。

3. 配电装置

任何电气设备和电控装置要想获得电源供应，配电装置的连接必不可少。常见的配电装置有汽车线束、开关装置、保险装置、继电器、连接端子连接器等，其作用是使全车电路构成一个统一的整体，这些配电装置的选用和装配直接影响到用电设备的运行状况。

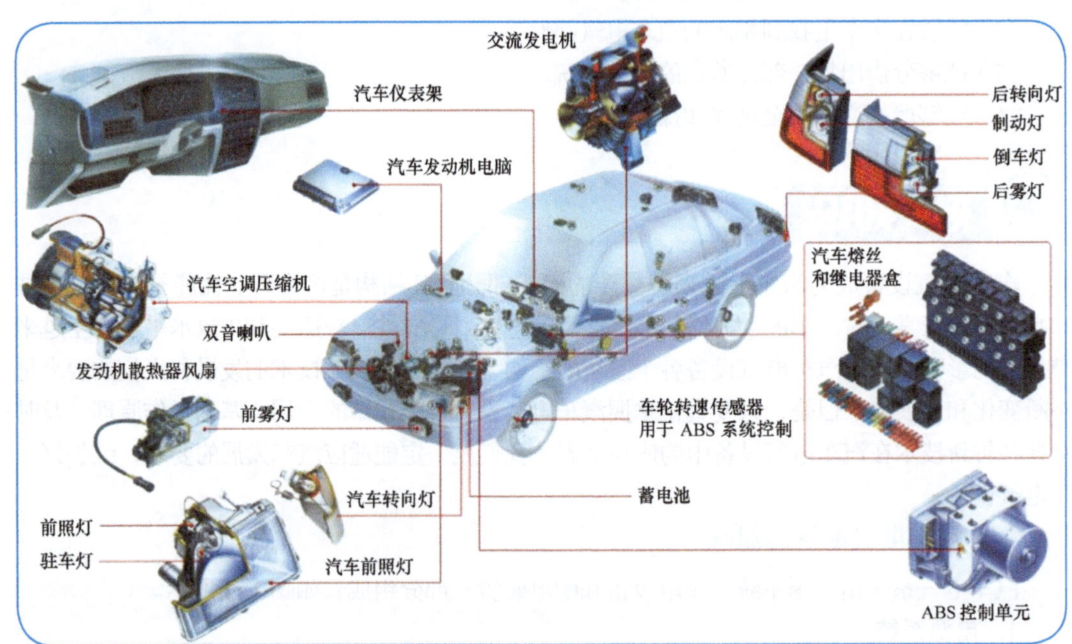

图 1-1　汽车电气系统组成

二、汽车电气系统的特点

1. 两个电源

所谓两个电源，就是指蓄电池和发电机两个供电电源。蓄电池是辅助电源，在汽车未运转时向有关用电设备供电；发电机是主电源，当发动机运转到一定转速后，发电机转速达到规定的发电转速，开始向有关用电设备供电，同时对蓄电池进行充电。两者互补可以有效地使用电设备在不同的情况下都能正常地工作，同时也延长了蓄电池的供电时间。

2. 低压直流

汽车采用低压直流电，现代汽车的标准电压有 12V、24V 两种。目前汽油车普遍采用 12V，重型柴油车多采用 24V 电压。对发电装置，12V 系统的额定电压为 14V，24V 系统的额定电压为 28V。低压系统的主要优点是安全性好。

3. 并联单线

所谓用电设备并联，就是指汽车上的各种用电设备都采用并联方式与电源连接，每个用电设备都由各自串联在其支路中的专用开关控制，互不产生干扰。

4. 负极搭铁

所谓搭铁，就是采用单线制时，将蓄电池的一个电极用导线连接到发动机或底盘等金属车体上。目前世界各国生产的汽车也大多采用负极搭铁的方式。

保险丝的检查与更换

三、汽车电气系统发展趋势

随着汽车燃油喷射、电动门窗、电动座椅等电控系统的增加，如果仍采用常规的布线方式，将导致汽车上电线数目急剧增加。粗大的线束不但占用了汽车上宝贵的空间资源，而且也越来越难以将其安装在隐蔽位置。为了解决汽车新技术的发展应用与汽车线束根数及线径急剧增加的突出矛盾，汽车制造引入汽车数据总线技术，如图 1-2 所示。它就是将过去一线一用的专线制改为一线多用制，大大减少了汽车上电线的数目，缩小了线束的直径。当然，数据总线还将使计算机技术融入整个汽车系统之中，从而加速汽车智能化的发展。

随着科学技术和汽车工业的飞速发展，汽车电器日趋复杂，传统的电气控制系统正在被电子化、网络化和智能化所取代，集成电路和微型计算机已被广泛用于汽车上，如图 1-3 所示。

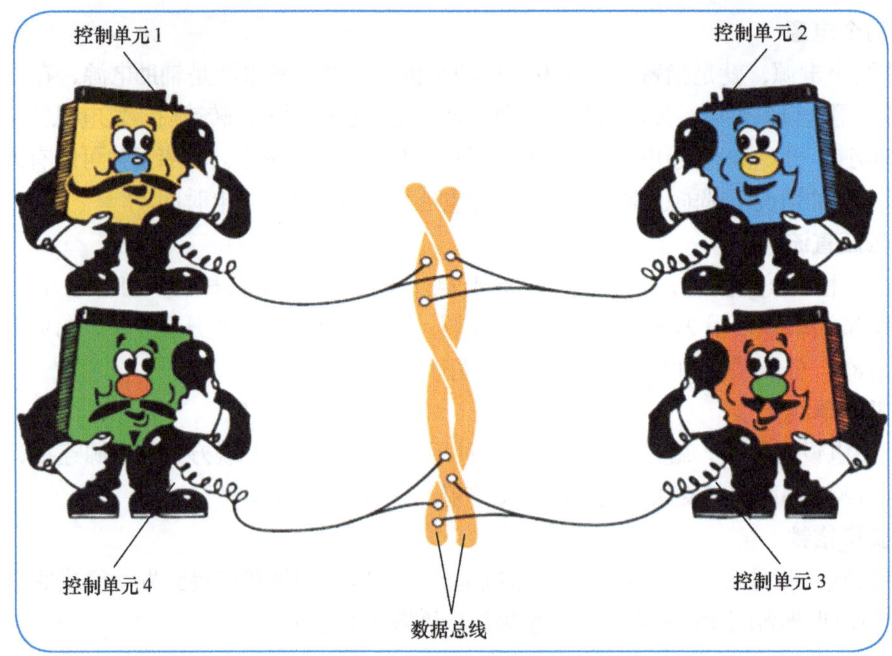

图 1-2　数据总线技术

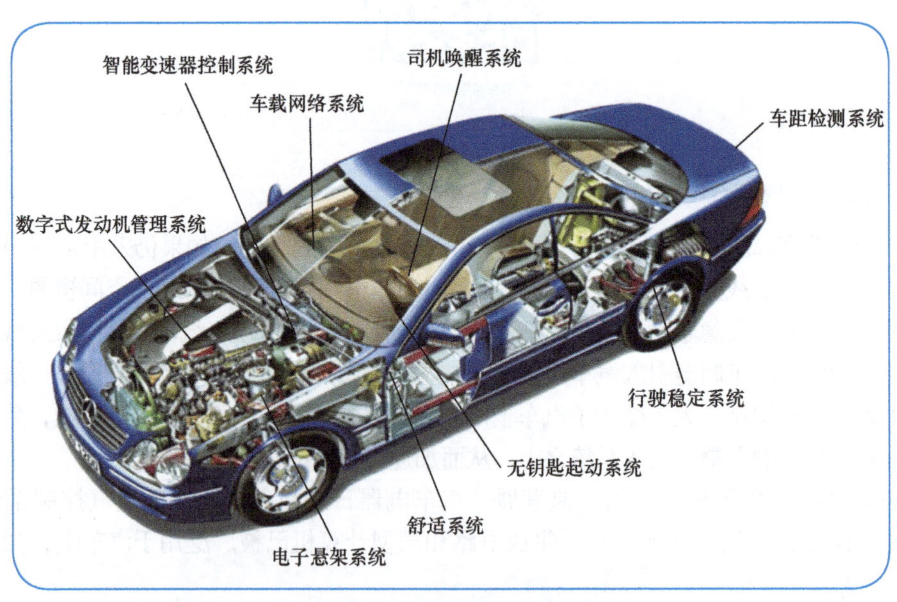

图 1-3　现代汽车电气系统示意图

实操任务单

全车电气系统认件作业工单 维修班组：________维修技师甲：________维修技师乙：________质检员________		
整车型号		
车辆识别代码		
发动机型号		
任务	作业记录内容	备注
一、前期准备	正确组装三件套（转向盘套、座套、换挡手柄套）、翼子板布和前格栅布。□ 工位卫生清理干净。□	环车检查车身状况
二、车身外部	1. 前部灯光组成：____________________ 2. 后部灯光组成：____________________	
三、机仓内部	1. 蓄电池的位置发电机的位置。□ 2. 保险盒的位置。□ 3. 起动机的位置。□ 4. 采用_______缸点火，高压包安装在___________ 5. 压缩机的位置冷凝器的位置。□ 6. 干燥罐的位置。□ 7. 雨刷的位置。□ 8. 洗涤液壶的位置。□	
四、驾驶室内部	1. 仪表的组成：____________________ 2. 灯光组合开关的位置，左边都有哪些灯光控制开关，右边雨刷开关有挡位。 3. 电控门窗：手动□ 电动□ 4. 座椅：手动□ 电动□ 5. 后视镜：手动□ 电动□ 6. 汽车空调：手动□ 自动□ 7. 室内保险盒安装在____________________	
五、竣工检查	汽车整体检查（复检）。□ 整个过程按 6S 管理要求实施。□	
工单记录员：________ 车间主任：________ 客户签字：________ 维修时间：________		

项目二 蓄电池的维护与更换

项目引入

舅舅家修理厂来了一辆 2005 款捷达轿车，行驶 4 年，里程 80 000km，最近出现起动无力，隔夜时无法起动现象。舅舅让他给看一下，卡卡想露一手，但这问题该怎样解决呢？

任务一　蓄电池的基础知识

学习目标

（1）了解蓄电池的结构、型号及工作原理。

（2）了解蓄电池的日常维护方法。

相关知识

一、蓄电池的定义

汽车蓄电池是一种将化学能转化为电能的装置，是可逆的直流电源。一旦连接外部负载或接通充电电路，即开始了它的能量转换过程。在放电过程中，蓄电池的化学能转变成电能；在充电过程中，电能转变成化学能。

蓄电池分为碱性蓄电池和酸性蓄电池两大类，目前乘用车上广泛采用起动性能好的酸性蓄电池，酸性蓄电池主要有两种，即可维护蓄电池和免维护蓄电池，如图 2-1 和图 2-2 所示。

二、蓄电池的功能

如图 2-3 所示，蓄电池作为汽车上的辅助电源，它的功能主要有以下几方面。

（1）发动机起动时，能够提供较大的电流，使起动机带动发动机旋转。

（2）在发动机低转速时，或发电机不发电时，保证车上用电设备正常工作。

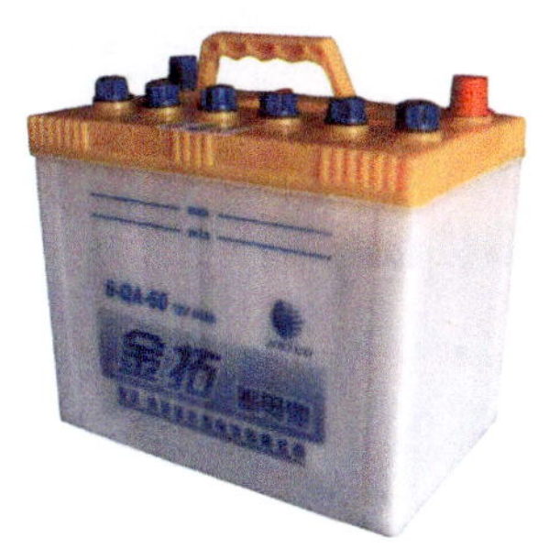

图 2-1　可维护蓄电池

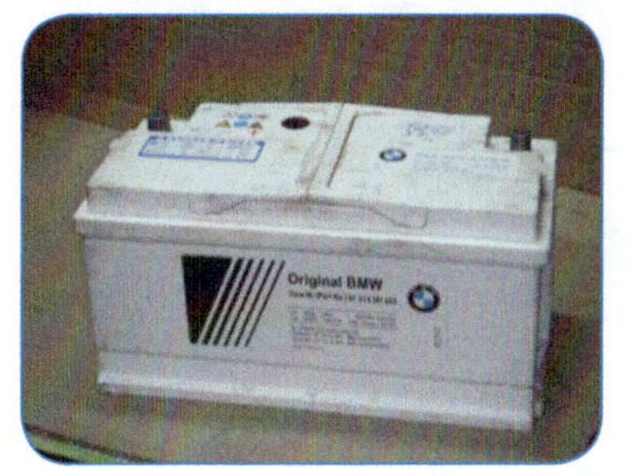

图 2-2　免维护蓄电池

（3）发动机中高速运转时，将发电机剩余的电能储存起来。

（4）可以吸收系统电压的波动。

（5）保证长时间汽车的记忆功能及报警功能有效。

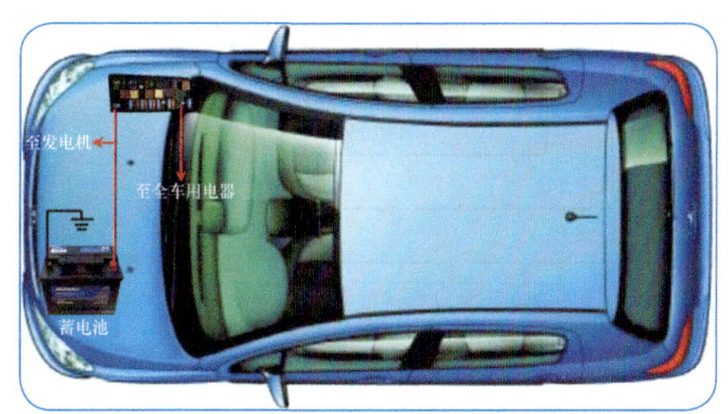

图 2-3　蓄电池的功能

三、蓄电池的结构

普通型蓄电池由单格的电池组成，每只单格电池电压约为 2V，一般将 3 个或 6 个单格电池串联成一只 6V 或 12V 蓄电池总成。蓄电池主要由极板、隔板、电解液和外壳 4 部分组成，如图 2-4 所示。电解液由纯硫酸与蒸馏水按一定比例配制而成。

极板是蓄电池的核心部分，它分为正极板和负极板，如图 2-5 所示。正极板上的活性物质是二氧化铅（PbO_2），呈深棕色；负极板上的活性物质是海绵状的纯铅（Pb），呈青灰色。当铅蓄电池的正、负极板浸入电解液中时，在正、负极板间就会产生约 2.1V 的静止电动势。

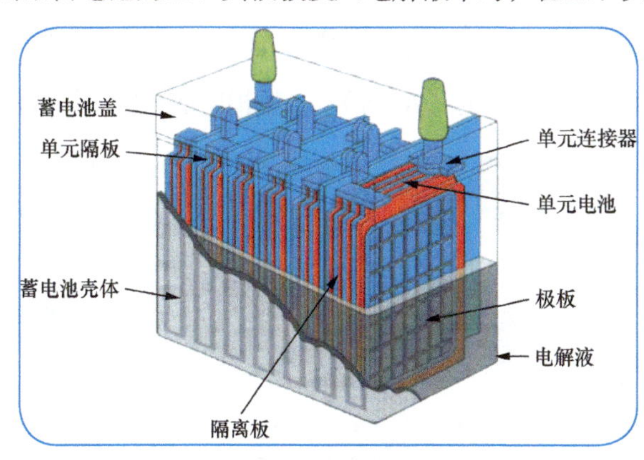

图 2-4　蓄电池结构

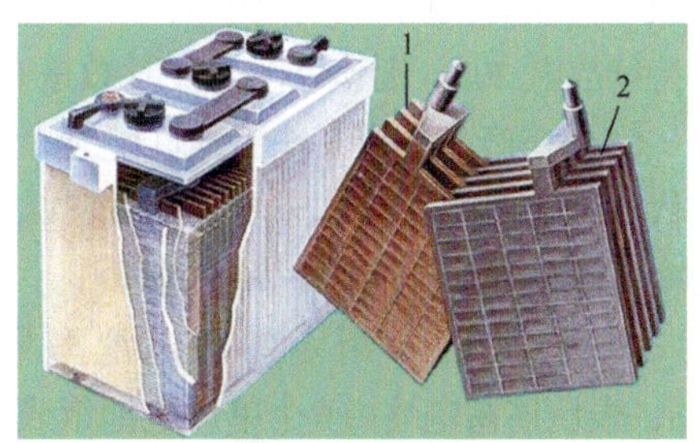

图 2-5　极板

1—正极板；2—负极板

为什么铅酸型蓄电池负极板比正极板多一片呢?

四、蓄电池的型号

蓄电池的型号按《铅酸蓄电池　名称、型号编制与命名办法》（JB/T2599—2012）规定，国产蓄电池的型号共分为3段5部分，其产品型号的编制和含义如下：

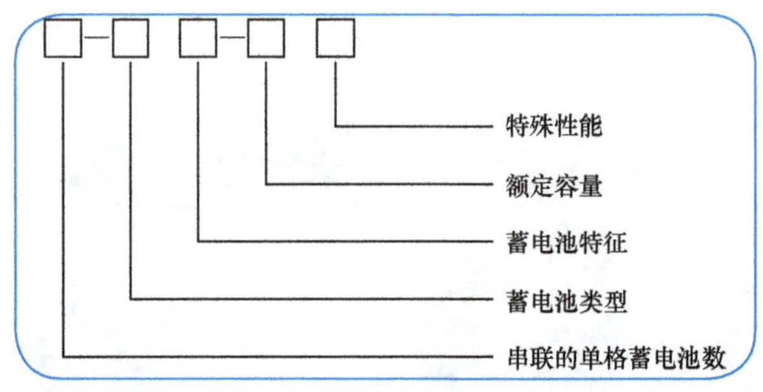

（1）串联的单格蓄电池数。3表示3个单格，额定电压为6V；6表示6个单格，额定电压为12V。

（2）蓄电池类型是根据其主要用途来划分的。例如，起动用蓄电池代号为“Q”，摩托车用蓄电池代号为“M”，JC表示舰船用铅蓄电池，HK表示航空用铅蓄电池。

（3）蓄电池特征为附加部分，仅在同类用途的产品中具有某种特征而在型号中又必须加以区别时采用。当产品同时具有两种特征时，原则上应按表2-1所示的顺序将两个代号并列标志。

表2-1　蓄电池产品特征代号

代号	产品特征	代号	产品特征	代号	产品特征	代号	产品特征	代号	产品特征
A	干荷电	S	少维护	Y	液密式	I	激活式	W	免维护
H	湿荷电	F	防酸式	Q	气密式	D	带液式	J	胶质电解液

（4）额定容量是指20h放电率额定容量，单位为安时（A·h），一般指电池放电流的数值与放电持续时间的乘积。例如，放电电流为4A，可持续放电20h，则该电池的安时数是80A·h。

（5）在产品具有某些特殊性能时，可用相应的代号加在产品型号的末尾。例如，G表示高起动率电池，S表示塑料外壳电池。

例如，图2-6所示的蓄电池型号6-QA-195，表示该蓄电池由6个单体电池组成，额定电压为12V，额定容量为195A·h。

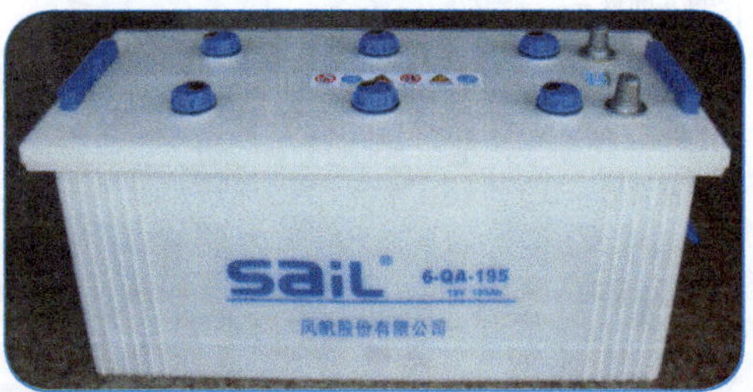

图2-6　蓄电池型号

汽车用蓄电池必需满足发动机起动需要，即短时间内向起动机提供大电流（汽油机为200~600A，柴油机可达1000A），这种蓄电池通常称为起动型蓄电池。

五、日常维护

汽车用铅蓄电池的正常寿命应在两年以上，但如果使用维护不当，也有可能造成蓄电池早期损坏甚至报废。

因此在车辆定期保养时要注意以下几点。

（1）蓄电池安装应牢固可靠，以防脱落、震动或裂口。

（2）桩头导线连接应可靠，且清洁、无氧化物。

（3）保持表面清洁，通气孔畅通。

（4）及时检查电解液面高度。

（5）避免长时间使用起动机。

（6）防止蓄电池电量入不敷出，应及时补充充电。

任务二　蓄电池的充电

学习目标

（1）了解蓄电池维护的相关知识。

（2）能使用充电机对亏电蓄电池进行充电操作。

（3）能严格遵守安全规程和操作规范。

相关知识

蓄电池具有储存电能的作用。在正常情况下，蓄电池所消耗的电能，可以通过发电机得到补充。如果一味消耗，又不及时补充，就会出现亏电的情况。

车辆遇到蓄电池亏电无法起动，最简单实用的应急处理方法是用一个正常的蓄电池和故障车蓄电池相连，进行跨接起动，如图2-7所示。两蓄电池正极和正极，负极和负极相连。起动汽车后，中速运转20min以上就可自行起动了。但要彻底解决问题，还需用充电机给蓄电池充电。

一、蓄电池需充电的判定

怎样才能知道蓄电池电能消耗殆尽，需要充电了呢？一般在以下几种情况下，我们判定蓄电池需要充电了。

（1）蓄电池使用时间不是很长，且出现发动机起动困难。

（2）车上用电设备使用较多，且发电机供电能力低。

（3）把车辆存放一整夜，而忘记关闭用电设备。

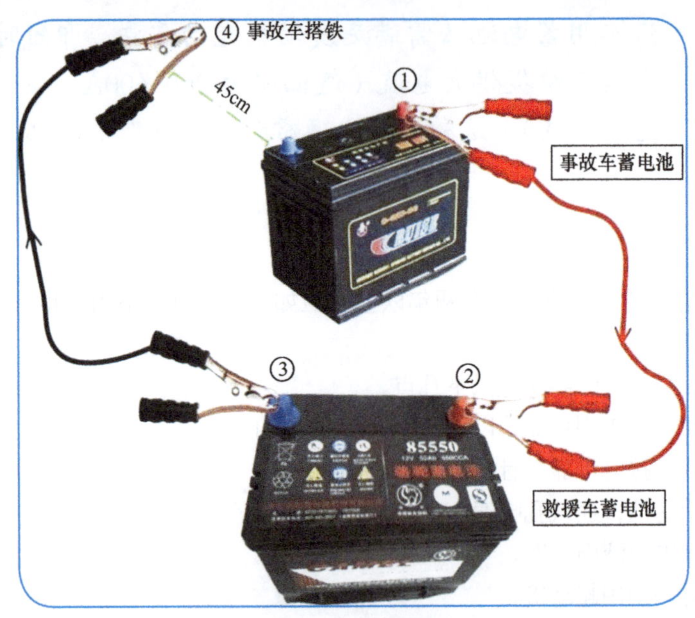

图 2-7　蓄电池跨接起动

（4）免维护蓄电池的指示器显示为需充电状态，如图 2-8 所示。

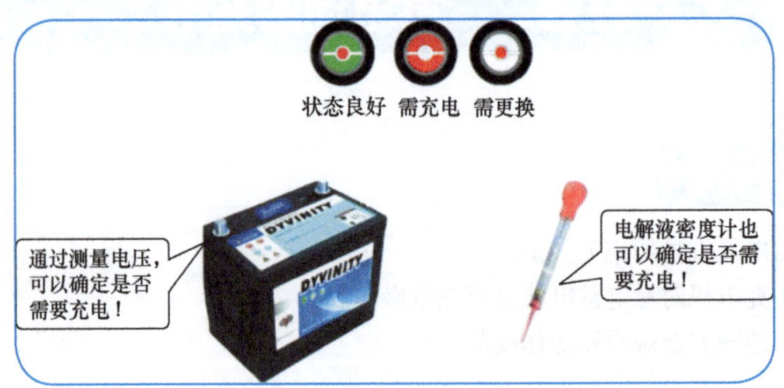

图 2-8　蓄电池测量

当 12V 蓄电池电压降到 10.5V，电解液密度降至 1.170g/mL，免维护蓄电池显示需充电状态时，应停止使用，需对蓄电池进行充电。

当蓄电池放电后，用直流电源按与放电电流相反的方向通过蓄电池，使它恢复工作能力，这个过程称为蓄电池充电。蓄电池充电时，电池正极与电源正极相联，电池负极与电源负极相联，充电电源电压必须高于电池的总电动势。充电方式有定流充电和定压充电两种。

二、充电设备

要想学会给蓄电池充电，我们首先得了解一下充电设备。蓄电池的充电设备有硅整流充电机和起动电源两种。

（1）硅整流充电机（见图 2-9）。它是一种将交流电变换为直流电的充电设备，在汽车运输部门、修理厂被广泛使用。硅整流充电机具有操作简单、体积小、重量轻、维护方便、整流效率高、寿命长等优点。

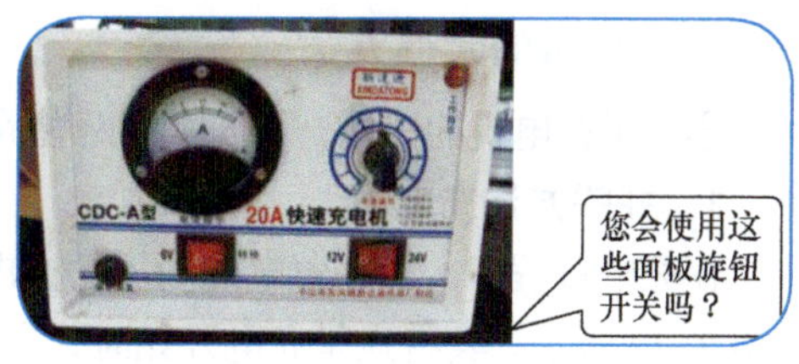

图 2-9　硅整流充电机

（2）起动电源（见图 2-10）。它是一种既可以用于充电，也可作为起动电源来使用的设备。通过连接背面两组接线柱，可对不同电压的蓄电池进行充电（12V 或 24V），在汽车蓄电池电压不足时，可作为起动电源起动发动机。它具有操作简单、输出电流大、充电效率高、寿命长等优点。

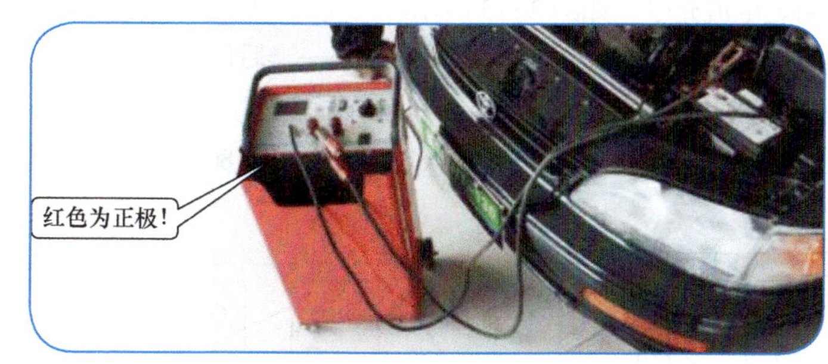

图 2-10　起动电源

认识了充电机，下一步来学习怎样使用它。充电机输入电源是交流电，分为 220V 和 380V 两种，连接时要仔细阅读说明书，看好接线柱标识。220V 充电机接在交流电源一根零线和一根火线上；380V 充电机接在交流电源两根火线上。充电机输出电源为直流电，分为 12V 和 24V 两种，可以通过调节开关进行转换，分别给不同电压的蓄电池进行充电。充电机面板上有电流表、电压表、电流调节钮、电压调节钮、电源开关、电源指示灯等。

提示

在蓄电池与充电机的连接过程中，要小心谨慎，切记电池正极与电源正极相联，电池负极与电源负极相联，如图 2-11 所示。

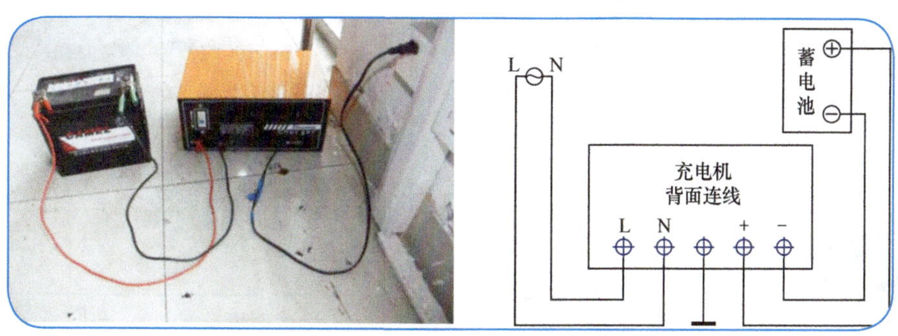

图 2-11　充电机 220V 接线

三、常用的充电方法

学会了充电机的使用，下面介绍两种简便易行的充电方法。

1. 并联方法充电

在充电过程中，加在蓄电池两端的充电电压保持恒定不变的充电方法，称为定电压充电，如图 2–12 所示。其特点是充电开始时，充电电流很大，随着蓄电池电动势的不断提高，充电电流逐渐减小。充电终了，充电电流将自动减小到零，因而不需要人为看管，多用于长时间蓄电池充电。一般情况下，12V 蓄电池充电电压为 15V 即可。

2. 串联方法充电

蓄电池在充电过程中，其充电电流保持恒定不变，随着蓄电池电动势的逐步提高，逐步增加充电电压的方法叫定电流充电，如图 2–13 所示。当充到蓄电池单格电压升到 2.4V，轿车蓄电池升至 15V（电解液开始冒气泡）时，再将充电电流减小一半后保持恒定，直到蓄电池完全充足。此法能够在短时间内完成蓄电池约 80% 的电能充电，适用于情况紧急的快速充电法。例如，对于 80A · H 蓄电池开始应以 20A 恒定电流充电，3h 就能完成约 80% 的电能充电。

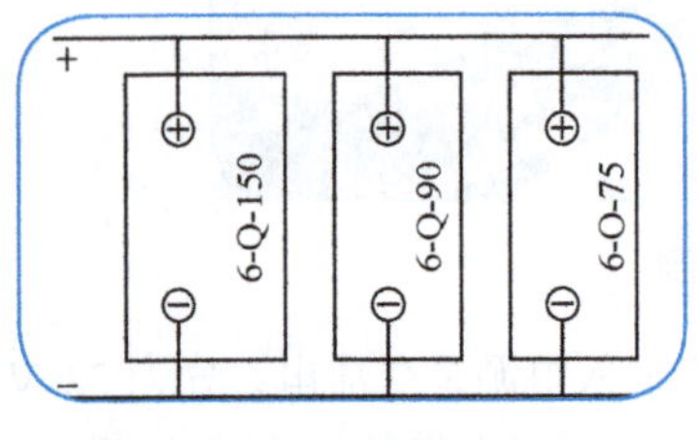

图 2–12　定电压充电

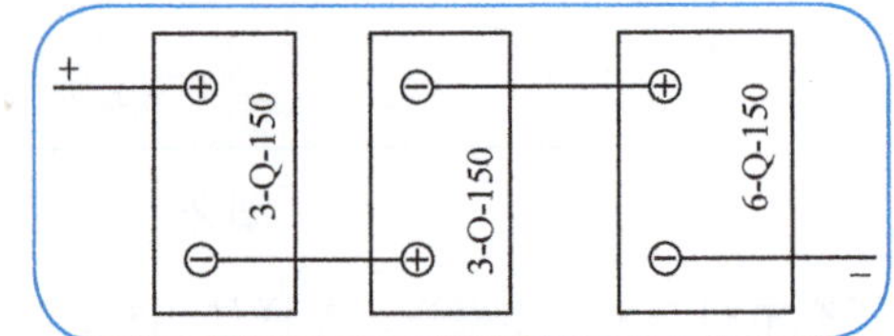

图 2–13　定电流充电

任务实施

操作　蓄电池的充电

当蓄电池有亏电现象时，应及时进行按下列操作步骤进行充电维护。

步骤一：检查蓄电池外观，并对蓄电池进行清洗

步骤二：将所有蓄电池盖打开，调整电解液位置

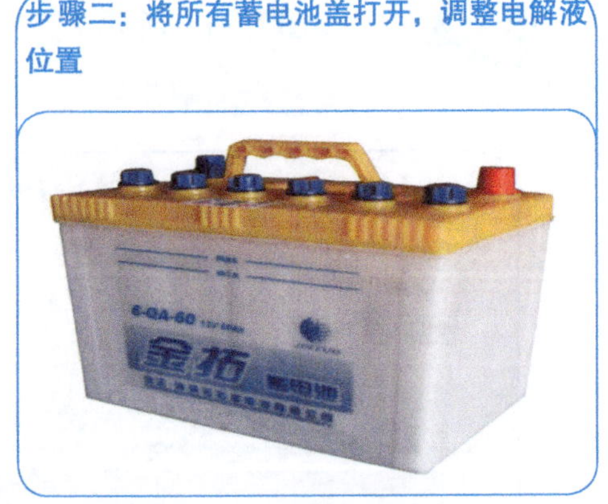

步骤三：按需要的充电方式，连接充电机及蓄电池正负极

步骤四：按蓄电池规格和实际情况，选择充电挡位

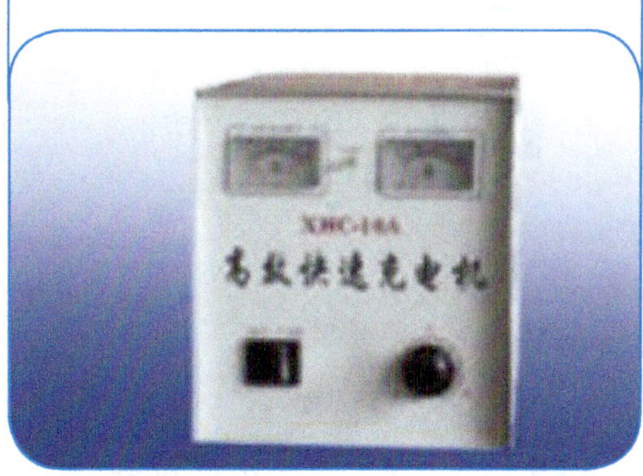

步骤五：打开充电机电源开关，调整至合适的电流、电压

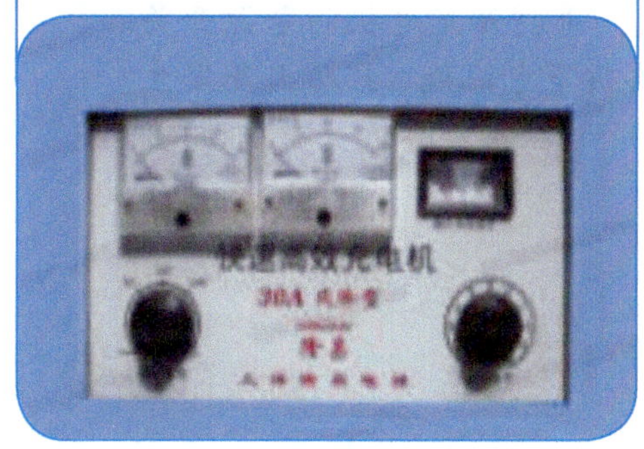

步骤六：根据蓄电池容量、充电电流，估算出充电时间

步骤七：充电过程中蓄电池温度过高、冒出气泡过多，此时应调低充电电流

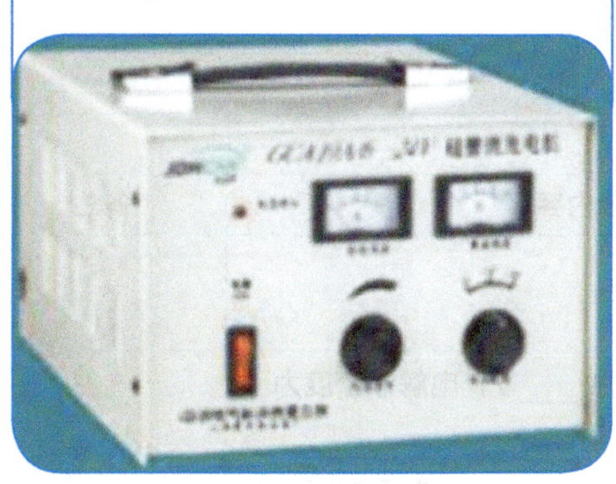

步骤八：充好电后，先关闭充电机电源开关，再取下蓄电池连线

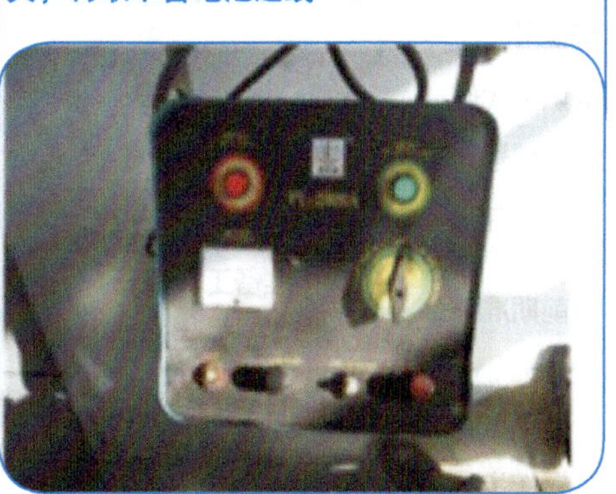

当给多个蓄电池充电时，对蓄电池既可采用串联接法，也可采用并联接法。具体如何操作，请参考相关资料。

（1）在充电过程中，要密切注意蓄电池的温度。
（2）初充电时应连续进行，不能长时间间断。
（3）充电场所要备用冷水、10%苏打溶液或10%氨水溶液。
（4）充电室安装通风装置，并要严禁明火。
（5）充电设备不应和蓄电池放置在同一工作间。
（6）充电时应先接牢电池线，再打开充电机的电源开关。停止充电时应先切断电源，再拆下电池线，严防火花发生。

蓄电池充电作业工单 维修班组：______ 维修技师甲：______ 维修技师乙：______ 质检员：______		
整车型号		
车辆识别代码		
发动机型号		
任务	作业记录内容	备注
一、前期准备	准备工具设备。□ 工位卫生清理干净。□	
二、操作步骤	1. 测量你所分配蓄电池电压为____V，电解液密度为____g/mL，该蓄电池是否需要充电？__________ 2. 你所观察的蓄电池观察口颜色为____。该颜色表示：□充足；□需充电；□更换。	

续表

任务	作业记录内容	备注
二、操作步骤	3. 将你所分配蓄电池与充电器连接，读出充电电压为____V，充电电流为____A，记录蓄电池规格为____。 4. 充电结束时，充电器电压显示为____V，充电电流显示为____A，蓄电的池电压为____V。 5. 画出你分配充电设备及蓄电池连线。	
三、竣工检查	将工具及物品摆放归位。□ 汽车整体检查（复检）。□ 整个过程按 6S 管理要求实施。□	
工单记录员：____ 车间主任：____ 客 户 签 字：____ 维修时间：____		

任务三　蓄电池的更换

学习目标

（1）能够推断蓄电池亏电和更换原因。

（2）能对车辆的蓄电池是否需更换做判定，能完成相应的拆装操作。

（3）能严格遵守安全规程和操作规范。

相关知识

冬季，尤其是北方的冬季是蓄电池较易出现故障的季节。一方面，车辆停放在室外，导致蓄电池温度低，电解液黏度增加，离子运动速度慢，另一方面，极板的收缩使得极板表面的孔隙缩小，电解液向极板孔隙内层渗入困难，使得极板孔隙内的活性物质不能充分利用，使蓄电池放电容量下降。冬季用起动机起动汽车时，发动机处在冰冷状态，起动阻力矩大大增加，所需放电电流大。温度低使蓄电池容量大大减小，这是冬季起动时总感到蓄电池电量不足的主要原因之一。

一、蓄电池需更换的几种情况

当一个蓄电池出现起动困难故障，一般通过以下几种情况来判定蓄电池是否需要更换。

（1）使用时间超过两年以上，或已超过厂家规定使用年限。

（2）经过反复充电后，仍不能恢复其正常使用性能。

（3）存在严重自放电现象，放一夜就无法起动。

（4）壳体破损，已有电解液渗漏现象。

（5）免维护蓄电池的指示器显示为需更换状态。

汽车用蓄电池必须满足发动机起动需要，即短时间内向起动机提供大电流。要想知道起动机是否需要更换，就是要看是否能通过负荷检测。

二、蓄电池的负荷检测

负荷检测可以确定蓄电池提供起动电流和维持足够点火系统工作电压的能力，蓄电池负荷检测时，要求被测蓄电池至少存电 75％以上，若电解液密度低于 1.22g/cm^3，用万用表测得静止电动势不到 12.4V，应先充足电，再做检测。

蓄电池负荷检测通常使用高率放电计和蓄电池容量表等来进行检测，两种检测仪工作原理和使用方法基本相同，具体操作见厂家使用说明。

1. 使用高率放电计检测

将高率放电计（见图 2-14）的正、负放电针分别压在蓄电池的正、负极柱上，保持 15s，若电压保持在 9.6V 以上，说明性能良好，若稳定在 10.6 ～ 11.6V，说明存电充足，若电压迅速下降，电压值在 9.0V 以下，在进行试验之后，这个低电压值经过一个很长的时间间隔保持不变，说明蓄电池已经损坏。

2. 使用容量表检测

用容量表的红色线夹夹持在蓄电池“+”接线柱上，黑色线夹夹持在蓄电池的“-”接线柱上。保证高率放电计的线夹与蓄电池的接线柱夹持牢靠，否则，测试时会产生火花，引起蓄电池爆炸。按下容量表的按钮，2 ～ 3s 后放松按钮。此时容量表上的电压表，显示出蓄电池的存电量状况，如图 2-15 所示。

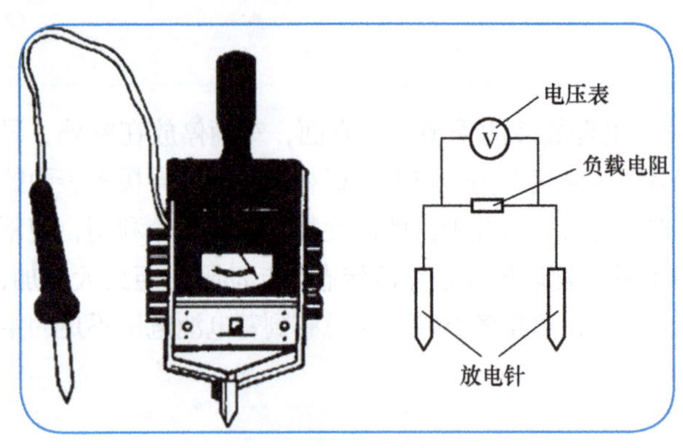

图 2-14 高率放电计

图 2-15 容量表检测

3. 随车起动测试

在起动系统正常的情况下，以起动机作为试验负荷。拔下分电器中央线并搭铁，将万用表置于电压挡，接在蓄电池正负极上，接通起动机 15s，读取电压表读数，对于 12V 蓄电池，应不低于 9.6V，否则说明蓄电池有故障。

此项测量不能连续进行，必须间隔 1min 后才可以再次检测，以防止蓄电池损坏。

蓄电池的检查与维护

汽车蓄电池的拆卸

汽车蓄电池的安装

三、蓄电池的选用

蓄电池在选用时必须注意以下几点。

（1）电压必须和汽车电气系统的额定电压一致。

（2）容量必须满足汽车起动的要求。

（3）最好选用与原厂品牌、规格、容量相一致的产品。

（4）所选蓄电池极桩位置与原蓄电池极桩相一致，以免极桩位置相反使蓄电池线无法装上。

现代汽车中大量地使用电子设备，其音响、防盗、导航、电话、天窗、车窗等在断开电源后需重新进行设定和输入密码。所以在断开蓄电池负极时应注意收集密码和设定方法，如果无法得到密码和设定方法，则需向车辆提供备用电源，如图 2-16 所示。在没有备用电源的情况下，也可以采用蓄电池跨接的方法，但要对蓄电池正极电缆倍加小心处置，防止意外搭铁。

图 2-16　汽车备用电源

四、蓄电池的维护与保养

蓄电池维护和保养时常用的检修工具有容量表、充电机、万用表、电极柱清理刷等，如图 2-17 所示。

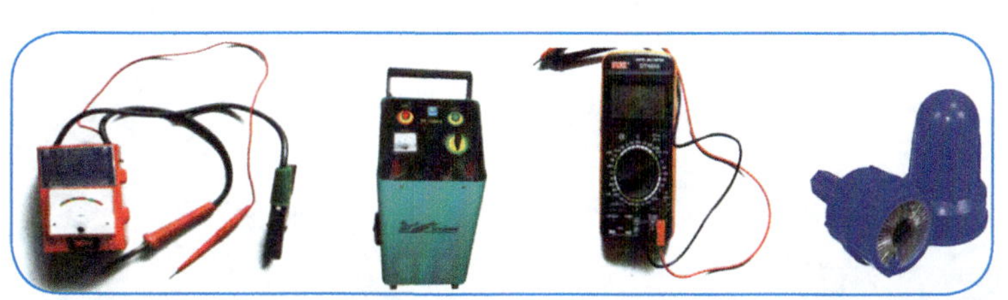
（a）容量表　（b）充电机　（c）万用表　（d）电极柱清理刷

图 2-17　蓄电池检修工具

蓄电池的清洁：

应经常清洗和检查蓄电池电缆与接线柱，以防止在连接处出现电压降，电缆连接松动或腐蚀是起动运转无力或不能起动车辆的常见原因，如图 2-18 所示。

（a）蓄电池电缆腐蚀，应该拆除清洗，或者更换相关部件

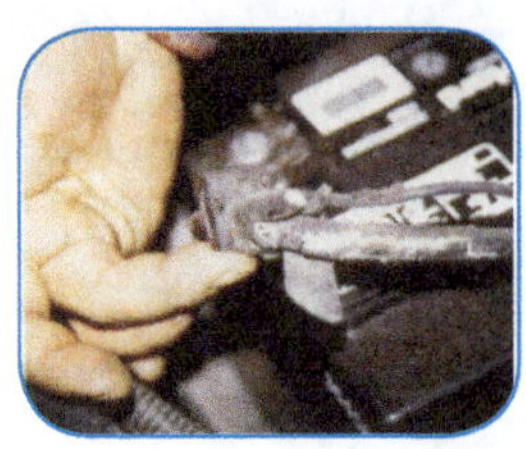

（b）蓄电池电缆已经被腐蚀老化接触不良，建议更换新电缆

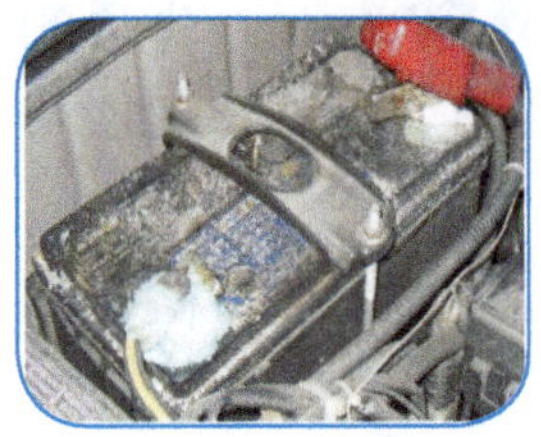

（c）电极柱出现氧化物时，应该拆除后用开水冲洗即可去除

图 2-18　蓄电池电缆与接线柱常见问题

在拆卸蓄电池接线柱时、一定要对积存在端头连接器上的腐蚀物进行清洗，蓄电池电缆已经被腐蚀接触不良的，建议更换新的电缆。如果电缆头上螺栓已腐蚀，无法拆卸，可用锯将其锯断，换上新螺栓。对于弹性电缆接头，用宽口夹、虎钳或蓄电池夹钳挤压接头的弹性端，使接头张开，将接头从极柱上取下。用电缆夹清理刷清理蓄电池电缆夹，用极柱清理刷清理蓄电池极柱，如果没有专用工具，使用纱布替代也可。正确清理步骤如图 2-19 所示。

（a）松开蓄电池负极电缆夹固定螺栓

（b）拆卸负极电缆夹

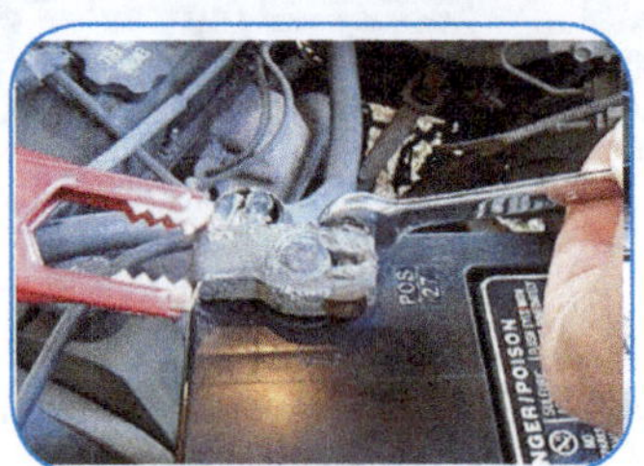

（c）松开蓄电池正极电缆夹固定螺栓

（d）拆卸正极电缆夹

（e）拆卸蓄电池压紧构件和隔热板

（f）从托架上取下蓄电池

（g）配制苏打（碳酸氢钠）溶剂

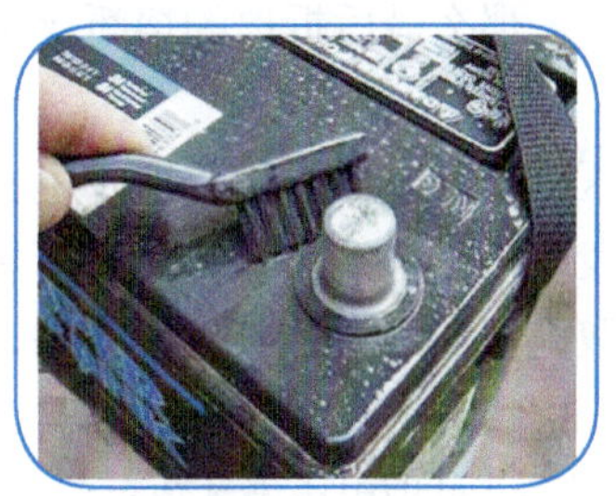
（h）涂在壳体上，防止溶液进去

（i）清理蓄电池电缆

（j）打磨蓄电池电极柱

（k）把蓄电池装回托架，紧固构件

（l）装好正负极电缆，紧固螺栓

图 2-19　清理蓄电池电缆以及极柱的具体步骤

为避免给电流表造成损坏，在进行车身漏电检测前，要关闭车上所有用电设备，在检测过程中千万不要轻易去打开大功率用电设备。

检测车身漏电的方法，一般是将电流表串接在负极电缆中，先把万用表打到直流 20A 挡，如果发现放电电流很小，再转换到直流 mA 挡，黑表笔接蓄电池负极，红表笔接蓄电池负极电缆，这时表中的读数即为车身的漏电量，如图 2-20 所示。

电流表的读数等于或大于 50mA，说明存在电流泄漏（具体车型会随制造商的不同而标准不一样）。检查行李箱、手套盒和发动机舱中的照明灯是否点亮。如果有灯亮着，将其熄灭，然后观察蓄电池的电流泄漏。如果此时的电流泄漏在规定范围之内，查找照明灯电路接通的原因并对其进行维修。如果电流泄漏的原因不在灯，则应在熔断丝盒或配电板查找原因，每拆掉一个熔断丝，然后观察电流表，如果拆掉某个熔断丝时的电流泄漏减小，那么最后拆掉的熔断丝所保护的电路就是问题源。

图 2-20　车身漏电的检测

起动电压、充电电压测量：把万用表打到 20V 直流电压挡，用红表笔接蓄电池正极，黑表笔接蓄电池负极，在起动瞬间读取电压表读数应在 11V 左右，如图 2-21 所示。如果电压过低说明新换上的蓄电池效果不是很好。发动机正常运转 10min 以后，读取电压表读数应在 14V 左右，如图 2-22 所示。如果电压过低，说明充电系统有故障，应该进行维修。

图 2-21　起动电压测量

图 2-22　充电电压测量

提示

在操作蓄电池更换项目过程中，切忌把工具随意摆放到蓄电池上，以免造成蓄电池短路。

任务实施

操作　蓄电池的更换

步骤一：收集电子设备设定方法和防盗密码

步骤二：向电子设备提供备用电源

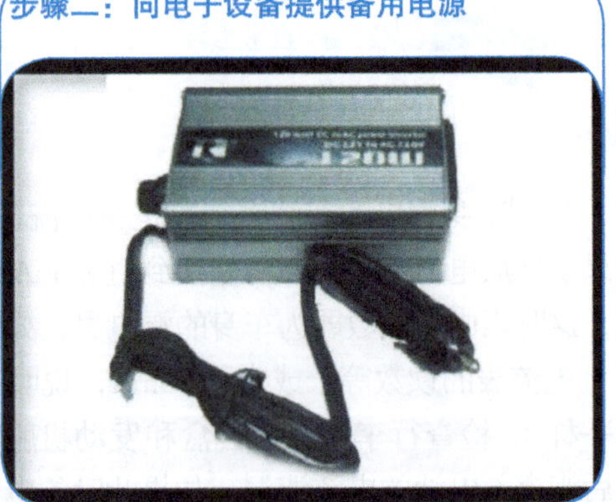

步骤三：先拆卸蓄电池负极

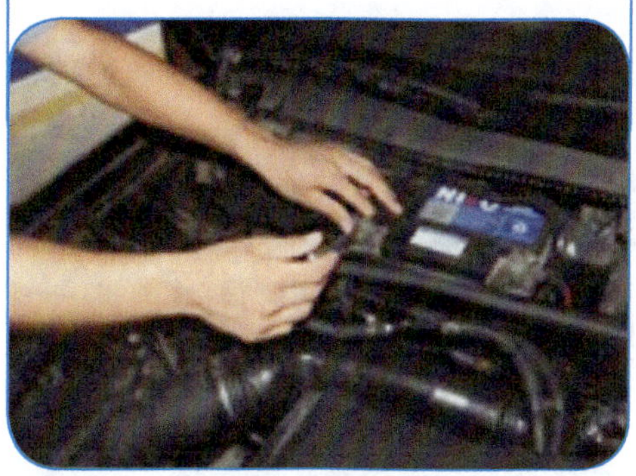

步骤四：然后拆卸蓄电池正极

步骤五：拆卸蓄电池固定卡子，从车上抬下蓄电池

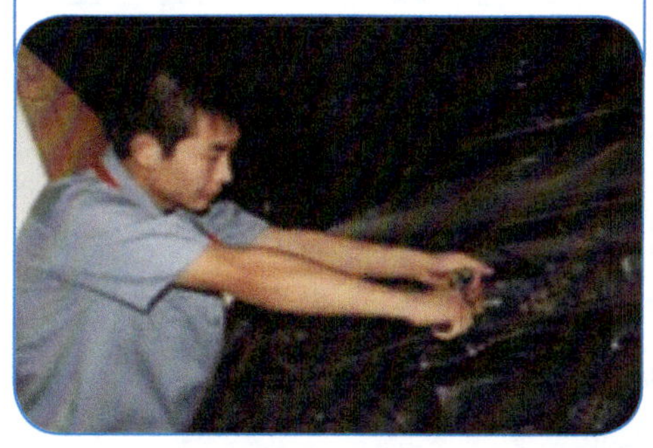

步骤六：装上新的蓄电池，并紧固固定卡子

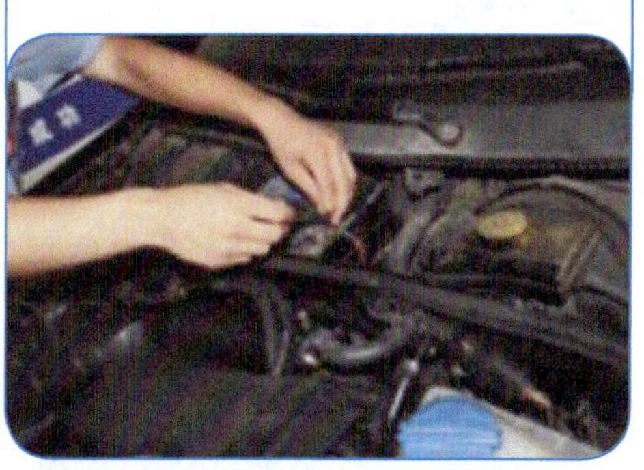

步骤七：安装蓄电池正极

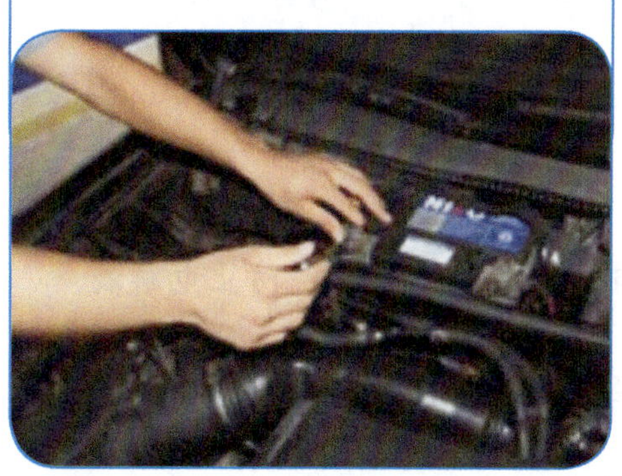

步骤八：通过蓄电池负极，测量车身放电电流

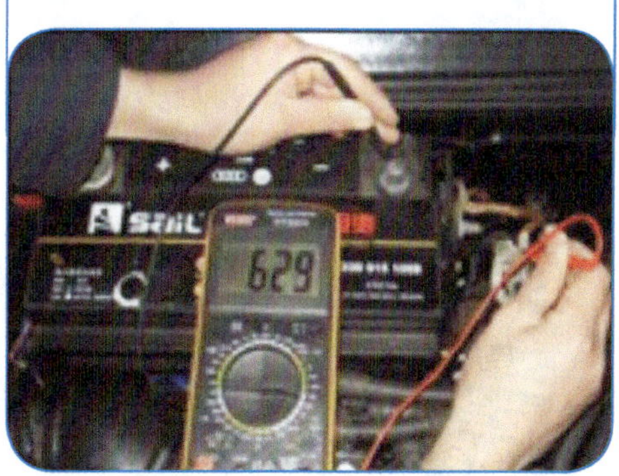

步骤九：安装蓄电池负极电缆

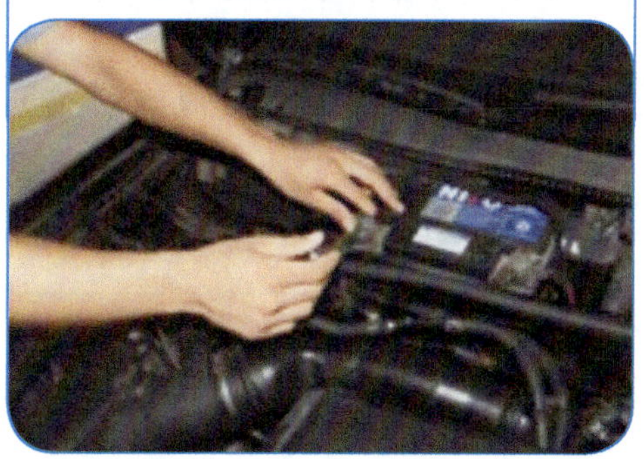

步骤十：测量蓄电池起动电压

步骤十一：测量蓄电池充电电压

步骤十二：对电子设备进行设定和输入密码

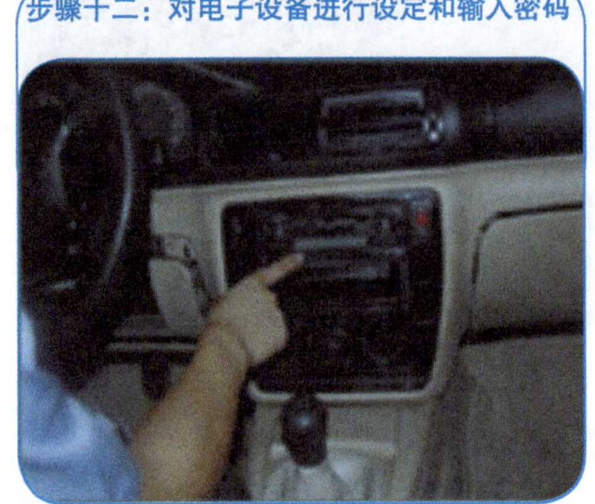

电解液腐蚀性很强，溅到皮肤上或眼睛里会导致皮肤或眼睛受到腐蚀伤害，如果接触了蓄电池电解液要立即用苏打水冲洗，酸液溅到眼睛要立即用凉水或医用冲眼器冲洗，然后请医生处置。

安全操作

（1）在拆卸过程中不要倾翻蓄电池超过 40° ，防止电解液流出腐蚀人体和车身。

（2）搬运蓄电池时应轻搬轻放，切不可随便敲打或在地上拖曳，避免造成机械损伤。

（3）安装蓄电池应固定牢靠，防止行车时振动和移位。

（4）在清洗蓄电池时可能对环境造成非常严重的污染，清洗后妥善处理污水。

（5）作业时注意佩戴护目镜及防酸手套，防止电解液溅到身上损伤人体，腐蚀衣物。

实操任务单

<table>
<tr><th colspan="3">蓄电池的更换作业工单
维修班组：______维修技师甲：______维修技师乙：______质检员：______</th></tr>
<tr><td>整车型号</td><td colspan="2"></td></tr>
<tr><td>车辆识别代码</td><td colspan="2"></td></tr>
<tr><td>发动机型号</td><td colspan="2"></td></tr>
<tr><td>任务</td><td>作业记录内容</td><td>备注</td></tr>
<tr><td>一、前期准备</td><td>正确组装三件套（转向盘套、座套、换挡手柄套）、翼子板布和前格栅布。□
工位卫生清理干净。□</td><td></td></tr>
<tr><td>二、操作步骤</td><td>1. 打开发动机舱盖。
2. 清理蓄电池极柱，利用工具松开固定螺栓，首先取下极柱电缆夹，再取下极柱电缆。
3. 松开蓄电池固定架，取下蓄电池。
4. 检查极柱电缆夹及电缆线有无烧蚀损坏象，必要时更换新品。
5. 换上新蓄电池，安装固定架。
6. 首先安装极柱电缆，然后安装极柱电缆夹。
7. 起动着车，测试放电电流是____mA，起动电压是______V，充电电压是________V。</td><td></td></tr>
<tr><td>三、竣工检查</td><td>将工具及物品摆放归位。□
汽车整体检查（复检）。□
整个过程按 6S 管理要求实施。□</td><td></td></tr>
<tr><td colspan="3">工单记录员：________ 车间主任：________
客户签字：________ 维修时间：________</td></tr>
</table>

项目三 充电系统的维护与检修

项目引入

最近卡卡总是想，蓄电池作为电能的容器，那电能又是从哪来的呢？修理厂来的这辆帕萨特轿车不需要充电，也没有漏电现象，到底是怎么回事呢？

任务一　充电系统的基础知识

学习目标

（1）了解充电系统的作用、组成和工作原理。

（2）了解发电机的分类及型号。

（3）了解发电机的构造及工作原理。

（4）了解充电系统的使用注意事项。

相关知识

汽车蓄电池的作用是向汽车电气设备提供电能，但是蓄电池的电量有限，需要经常充满电。所以汽车需要充电系统来产生电能和随时给蓄电池充电。实际上，当发动机运转时，充电系统产生的电能不但给蓄电池充电，而且向各种电器提供必要的电能。发电机是充电系统的主要设备，也是汽车的主要电源，其功用是在发动机怠速或以上转速运转时，给除起动机以外的所有用电设备供电，同时还向蓄电池充电。

一、充电系统的组成与线路

充电系统简称充电系，主要由蓄电池、交流发电机和调节器、点火开关和充电指示灯组成，如图 3-1 所示。

（1）交流发电机。汽车发电机是汽车装配的必需品，是汽车电系的主要电源。它是在发动机的驱动下，将机械能转变为电能的装置。其作用是当发动机在怠速以上转速运转时，为电气设备供电，给蓄电池充电，如图 3-2 所示。

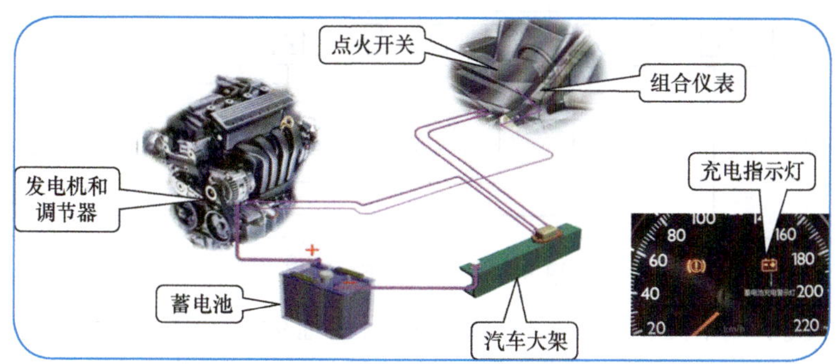

图 3-1 充电系统的组成

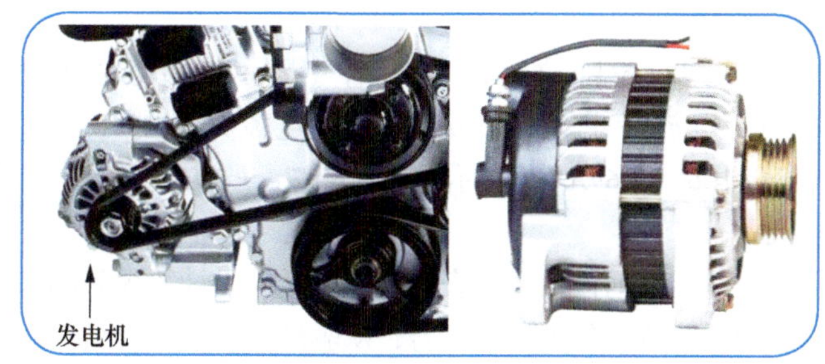

图 3-2 硅整流发电机

（2）蓄电池。当发动机起动时或发电机不发电时，蓄电池向汽车电气设备供电。

（3）电压调节器。交流发电机调节器又称稳压器，它一般和发电机装在一起。其基本作用是当发电机的负载和转速在正常情况下时，保持发电机输出电压在规定范围内。

（4）充电指示灯。充电指示灯显示充电系统的工作情况，充电指示灯亮，说明系统有故障。

（5）点火开关。点火开关用于接通或切断充电系统激磁电路。

二、交流发电机的分类及型号

交流发电机种类繁多，具体结构和原理不尽相同，按总体结构和工作原理可分为以下几种。

（1）普通交流发电机。它指无特殊装置和特殊功能的汽车交流发电机，如图 3-3（a）所示。

（2）整体式交流发电机。它指内装电子调节器的交流发电机，如图 3-3（b）所示。

（3）无刷交流发电机。它指无电刷和滑环结构的交流发电机，如图 3-3（c）所示。

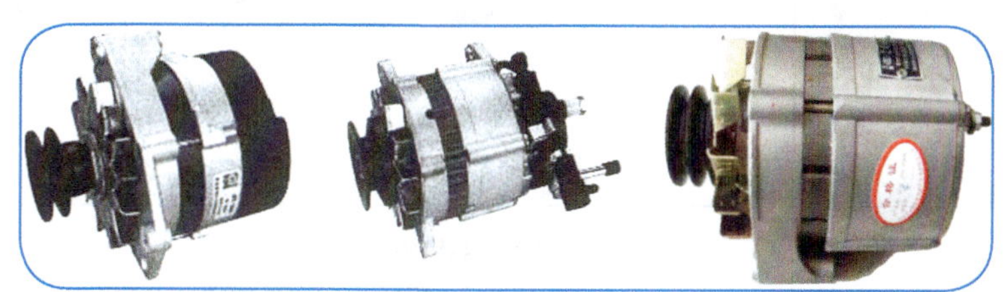

（a）普通交流发电机 （b）整体式交流发电机 （c）无刷交流发电机

图 3-3 交流发电机分类

根据中华人民共和国汽车行业标准《汽车电气设备产品型号编制方法》（QC/T 73—93）的规定，汽车交流发电机型号由产品代号、电压等级代号、电流等级代号、设计序号、变形代号五部分组成，如图 3-4 所示。

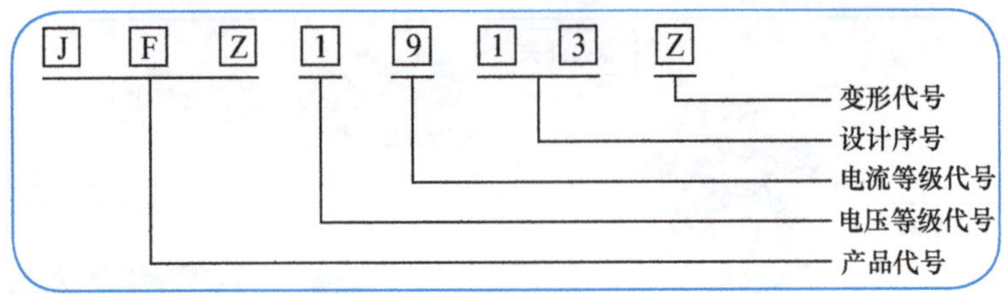

图 3-4　交流发电机型号

（1）产品代号：用中文字母表示，例如，JF 表示普通交流发电机；JFZ 表示整体式（调节器内置）交流发电机；JFB 表示带泵的交流发电机；JFW 表示无刷交流发电机。

（2）电压等级代号：用一位阿拉伯数字表示，1 表示 12V 系统；2 表示 24V 系统；6 表示 6V 系统。

（3）电流等级代号：用一位阿拉伯数字表示，1 表示电流等级不大于 19A；2 表示电流介于 20 ～ 29A；3 表示电流介于 30 ～ 39A；4 表示电流介于 40 ～ 49A；5 表示电流介于 50 ～ 59A；6 表示电流介于 60 ～ 69A；7 表示电流介于 70 ～ 79A；8 表示电流介于 80 ～ 89A；9 表示电流大于等于 90A。

（4）设计序号：用 1 ～ 2 位阿拉伯数字表示，表示产品设计的先后顺序。

（5）变形代号：以调整臂位置作为变形代号，从驱动端看，调整臂在左边用 Z 表示，调整臂在右端用 Y 表示，调整臂在中间不加标记。

三、交流发电机的结构

汽车用交流发电机由产生磁场的转子、产生交流电的定子、将交流电转变为直流电的整流器、前后冷却风扇、前后端盖、皮带轮、防尘后外罩等组成，如图 3-5 所示。

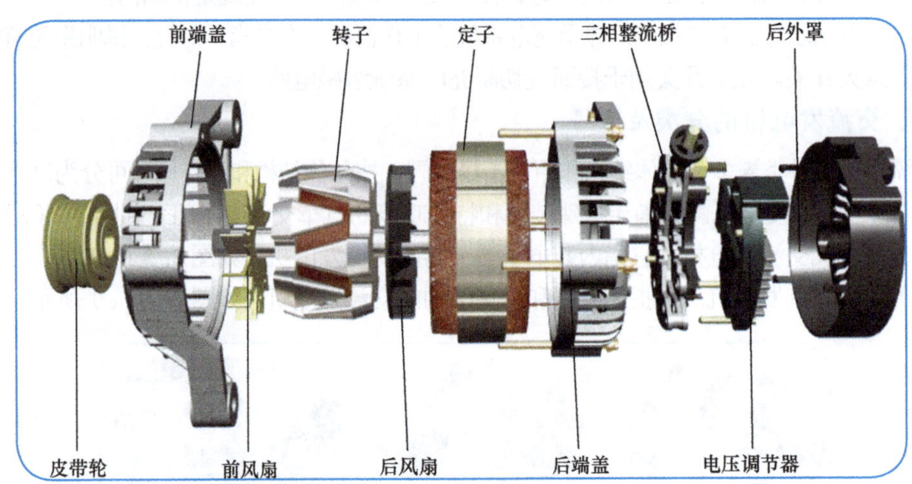

图 3-5　交流发电机的结构

四、交流发电机的功用

（1）发电：用多槽皮带将发动机曲轴动力传输到发电机皮带轮，转动电磁化的转子，在定子线圈中产生交流电。

（2）整流：因定子线圈产生的是交流电，不能用于汽车上的直流电气装置，这就需要整流器将交流电转化为直流电。

（3）调节电压：利用电压调节器调节发电机电压，使发电机在转速过高或负载发生变化时，也能保持电压稳定。

五、交流发电机的工作原理

电磁感应现象：闭合导体在磁场中运动并切割磁力线后，在导体内会有电流产生，交流发电机正是利用了这一点，如图 3-6 所示。

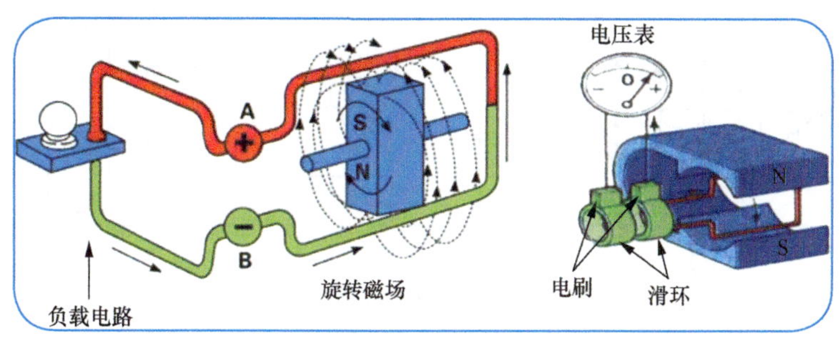

图 3-6 电磁感应现象

1. 发电机发电原理

发动机工作时转子线圈中有电流通过，产生磁场，安装于转子轴上的两块爪极被磁化为 N 极和 S 极。转子旋转，磁极交替穿过定子铁心，形成一个旋转磁场，它与固定的三相定子绕组之间产生相对运动，于是在三相定子绕组中便产生三相交流电流（电动势）。发电机产生的三相交流电流，经整流器后变为直流电流，然后向汽车用电设备供电，同时为蓄电池充电，如图 3-7 所示。

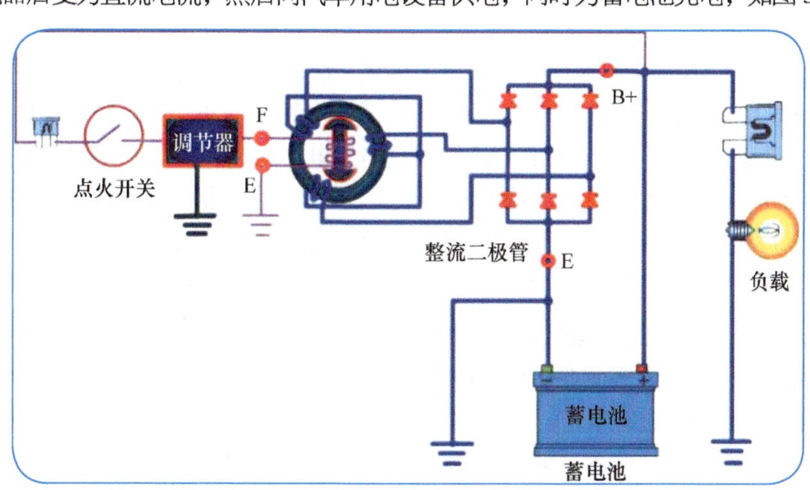

图 3-7 交流发电机的工作原理

2. 整流原理

（1）二极管的导通原则：当 3 只正二极管负极端连接在一起时，正极端电位最高者导通，当 3 只负二极管正极端连接在一起时，负极端电位最低者导通，如图 3-8 所示。

（2）整流过程的分析。同时导通的二极管管子总是两个，正、负管子各一个。三相桥式整流电路中二极管的依次循环导通，使得负载 RL 两端得到一个比较平稳的脉动直流电压，如图 3-9 所示。

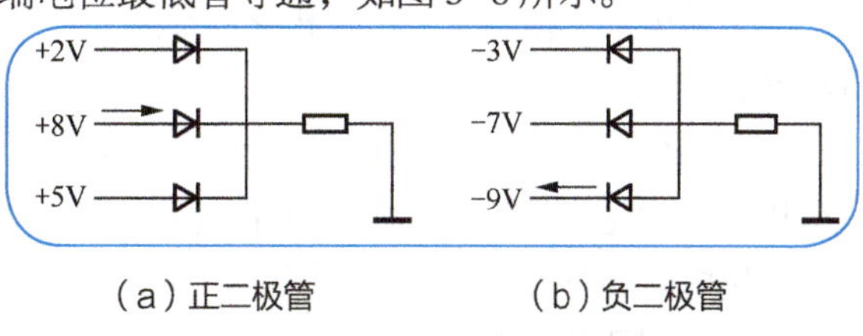

（a）正二极管　（b）负二极管

图 3-8 正负二级管的特性

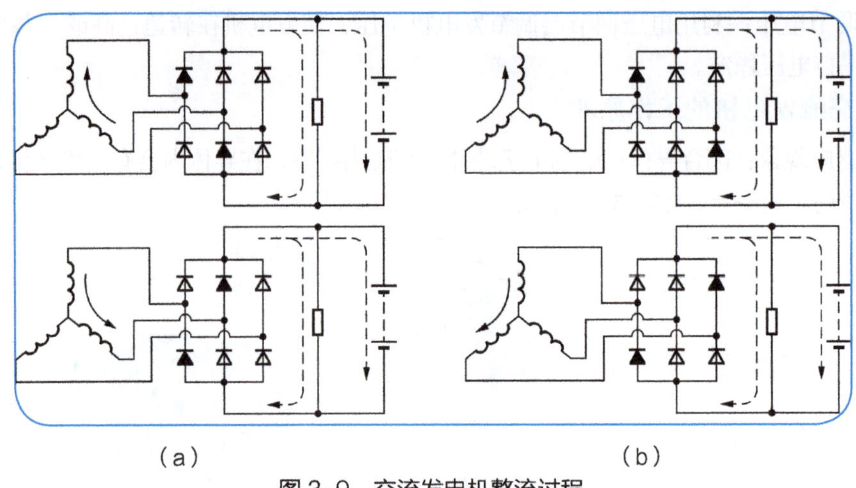
(a)　　　　　　　　　　(b)

图 3-9　交流发电机整流过程

注意

二极管只允许电流朝一个方向流动，有些交流发电机还使用 6 个以上的整流二极管，若蓄电池的电极接反，二极管将由于电流过大而被烧坏。

3. 电压调节原理

发电机转子上的磁场绕组通电后会产生电磁场，磁场的强度与流过磁场绕组的电流成正比。即电流强度增大，磁场强度也相应地增大，反之电流强度减小，磁场强度也相应地减小。

所以，交流发电机电压调节器的调压原理是当发电机转速升高时，调节器通过减小发电机励磁电流来减小磁通，使发电机的输出电压保持不变，当发电机的转速降低时，调节器通过改变发电机的励磁绕组线圈磁场强弱，使发电机的输出电压保持不变。

六、使用充电系统的注意事项

交流发电机与调节器的结构简单，维护方便，若正确使用，不仅故障少而且寿命长。若使用不当，则会很快损坏。因此在使用和维护中应注意以下几点。

（1）要定期对发电机进行维护。维护时不必拆开前后端盖，仅需拆下防护罩便可更换电刷等易损件，并对整流元件、电容、调节器等零部件进行检查和必要的测试。

（2）蓄电池的搭铁极性必须与交流发电机的极性相一致，都是负极搭铁。否则蓄电池将通过发电机的硅二极管大量放电，烧坏二极管。

（3）发电机运转时，禁止采用将发电机电枢接线柱与搭铁接线柱短路的法检查发电机是否发电。否则会使二极管烧坏或烧坏保险及线路。

（4）蓄电池正极与发电机正极之间线路的连接要牢固可靠。在发电机高速运转时，如果充电线路突然断开，会因电压过高而击穿二极管或损坏其他电子元件。

（5）经常检查发电机 V 形带的张紧程度和损坏程度，发电机 V 形带与带轮的啮合情况。发电机的动力是由发动机通过 V 形带传递的，当 V 形带工作不正常时，会影响发电机正常工作，使用中听到 V 形带发出啸叫声时，应对 V 形带进行检查。检查 V 形带张紧度的方法是用拇指将 V 形带下压，其挠度在 2 ～ 5mm 为合适，如果不符合规定应进行调整。一旦发现有损坏迹象要及时更换V形带。

任务二 交流发电机的保养与更换

学习目标

（1）了解发电机维护的相关知识。

（2）能够安全规范地更换发电机。

（3）能正确规范地对发电机进行分解、保养和组装。

（4）能严格遵守安全规程和操作规范。

相关知识

汽车发电机是汽车电器中的重要部件，要想在汽车行驶中保持发电机恒稳发电状态，持久工作，必须使发电机内部的各个部件都处于最佳的工作状态。对发电机的保养可以延长发电机的使用寿命。有时还可以避免更换新的发电机，从而减少不必要的经济损失。一般来说，发电机需要维修保养时的故障现象主要有以下几种。

① 发电机运转时有噪声。

② 发电机导线有松动。

③ 发电机驱动皮带过松。

④ 发电机不正常发电。

⑤ 蓄电池有过充电现象。

硅整流发电机每运转750h（相当于30 000km）后，应拆开检修一次，主要检查电刷和轴承的状况。

一、发电机的外部检测

在对充电系统进行检测前，首先应获取维修手册上的相关技术信息，然后进行维修。

（1）检查驱动皮带。在检测驱动皮带张紧力前应先转动发动机，观察驱动皮带的磨损程度，同时也防止其局部张紧力过大。使用专用工具测量驱动皮带的张紧力，需与维修手册参数进行对照，如图3-10所示。

（2）运转听噪声。起动发动机后检查发电机驱动皮带是否发出吱吱的噪声，如果有则更换驱动皮带；使用听诊器检查发电机内部的运转噪声，如图3-11所示。可引起发电机运转噪声的原因有转子与定子之间的刮蹭（扫膛），轴承损坏发出的声音。

（3）输出电压测量。起动发动机，关闭车上所有用电器。如图3-12所示，测量B+端子输出电压并提高发动机转速，直到输出电压约为14.5V，并记下此时的发动机转速。如果此时超出1 200r/min，说明发电机输出电压低，

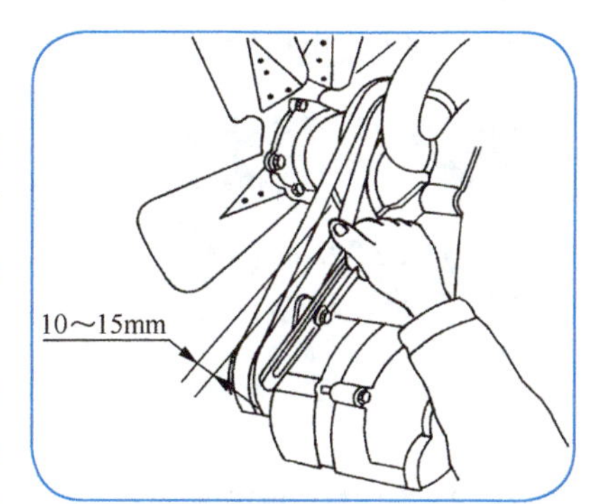

图3-10 发电机皮带的检查

需进行分解检测。

图 3-11　发电机听诊检查

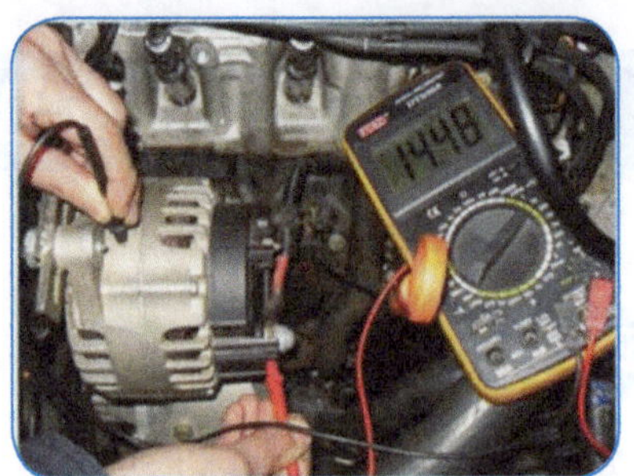

图 3-12　发电机输出电压的检测

皮带异响的处理方法

发电机的检测

发电机的拆卸

发电机的更换

二、交流发电机分解

如图 3-13 所示，发电机分解前，应在其外壳上用记号笔，在前后端盖及定子铁心上，画上一条贯穿的记号线，防止在安装时零件错位，或对定子过度拉伸，造成断裂。

（1）用扭力扳手拧下发电机皮带轮紧固螺母，然后使用专用工具取下皮带轮，如图 3-14（a）所示。

（2）拧下发电机后端盖整流罩螺栓，取下后端盖，如图 3-14（b）所示。

图 3-13　发电机分解前做标记

（a）

（b）

图 3-14　交流发电机解体流程图（一）

（3）拧下发电机前端盖紧固螺栓，并取下前端盖，如图 3-15（a）所示。

（4）取出止推垫圈和风扇叶轮，然后取出发电机转子总成，如图 3-15（b）所示。

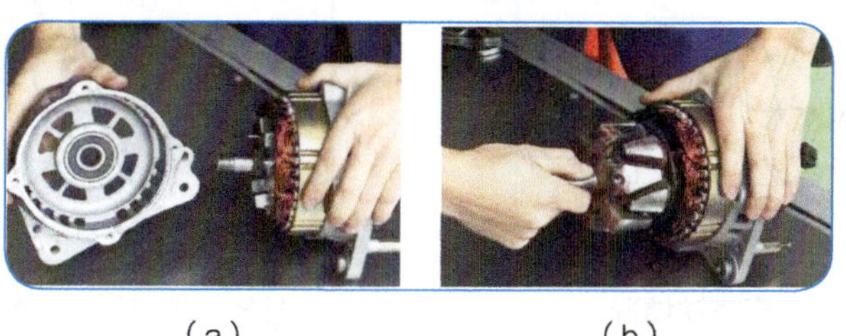

（a）　　　　（b）

图 3-15　交流发电机解体流程图（二）

（5）发电机分解完毕后，将各个部件清洁干净，逐一进行检查，如图 3-16 所示。

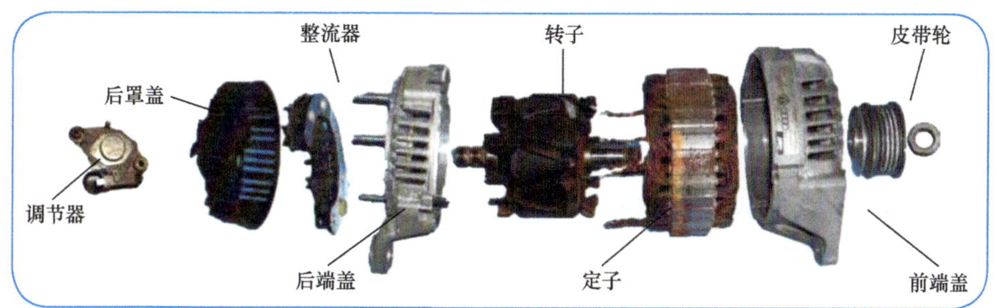

图 3-16　发电机解体零部件

三、发电机零部件的构造与维修

1. 发电机的转子

转子的作用是产生磁场。如图 3-17 所示，转子由转子轴、磁场绕阻、爪形磁极、滑环等组成，当给两滑环通入直流电时，励磁绕组中就有电流通过，并产生轴向磁通，使爪极一块被磁化为 N 极，另一块被磁化为 S 极，当转子转动时，就形成了旋转的磁场。

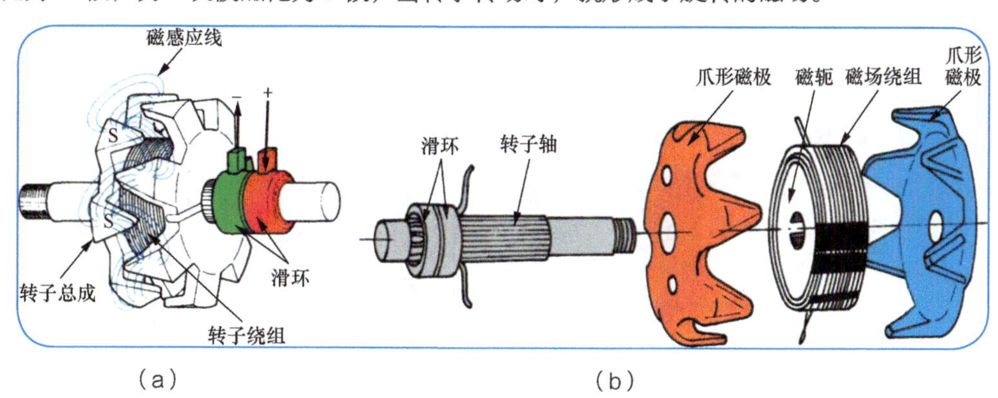

（a）　　　　（b）

图 3-17　交流发电机的转子

转子的检查：

（1）搭铁检查：转子线圈与两个滑环均应与外壳绝缘。用万用表选择 200kΩ 挡，一只表笔接任一环上，另一只表笔接在转子铁心或轴上，其阻值为无穷大，如果阻值为“0”则为搭铁，如图 3-18 所示。

（2）断路和短路检查：万用表在两滑环上测量电阻应符合规定值，如果小于规定值则为短路，如果为无穷大则为断路，如图 3-19 所示。

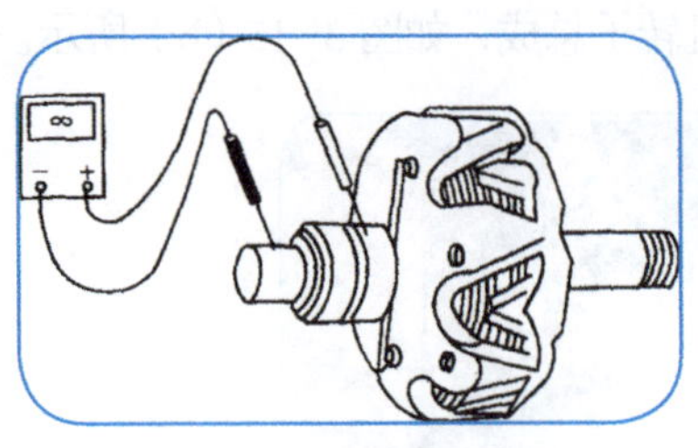

图 3-18　检查搭铁情况

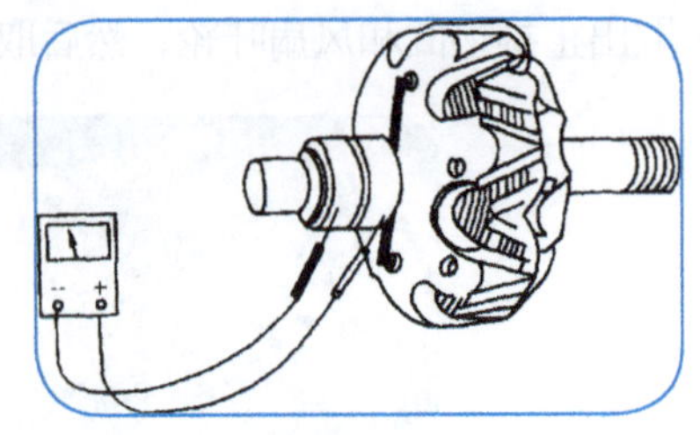

图 3-19　检查断路、断路情况

（3）滑环的检查：滑环表面应光洁，不得有油污，两滑环之间不得有污物，否则应进行清洁。可用干布蘸汽油擦净，当滑环脏污严重并有轻微烧损时，可用细砂布磨光，无法修理则需要更换总成，如图 3-20 所示。

提示

发电机旋转时，滑环和电刷接触，通过电流。电流通过产生的火花会产生脏污和烧蚀，从而影响导电，使发电机性能降低，这也是发电量低的原因之一。

2. 发电机定子

定子的作用是产生交流电。定子安装在转子的外面，和发电机的前后端盖固定在一起，当转子在其内部转动时，引起定子绕组中磁通的变化，定子绕组中就产生交变的感应电动势。定子由定子铁心和定子绕组组成。定子铁心由相互绝缘的内圆带嵌线槽的圆环状硅钢片叠成。嵌线槽内嵌入三相对称的定子绕组。交流发电机中心抽头，它是从三相线圈的中性点引出的，标记为 N 中性点，如图 3-21 所示。

图 3-20　滑环检查

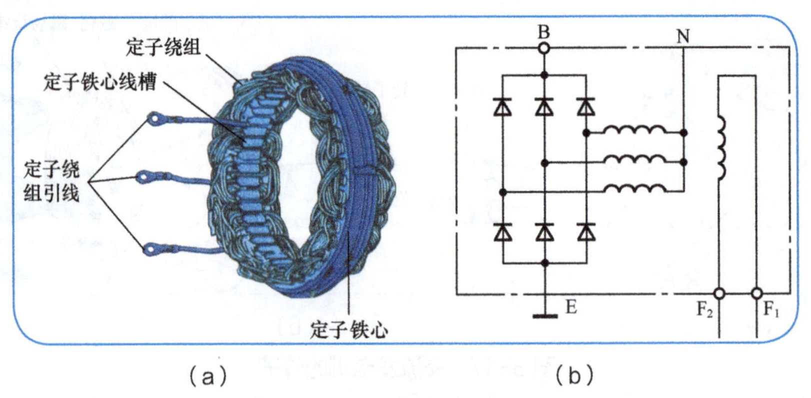

（a）　（b）

图 3-21　交流发电机的定子

发电机定子的检查：

将万用表置于“200Ω”挡位置，两表笔每触及定子绕组的任何两相首端，如图 3-22 所示，电阻值都相等，如果电阻很小，说明定子绕组有短路故障；如果电阻无穷大，说明定子绕组有断路故障。

将万用表置于“200kΩ”挡位置，两表笔分别测定子绕组与定子铁心，如图 3-23 所示，其阻值为无穷大，如果阻值为“0”则说明定子绕组线圈有搭铁现象。

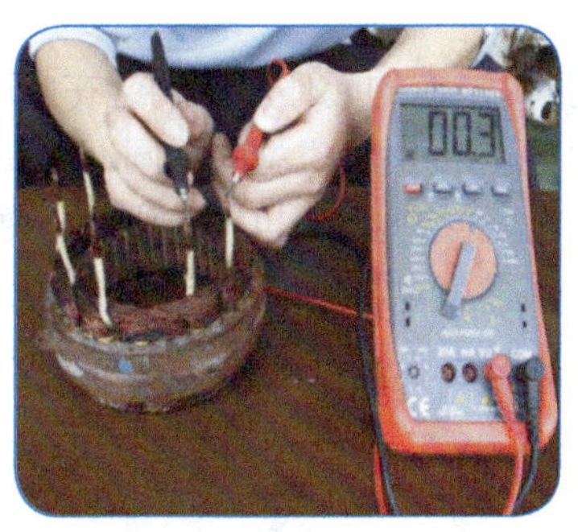

图 3-22　定子短路及断路检查

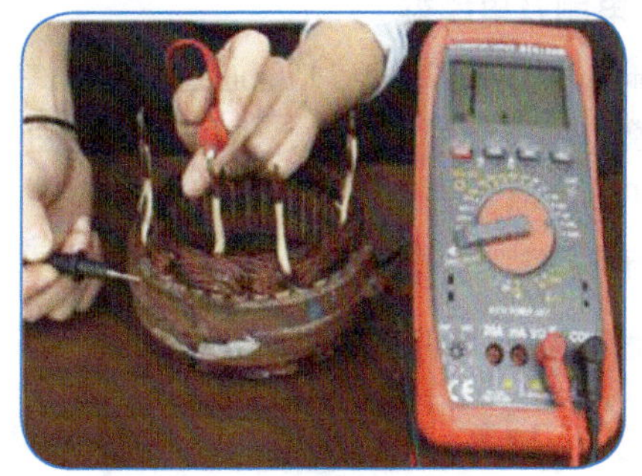

图 3-23　定子搭铁的检查

发电机产生的是交流电，但由于汽车使用的是直流电。交流电必须转化为直流电，转换电流的装置就是整流器。

3. 整流器

如图 3-24 所示，发电机整流器由六支大功率的硅二极管组成，所以被称为硅整流器。硅二极管中三支是正二极管，另三支是负二极管，分装在正整流板和负整流板上。在正整流板上有发电机输出端 B+，负整流板与外壳相连接。整流板也对二极管起到散热的作用。

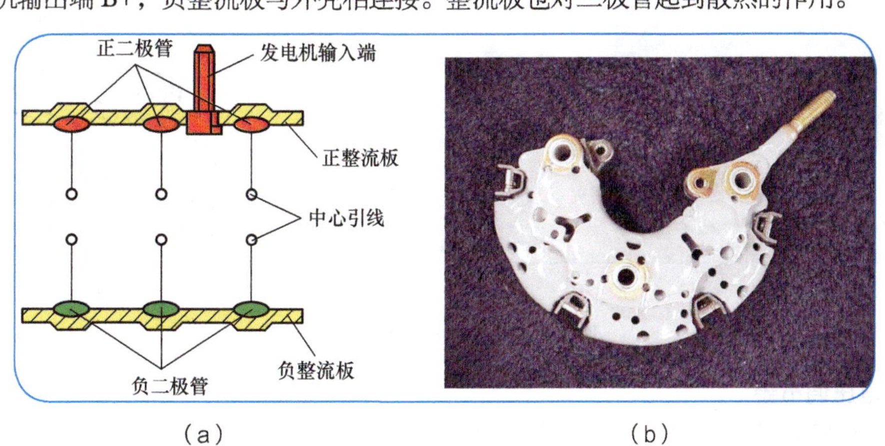

（a）　　（b）

图 3-24　发电机整流板

整流器的检修步骤如下。

① 检查正负极板间是否完好无缺。

② 检查正负极板上与定子绕组连接处是否有断路情况。

③ 检查正极板上的绝缘垫片是否完整。

如图 3-25 所示，检测整流板上二极管时，需将每个二极管的中心引线从接线柱上拆下或焊下，用万用表“二极管”挡，分别将红表笔和黑表笔与二极管正、负极接触测量，然后更换表笔再测量，若一次通、一次不通说明二极管性能良好，若两次测都不通，说明二极管断路。

若两次都通，说明此管被击穿。发现有二极管损坏时，如果二极管是压装在整流板上，则可更换相同规格的二极管，若二极管是焊接在整流板上，则建议更换整流板总成。

4. 电刷及电刷架

电刷（见图 3-26（a））是通过集电环给励磁绕组提供电流的元件。电刷装在电刷架内，通过弹簧与集电环紧密接触，电刷架（见图 3-26（b））根据发电机类型的不同，其安装位置也有所不同。有的安装在发电机的后端盖上（外装式），这种结构便于电刷的维护与更换；有的与整流器安装在一起（内装式），维护或更换电刷时，需将发电机后端盖上的防护罩拆下。

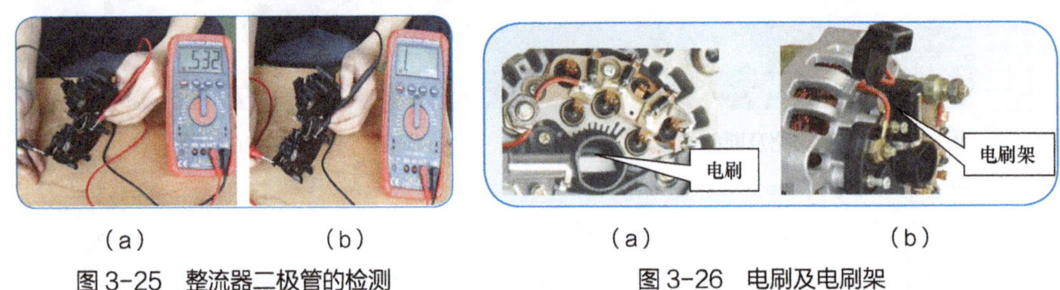

（a）　（b）

图 3-25　整流器二极管的检测

（a）　（b）

图 3-26　电刷及电刷架

电刷组件的检测：电刷和电刷架应无破损或裂纹，电刷在电刷架中应活动自如，不得出现卡滞现象，如图 3-27（a）所示。电刷露出电刷架部分的长度叫电刷长度，检查电刷磨擦部位是否平滑，必要时使用砂纸打磨，如图 3-27（b）所示。观察电刷的长度不得低于维修手册的最低极限值，必要时更换，如图 3-27（c）所示。

电刷弹簧压力应符合标准，一般为 2 ～ 3N，将电刷压入电刷架使之露出部分约 2mm，弹簧压力过小应更换。

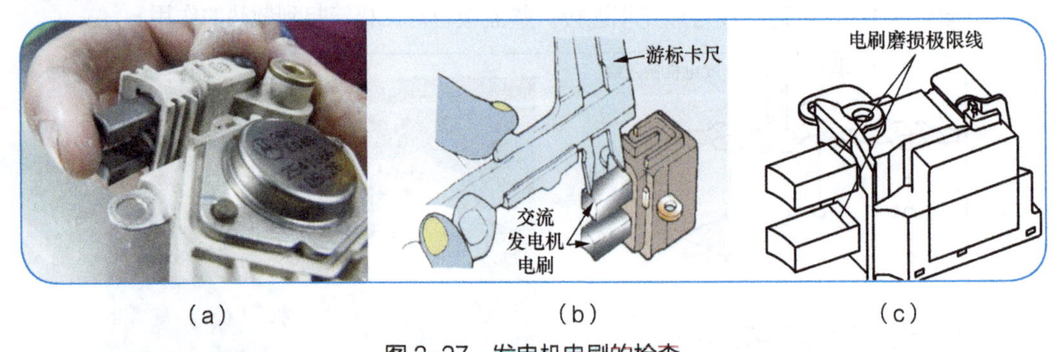

（a）　（b）　（c）

图 3-27　发电机电刷的检查

5. 电压调节器

电压调节器（见图 3-28）的作用是控制汽车充电系统的输出电压在标准范围内，防止电压过高烧坏电器或电压过低导致电器无法正常工作。汽车发动机的转速是一个不稳定因素，只能用调节器控制磁场的电流来控制输出电压。调节器为精密电子元件，在损坏后不可对其维修。因为维修后会造成输出电压发生变化，从而引起其他故障的出现。

6. 前后端盖、带轮及风扇

端盖（见图 3-29（a））一般分为前端盖和后端盖两部分，起支撑转子、定子、整流器和电刷组件的作用。

交流发电机的前端装有带轮和风扇（见图 3-29（b）），由发动机通过传动带驱动发电机的转子轴和风扇一起旋转。发电机工作时，定子绕组和励磁绕组中都会有热量产生，温度过高会烧坏导线的绝缘导致发电机不能正常工作，所以为发电机散热是必须的。

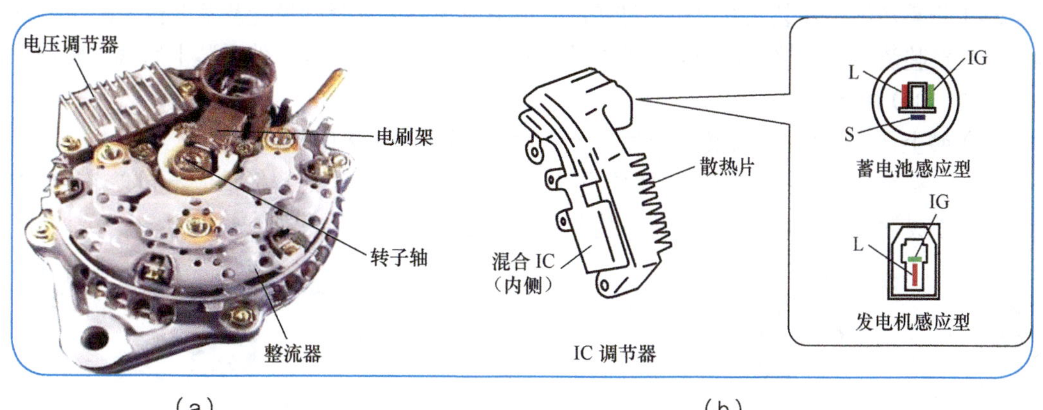

（a） （b）

图 3-28 电压调节器

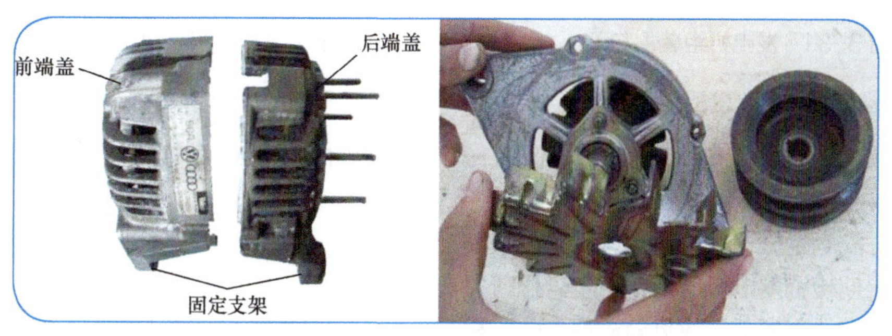

（a）前、后端盖 （b）带轮及风扇

图 3-29 前后端盖、带轮及风扇

端盖及皮带轮检查：发电机端盖不允许有裂纹，其安装凸耳孔不能过于松旷，否则应更换。轴承滚珠和滚道上不允许有斑点，转动时不应发卡，否则应更换。皮带轮轴孔与轴的配合，若松旷应更换。

四、发电机的组装

（1）用砂纸打磨转子滑环接触面，并在轴承上涂适量润滑油，如图 3-30（a）所示。

（2）将转子装入轴承座上，并用橡胶锤敲击到位，如图 3-30（b）所示。

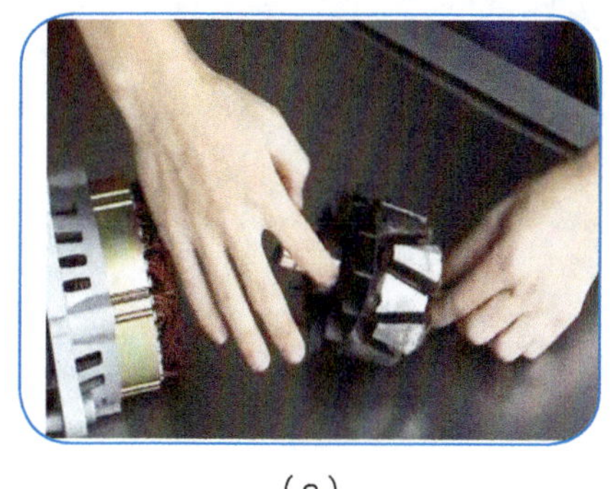

（a）

（b）

图 3-30 发电机组装（一）

（3）将碳刷装上并压入，注意碳刷与滑环工作面对位，如图3-31（a）所示。

（4）将整流器组件装入发电机后端盖时，旋紧整流器组件紧固螺栓及发电机“B”接线柱螺母。注意整流器组件接线柱与外壳的绝缘。拧紧调节器紧固螺栓，然后装上后端盖整流罩，如图3-31（b）所示。

（5）装上风扇叶及止推垫圈，然后装上前端盖，如图3-32（a）所示。

（6）拧紧前后端盖紧固螺栓，要均匀用力，可分2～3次拧紧，以防造成不同心产生偏斜，发生旋转不灵活，甚至扫膛现象。然后装上发电机皮带轮，如图3-32（b）所示。

（a）

（b）

图3-31　发电机组装（二）

（a）

（b）

图3-32　发电机组装（三）

五、发电机保养与检测汇总

汽车发电机是汽车电器中的重要部件，要想在汽车行驶中保持发电机恒稳发电状态，应经常性地做好以下保养工作。

（1）行驶一定里程后，适当调整发电机皮带的紧度。

（2）定期检查发电机皮带，防止老化断裂。

（3）定期检查发电机散热导流板，防止松动丢失。

（4）要经常清洁各导线，保持其干燥，可防漏电。

任务实施

操作　发电机的保养

步骤一：检查发电机皮带是否有裂纹，转动发电机看是否正常运转，分解发电机

步骤二：用万用表检查发电机定子和转子是否正常，并用砂纸打磨转子滑环

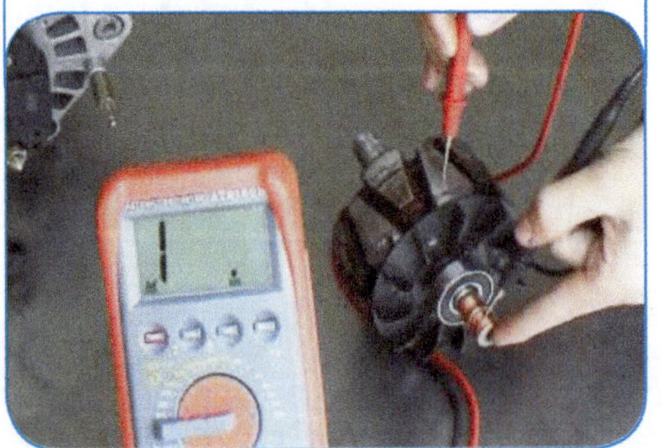

步骤三：检查发电机的电刷长度及电刷弹簧弹力是否正常

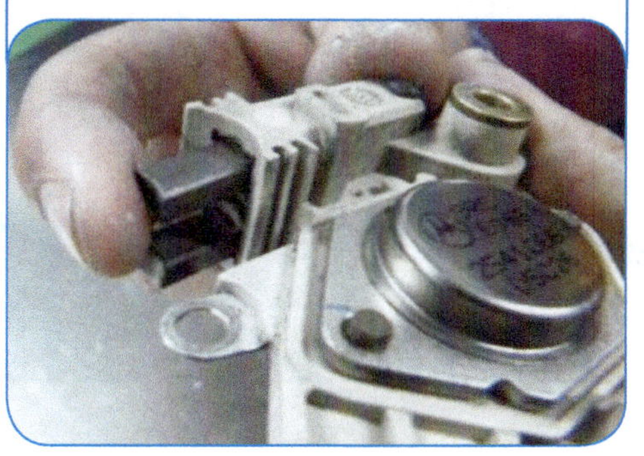

步骤四：检查整流器正负二极管是否正常，与定子接线是否牢固

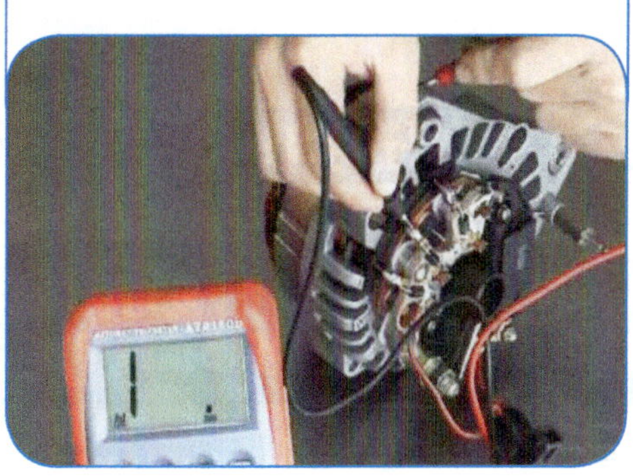

步骤五：检查电压调节器是否烧蚀，电源及搭铁线路是否正常

步骤六：检查完毕后将发电机按照拆卸的相反顺序组装，转动发电机转子应无异响

禁止

大部分汽车上的发电机是全密封的，不可硬性拆卸，可直接更换同等规格的发电机。

安全操作

（1）安装整流器端盖时，可用压机压到驱动端盖内。但不可将压机压到转子轴。

（2）安装发电机电刷座时，应尽可能使用最小的平头螺丝刀。由于电刷比螺丝刀软很容易损坏，可将末端包上软塑料纸。

（3）安装发电机贯穿螺丝时，必须对角拧紧，各个螺丝最好使用同样的力矩，防止“扫膛”。

实操任务单

发电机保养与更换作业工单 维修班组：______维修技师甲：______维修技师乙：______质检员：______		
整车型号		
车辆识别代码		
发动机型号		
任务	作业记录内容	备注
一、前期准备	正确组装三件套（转向盘套、座套、换挡手柄套）、翼子板布和前格栅布。□ 工位卫生清理干净。□	
二、操作步骤	1. 首先断开蓄电池负极电缆线。 2. 拆下发电机插座及 B+ 柱线路。 3. 松开发电机张紧机构螺栓，取下传动皮带。 4. 松开发电机固定机构螺栓，取下发电机总成。对表面进行清洁，换上新发电机，安装传动皮带，紧固螺栓张紧机构。 5. 用拇指按压发电机皮带，检查张紧度，正常时应向下变形____mm。 6. 安装发电机插头与 B+ 柱。 7. 安装蓄电池负极电缆线，起动着车，检测发电机工作是否正常，电压应在____V。	
三、竣工检查	将工具及物品摆放归位。□ 汽车整体检查（复检）。□ 整个过程按 6S 管理要求实施。□	
工单记录员：________ 车间主任：________ 客户签字：________ 维修时间：________		

任务三　充电系统线路的检修

学习目标

（1）掌握发电机控制线路的检修。

（2）能够顺利排除汽车充电指示灯的故障。

（3）严格遵守安全规程和操作规范。

相关知识

汽车充电系统电路由蓄电池、交流发电机及调节器、点火开关、充电指示灯线路灯组成。充电指示灯的作用是用来检测汽车充电系统的工作情况。

充电系统常出现的故障现象有以下几种。

① 怠速或低速时充电指示灯常亮、提高转速后熄灭。

② 发电机充电电流过小，蓄电池经常存电不足。

③ 蓄电池充电电流过大，各种灯泡容易烧坏。

④ 发电机充电不稳。

一、汽车充电指示灯

如图 3-33 所示，充电指示灯安装在驾驶室仪表盘上，用来检测充电系统的工作状况。绝大多数汽车在接通点火开关时，充电指示灯亮，表示发电机不发电或电压较低；在发电机正常发电时，充电指示灯熄灭。汽车行驶中，若充电指示灯点亮，则表明充电系有故障，提示驾驶员及时修理。

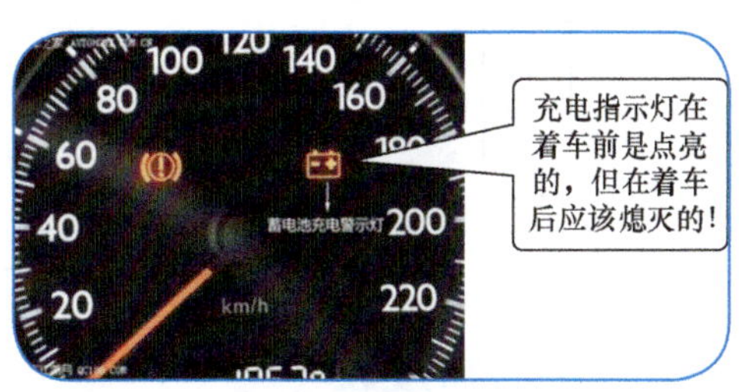

图 3-33　充电指示灯

二、充电系统电路图的分析

丰田威驰充电系统电路图内装集成电路调节器和整体式交流发电机，其与外部电路连接说明如图 3-34 所示。

发电机 B 插接器的 3 个端子分别是 1 号端子 L 从点火开关 IG2 端子开始，经组合仪表充电指示灯过来，控制充电指示灯的亮与灭；2 号端子 IG 从点火开关的 IG1 端子，经 10A 的保险过来，给集成电路调节器提供工作电压；3 号端子 S 经 7.5A 和 60A 两个保险，检测蓄电池端电压，发电机 A 插接器是交流发电机的输出，并经过 100A 的保险，给其他用电设备供电和给蓄电池充电。

现在越来越多的现代汽车上，分立式的电压调节器已经被淘汰了，取而代之的是将电压调节器电路接在汽车上的电子控制模块或组件中。

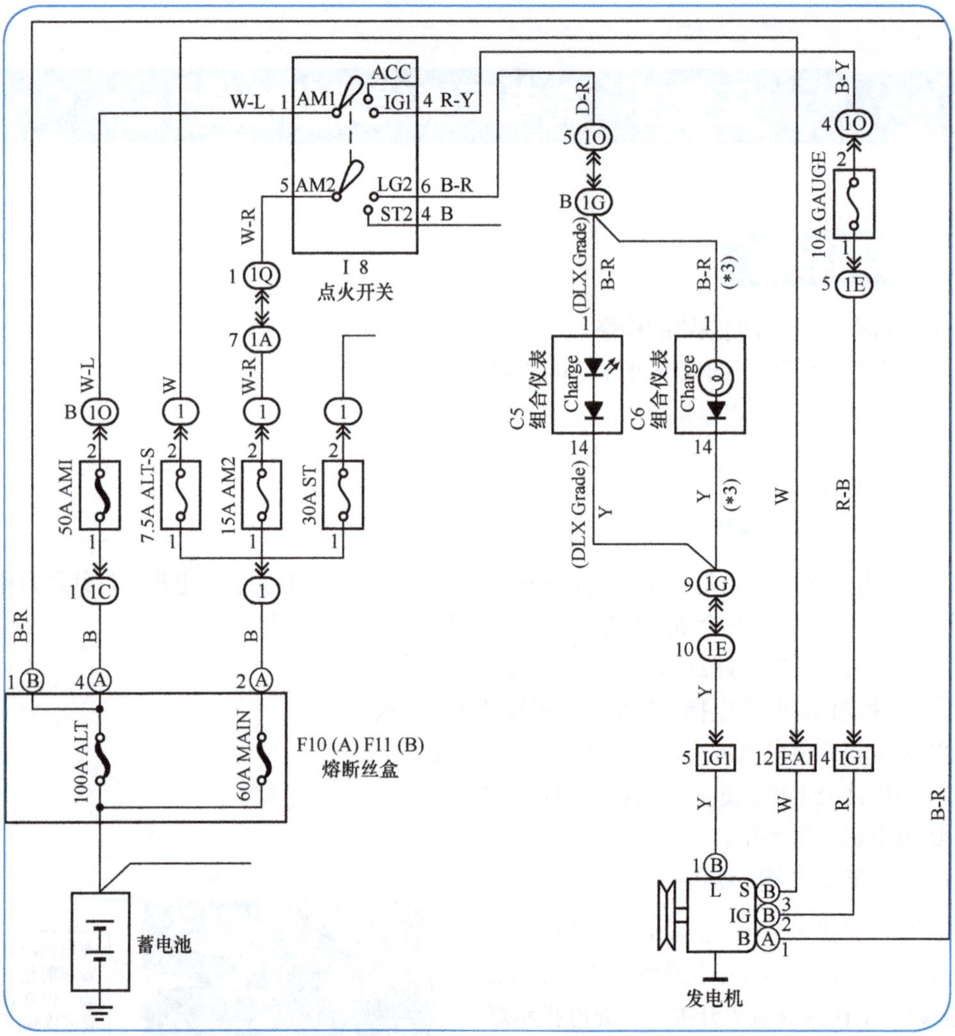

图 3-34　丰田威驰充电系统电路图

三、发电机的更换

若发电机发生故障无法修复时，就需要对发电机进行更换。

1. 发电机的选用

发电机选用第一原则——原厂原则。通常汽车上的发电机都是配套使用的，不能混用，所以最好买原厂的发电机，避免安装时出现不必要的麻烦。

2. 发电机的更换过程

下面以桑塔纳 2000 为例说明发电机的更换过程。

（1）拆下蓄电池负极电缆，防止导线搭铁损坏电气设备，如图 3-35（a）所示。

（2）用开口扳手转动紧机构，插入定位销，松开张紧轮，张紧机构被固定在该位置，如图 3-35（b）所示。

（a）

（b）

图 3-35　发电机更换流程图（一）

小心

断开蓄电池负极之前对有记忆功能的元件保存的信息做一个记录，这些信息包括：故障码、选择的收音机频道、座椅位置、转向盘位置等。

（3）保证双手干净，取下传动带。如果取下传动带有困难时，可先将皮带从张紧轮和导向轮上脱出，如图 3-36（a）所示。

（4）旋下发电机两条固定螺栓。用木棒插入发电机和支架之间，撬动发电机，拆下发电机的连接线束，取下发电机，如图 3-36（b）所示。

（5）安装好发电机连接线束，用纱布清洁接线柱，保证蓄电池极柱与电缆接触良好，如图 3-37（a）所示。

（6）将发电机的下支撑臂插入固定在气缸体上的支架上，然后将发电机推向气缸体的一侧。调整发电机位置使螺栓孔与支架螺栓孔对齐。将固定螺栓旋入，按照规定力矩拧紧，如图 3-37（b）所示。

（a）

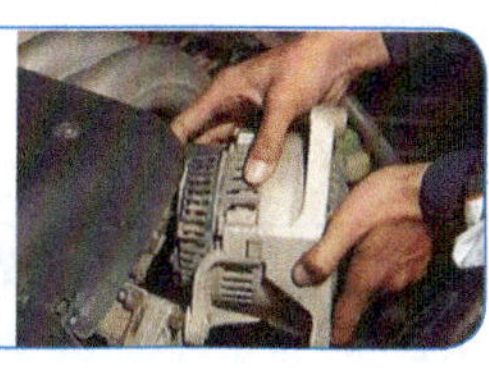

（b）

图 3-36　发电机更换流程图（二）

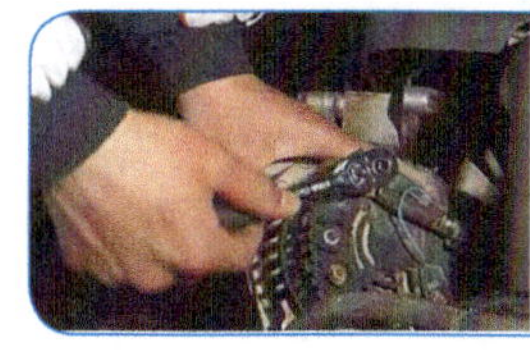

（a）

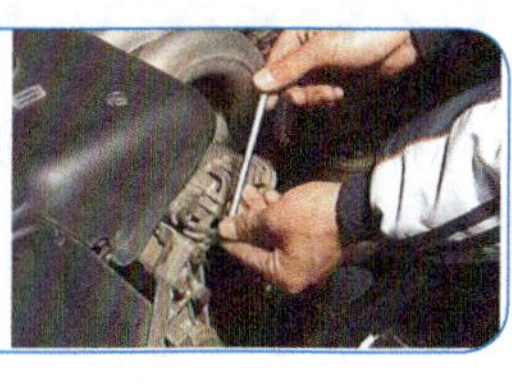

（b）

图 3-37　发电机更换流程图（三）

（7）将发电机皮带安装到曲轴和发电机皮带轮、导向轮、张紧轮上，并确认皮带安装走向正确且到位，最后转动张紧轮微量角度，使定位销松动，取出定位销，使张紧轮压向皮带，并检查皮带的松紧度，如图 3-38（a）所示。

（8）再次对发电机的输出电压、电流等进行检测，确保发电机的正常使用性能，如图 3-38（b）所示。

（a）

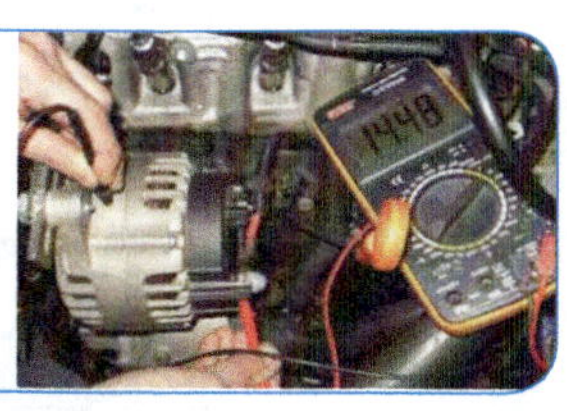

（b）

图 3-38　发电机更换流程图（四）

汽车皮带的拆卸

3. 发电机更换过程的注意事项

① 拆装发电机前要对车辆进行检查及保护，爱护好客户车辆。

② 给蓄电池断电，避免异常打火。
③ 注意拆装顺序，准备专用工具。
④ 拆装附件皮带时，先画出盘绕图备份。
⑤ 驱动带不得沾有油污、水等。
⑥ 安装发电机时必须将螺丝按照规定力矩拧紧。
⑦ 连线要牢固可靠。

汽车皮带的更换

严禁在蓄电池负极未断开的情况下，进行发电机拆装操作。避免电火花的产生，烧坏车上的电子元件。

任务实施

操作　发电机的检测与更换

步骤一：用拇指下压发电机皮带轮与张紧器之间的楔形皮带，检查挠度是否正常

步骤二：测量蓄电池的电压，然后起动着车至充电指示灯熄灭，再观察电压值变化

步骤三：用跨接线一端接磁场端子，一端接B+，着车升高转速，观察输出电压是否上升

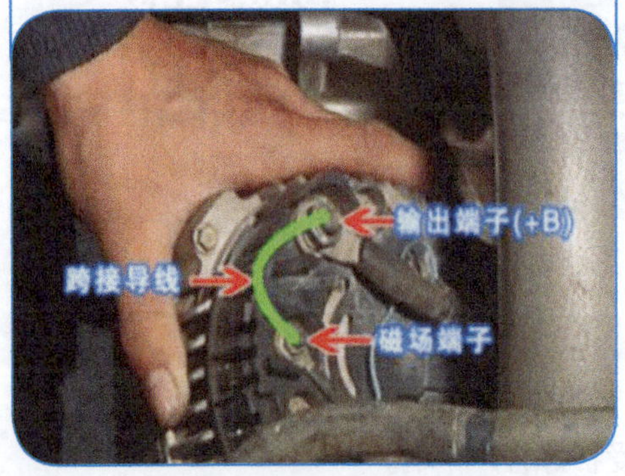

步骤四：若输出电压不上升，则故障在发电机，拆下蓄电池负极电缆，更换发电机

步骤五：松开张紧机构，拆下发电机皮带，旋下发电机固定螺栓

步骤六：将新的发电机安装到位，装上连接线，调整皮带张紧度，试车测量输出电压

安全操作

（1）拆卸发电机负极电缆时，点火开关要处于“OFF”位。防止发电机导线搭铁产生的电动势损坏ECU和用电设备。

（2）取下发电机传动带时，工作人员的双手要干净，禁止将油脂，油液黏附到传动带上。

（3）发电机与支撑架之间的配合很紧密，拆下发电机螺栓后，可用木质撬棒松动发电机，可降低取出发电机的难度。

（4）发电机固定螺栓的的拧紧力矩应符合规定要求。

实操任务单

充电系统线路检查作业工单

维修班组：______ 维修技师甲：______ 维修技师乙：______ 质检员：______

整车型号		
车辆识别代码		
发动机型号		
任务	作业记录内容	备注
一、前期准备	正确组装三件套（转向盘套、座套、换挡手柄套）、翼子板布和前格栅布。□ 工位卫生清理干净。□	

续表

任务	作业记录内容	备注
二、操作步骤	1. 引导车辆进入工位，选择支点（注意安全操作）。 2. 用万用表____挡位，检查发电机在起动着车之前的蓄电池电压为____V，着车后电压为____V。 3. 起动着车前，充电指示灯应__________，着车后应__________。 4. 发电机至蓄电池连接线是否完好。 5. 用手按压发电机皮带，检查其张紧度，如果皮带松将造成________现象。 6、检查发电机 B+ 柱电缆线及发电机插头固定是否良好。 7. 着车后检查发电机充电电压，电压为____V，充电指示灯______熄灭。	
三、竣工检查	将工具及物品摆放归位。□ 汽车整体检查（复检）。□ 整个过程按 6S 管理要求实施。□	
工单记录员：__________车间主任：__________ 客 户 签 字：__________维修时间：__________		

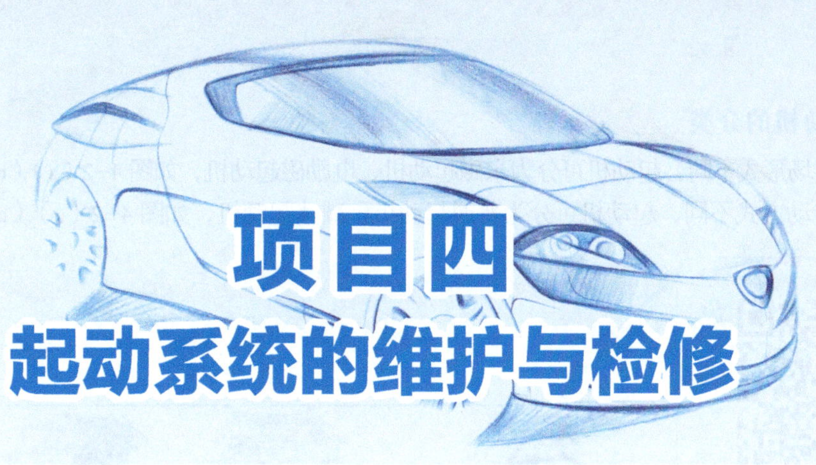

项目四 起动系统的维护与检修

项目引入

卡卡舅舅家修理厂最近有辆高尔夫轿车，行驶了3年，里程50 000km。最近出现无法起动现象，每次起动时就跟打机关枪似的，哒哒响。这是怎么回事呢？

任务一 起动系统的基础知识

学习目标

（1）了解起动机的作用、结构和工作原理。

（2）掌握起动系统维护、使用及检修的相关知识。

相关知识

一、起动系统概述

要使发动机由静止状态进入到工作状态，必须借助外力转动发动机，使气缸内的可燃混合气燃烧膨胀，工作循环才能自动运行。曲轴在外力作用下，发动机从开始转动到进入怠速运转的过程，称为发动机的起动。

发动机起动方法很多，如人力起动、电力起动、辅助汽油机起动等。电力起动具有操作方便，起动迅速的优点，并且具有重复起动的能力，同时它还可以实现远距离的控制，故在汽车上普遍采用，如图4-1所示。

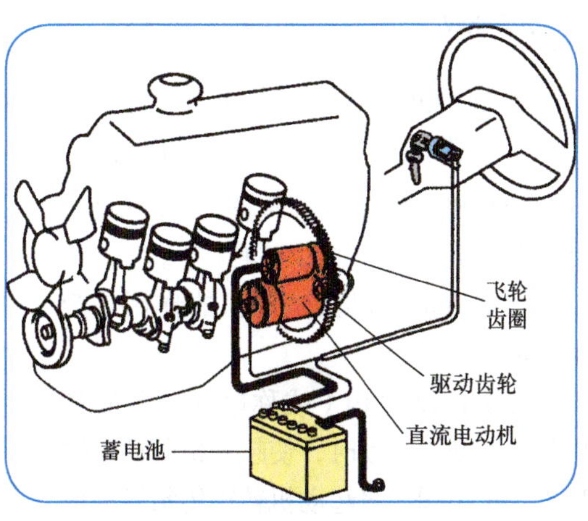

图4-1 电力起动

二、起动机的分类

（1）按磁场形式不同，起动机可分为永磁起动机、电励磁起动机，如图 4-2（a）、（b）所示。

（2）按传动方式不同，起动机可分为普通起动机、减速起动机，如图 4-2（a）、（c）所示。

（a）普通起动机（电励磁起动机）（b）永磁减速起起机（c）减速起动机

图 4-2 起动机的分类

三、起动机的型号和规格

起动机的型号按照图 4-3 所示进行标示。

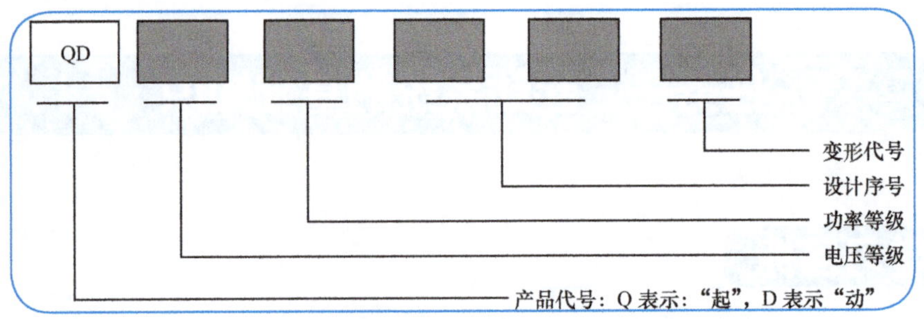

图 4-3 起动机型号

QDJ 表示减速起动机；QDY 表示永磁起动机（包括永磁减速起动机），J、Y 分别表示"减""永"。电压等级：1 ～ 12V；2 ～ 24V。功率等级如表 4-1 所示。

表 4-1 功率等级代号对应的功率

功率等级代号	1	2	3	4	5	6	7	8	9
功率 /kW	<1	1~2	2~3	3~4	4~5	5~6	6~7	7~8	>8

例如，QD1225 表示额定电压为 12V 功率为 1 ～ 2kW，第 25 次设计的起动机。

四、常规起动机的组成及作用

起动机一般由控制装置、传动机构、直流电动机组成，如图 4-4 所示。

（1）直流串励式电动机的作用是产生转矩。

（2）传动机构（或称单向器）的作用是在发动机起动时，使起动机驱动齿轮啮入飞轮齿圈，将起动机转矩传给发动机曲轴；而在发动机起动后，使驱动齿轮打

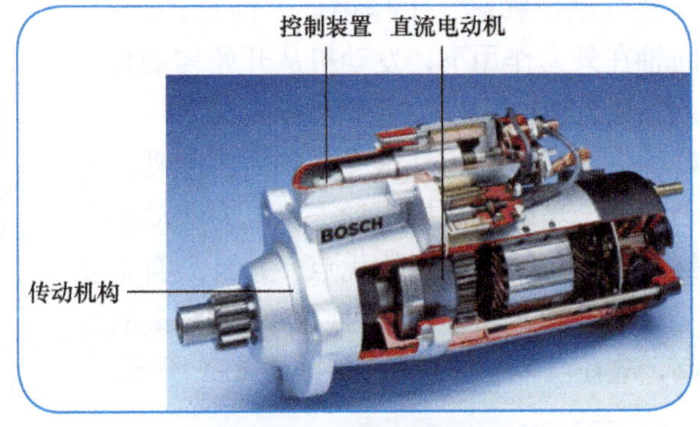

图 4-4 起动机组成

滑与飞轮齿圈自动脱开。

（3）控制装置（即电磁开关）的作用是用来接通和切断起动机与蓄电池之间的电路。

五、点火开关

不仅起动机受点火开关控制，很多电气设备工作也受点火开关控制，同时其还具备电子防盗和机械防盗功能。点火开关一般安装在方向管柱和转向盘周围，如果安装在方向管柱上，点火开关还具有转向盘的锁止功能，如图 4–5 所示。

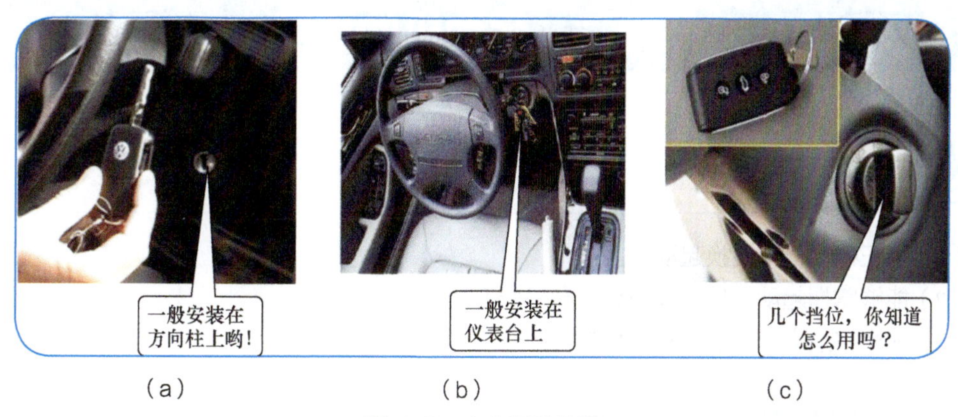

（a）　（b）　（c）

图 4-5　点火开关位置

普通点火开关由机械锁芯和电路开关两部分组成，如图 4–6 所示。其中，LOCK 为锁止挡，对转向盘进行锁止；OFF 用于切断所有供电；ACC 主要为附件供电；ON 用于给发动机及附件供电；START 为起动挡。

智能无钥匙起动就是指持此钥匙靠近车门，无须用钥匙，手拉即可打开车门，上车后，无须将钥匙插进钥匙孔，直接按下按钮式钥匙开关（见图 4–7），即可起动车辆。

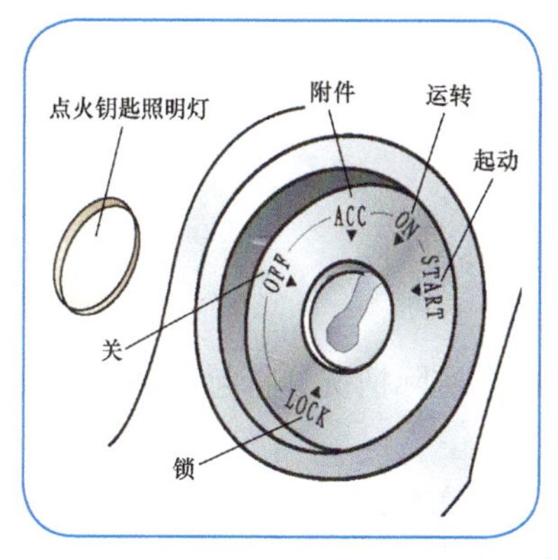

图 4-6　点火开关结构及挡位

图 4-7　无钥匙起动开关

六、起动机的正确使用与维护

起动发动机时，蓄电池要给起动机提供很大的电流，为保证发动机安全迅速可靠地起动发动机，并尽量延长其使用寿命，在使用中需注意以下事项。

（1）发动机起动后，必须立即切断起动机控制电路，使驱动齿轮及时退出，减少单向离合器的磨损。

（2）起动机起动时，每次起动时间不超过 5s，再次起动时应间歇 10～15s，使蓄电池容量得以恢复。如果连续第三次起动，应在检查与排除故障的基础上停歇几分钟后进行。

（3）经常保持蓄电池处于充足电的状态，各处接线良好。在冬季或低温情况下起动车辆时，应对蓄电池采取保温措施。

（4）对于自动挡汽车，起动时应挂入空挡。

任务二　起动机的更换

学习目标

（1）能正确规范地更换起动机。

（2）能够掌握起动系统的故障诊断和检修方法。

（3）能严格遵守安全规程和操作规范。

相关知识

别克凯越轿车采用的是电磁控制强制啮合式起动机，当试车出现起动机哗哗异响而飞轮不转时，维修人员经过观察发现，起动机的直流电机可以正常运转，驱动装置可以与齿圈啮合，但曲轴却不转动，这是典型的单向离合器打滑现象。

单向离合器作用是起动发动机时，单向离合器锁止，驱动发动机齿圈旋转。如果单向离合器锁止功能损坏了，就会出现单向离合器打滑，并发出哗哗异响。

起动机常见故障现象有以下几种。

① 起动机不转。

② 起动机空转，发动机不转。

③ 起动机有啮入声，无运转声。

④ 起动后起动机有尖叫音或驱动小齿轮退出困难。

一、起动系统故障分析

在判断起动故障时，可根据起动系统电路图，结合实际情况分析起动系统的故障原因。别克凯越起动系统电路图如图 4-8 所示。

起动系统电路由蓄电池、起动机马达、点火开关和相关线路组成。在起动电路中，当起动开关闭合时电磁线圈绕组通电。铁心和拨叉移动，导致小齿轮与发动机飞轮齿圈啮合。电磁线圈主触点闭合，然后起动发动机。当发动机起动后，小齿轮超速保护防止电枢过速，直到开关断开，此时回位弹簧使小齿轮分离，发动机起动后立即松开开关。

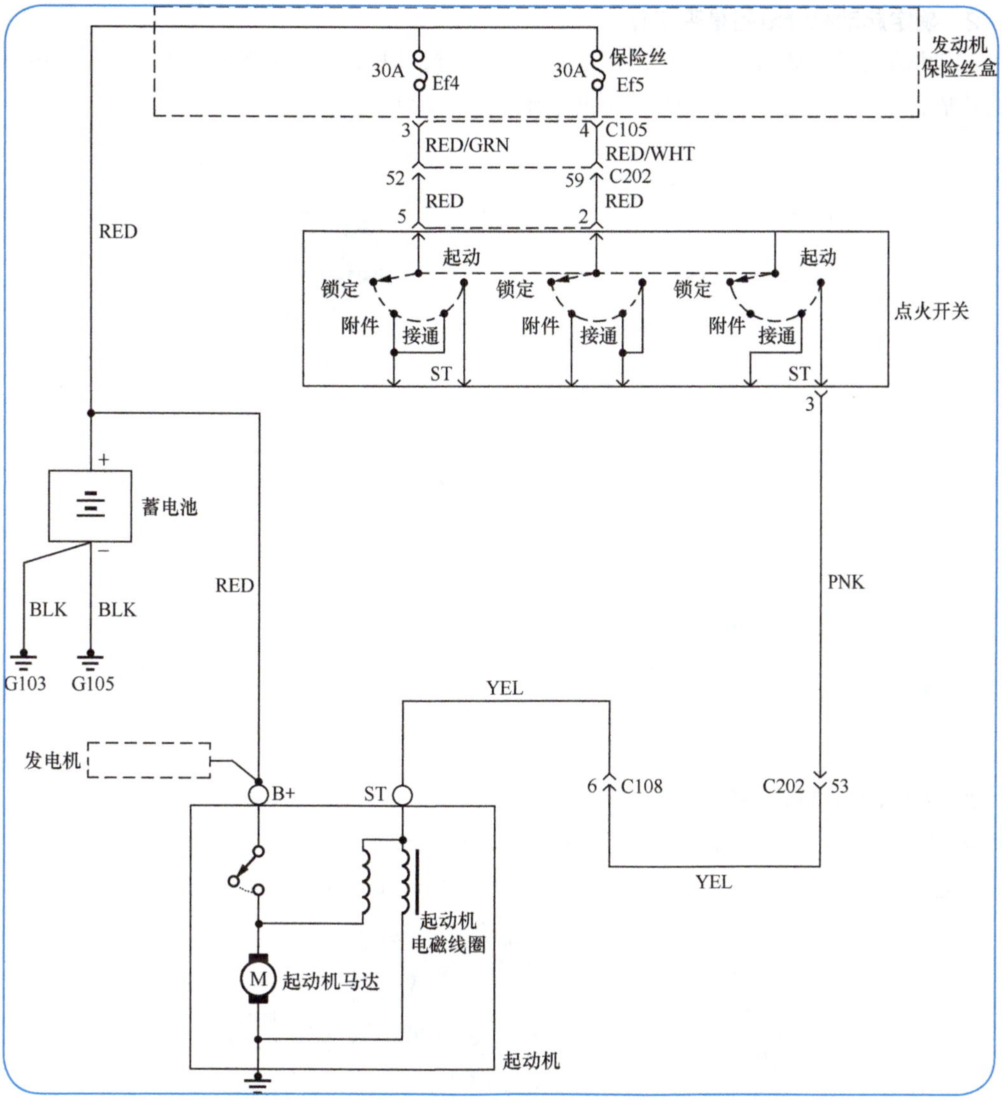

图 4-8 别克凯越起动电路图

实际维修时我们将要遵从以下思路进行。

1. 检查蓄电池的供电情况

确定是否亏电，确定蓄电池桩头连线是否牢固可靠，蓄电池线是否脱落折断，搭铁线是否松脱、腐蚀，所有这些都会使得起动机出现起动异常现象。蓄电池供电不足时，按喇叭不响、灯不亮，有时灯虽亮但一接通起动机即熄灭。这种情况可以通过调整电源线，刮除铁锈，紧固搭铁线的方法予以解决，如图 4-9 所示。

图 4-9 蓄电池检查

2. 确定起动机继电器是否工作

起动机继电器如图 4-10 所示，将点火开关拧到起动挡，在继电器盒处听一下看继电器是否有咔嗒、咔嗒的吸合声。必要时拔下继电器，进行单独检测。

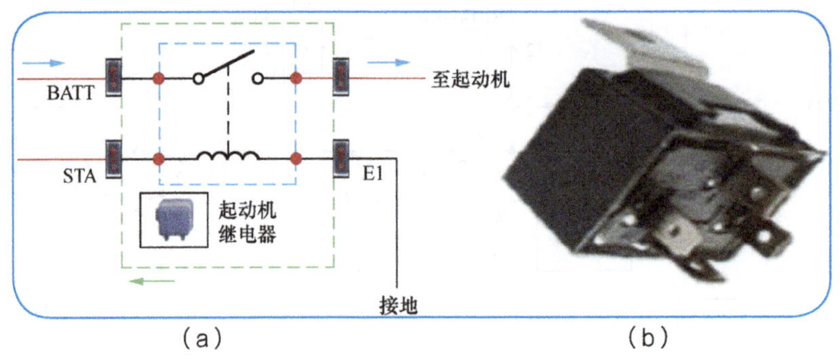

图 4-10 起动机继电器

你知道如何测量起动机继电器，以确定其好坏吗。你能想出几种方法？

3. 确定起动机是否通电

如图 4-11 所示，用万用表一端接起动机起动柱和蓄电池柱，一端接地，看是否有 12V 电压，或者用试灯一端接起动柱和蓄电池柱，一端接地，看试灯是否点亮。

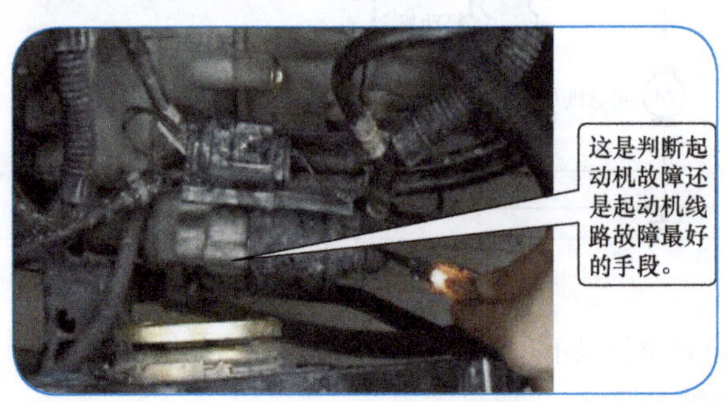

图 4-11 起动机电压测量

4. 确定起动机连线牢固可靠、导电良好

如图 4-12 所示，查看起动机接线柱是否锈蚀，并用砂纸进行打磨，保证接线牢固，线束导电良好。

通过以上步骤，排除一切外部因素就可以基本确定故障来源于起动机内部，现代维修一般通过直接更换新起动机的方法予以排除故障。

二、如何选用起动机

1. 起动机选用第一原则——原厂原则

通常汽车上的起动机都是配套使用的，不能混用，所以最好买原厂的起动机，避免安装时出现不必要的麻烦。新旧起动机对比，如图 4-13 所示。

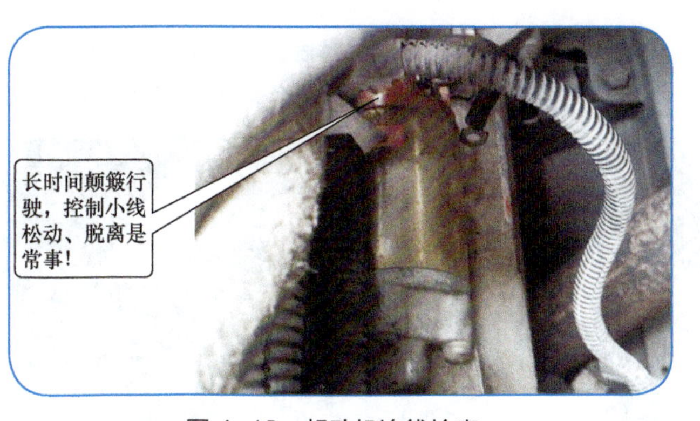

图 4-12　起动机连线检查

原厂同样的起动机最好，但你知道什么是副厂件，什么又是配套厂的配件吗。用起来有什么区别吗？

常见起动机价格如表 4-2 所示，可作为起动机是原厂件还是副厂件的大致判断。

表 4-2　常见起动机价格

车型	QQ0.8	羚羊 1.3	捷达 1.6	福克斯 1.8	雅阁 2.4	凯美瑞 2.4
价格	206 元	343 元	450 元	450 元	750 元	1 200 元
备注	以上价格均为最新车型原厂配件价格					

2. 如果无法买到原厂件时，就只能对起动机进行维修

起动机分解维修保养将在下一个任务“起动机的保养”中详细介绍绍解。拆开的起动机内部，如图 4-14 所示。

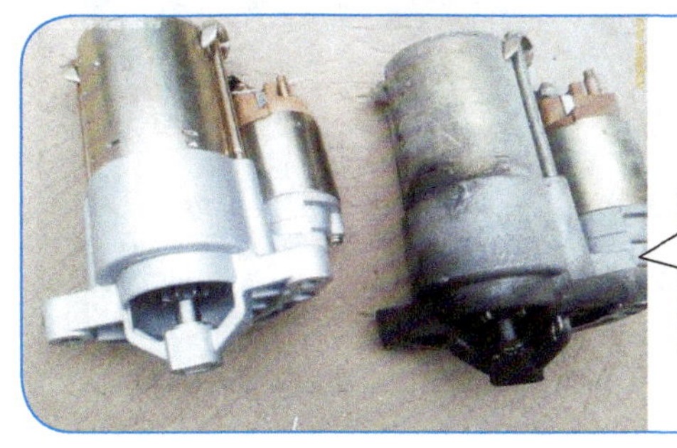

（a）　（b）

图 4-13　新旧起动机对比

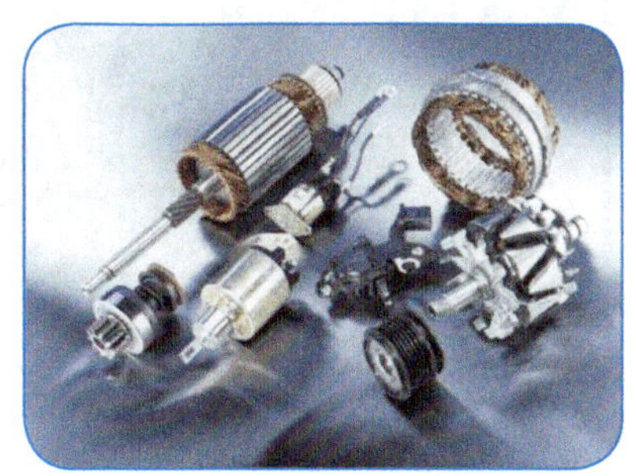

图 4-14　分解开的起动机内部

任务实施

操作　起动机的更换

步骤一：检查蓄电池是否亏电，蓄电池连线有无腐蚀、折断，安装是否牢固

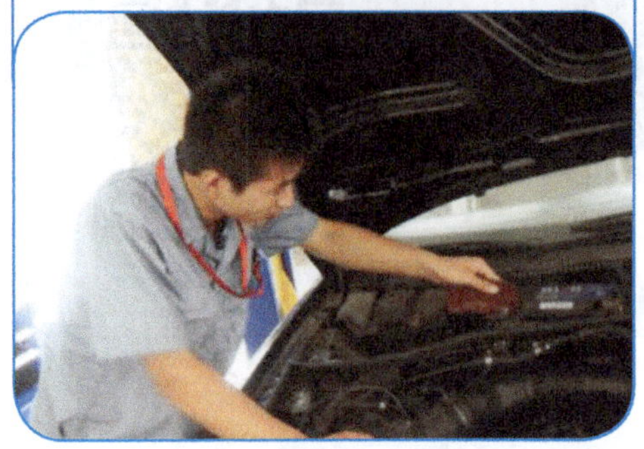

步骤二：检查控制线路是否畅通，以及点火继电器工作情况，必要时进行线路检修

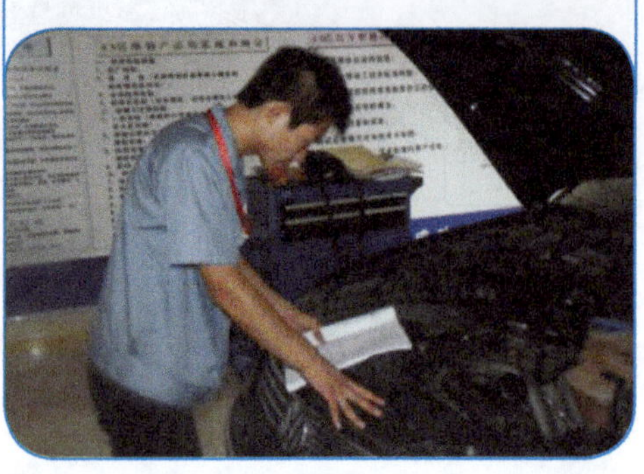

步骤三：检查起动机接线柱线路连接，有无脱落、腐蚀，必要时打磨

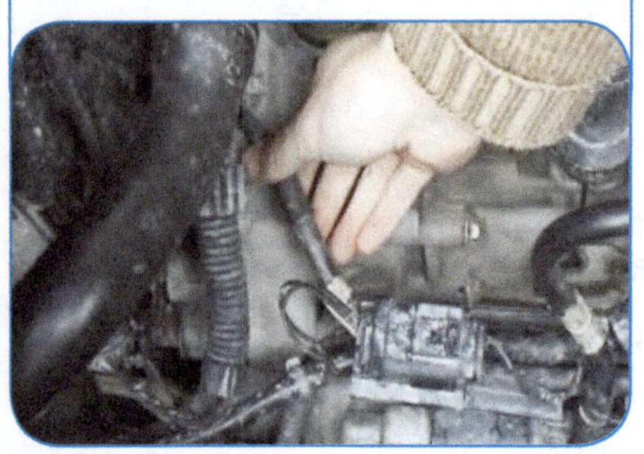

步骤四：将蓄电池负极取下，准备相应工具及配件

步骤五：拆下起动机连线和各紧固螺栓，将新起动机安装到位，连线安装紧固

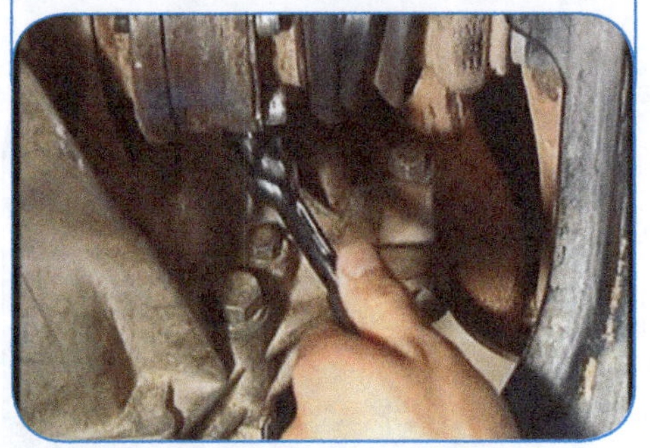

步骤六：连接蓄电池负极电缆，各电器及计算机匹配回位，起动检查故障是否排除

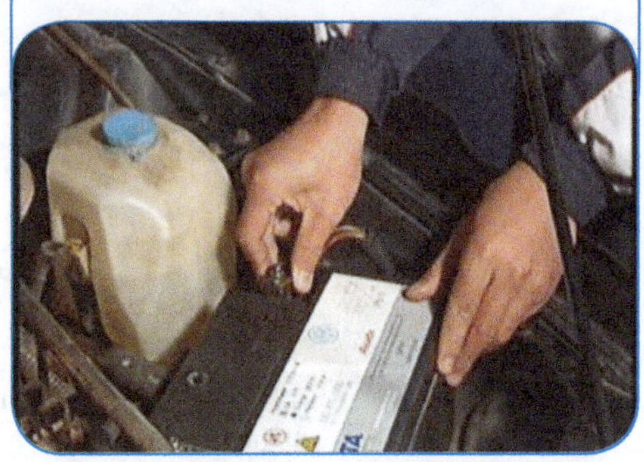

严禁在蓄电池负极未断开情况下，进行起动机拆装操作。避免电火花的产生，烧坏车上的电子元件。

（1）由于起动机的位置比较特殊，最好戴上手套，避免擦伤手指。

（2）安装起动机时必须将螺丝刀按照规定力矩拧紧。

（3）保证起动机驱动齿轮和飞轮之间的间隙正常。若齿侧间隙过小，起动后有较长时间的齿轮啮合——刺耳的警笛声。

实操任务单

起动机的更换作业工单

维修班组：______维修技师甲：______维修技师乙：______质检员：______

整车型号		
车辆识别代码		
发动机型号		
任务	**作业记录内容**	**备注**
一、前期准备	正确组装三件套（转向盘套、座套、换挡手柄套）、翼子板布和前格栅布。□ 工位卫生清理干净。□	
二、操作步骤	1. 首先断开蓄电池_____电缆线，防止产生火花。 2. 拆下起动机电磁开关相连的线路，还有拆下周围附件，并分类放置在工作台上。 4. 使用工具，拆下起动机固定螺栓，然后取下起动机总成，对表面进行清洁，然后更换新起动机。 5. 紧固起动机固定螺栓，安装电磁开关相关线路及附件。 6. 安装蓄电池负极电缆线，检查电压值是____V，起动着车，检查工作是否正常。	
三、竣工检查	将工具及物品摆放归位。□ 汽车整体检查（复检）。□ 整个过程按 6S 管理要求实施。□	
	工单记录员：__________车间主任：__________ 客户签字：__________维修时间：__________	

任务三　起动机的保养

学习目标

（1）掌握起动机的保养方法。

（2）掌握起动机各部件的检测方法。

（3）能严格遵守安全规程和操作规范。

相关知识

丰田凯美瑞起动机采用减速起动机，当起动机的驱动齿轮无法和飞轮进行啮合时，就会出现打齿现象，会出现刺耳的尖叫声。这种现象经常因为起动机内部部件缺少润滑引起，一般这种老车更换一次起动机的价格不菲，客户又不愿意直接更换，因此我们需要对起动机进行保养以解决问题。而且有许多老旧车辆，起动机购买困难，当出现问题时我们也可以通过保养更换内部配件的方法进行维修。

长时间过度使用的起动机会经常出现以下几种现象。

① 起动后有尖叫音或小齿轮退出困难。

② 有啮入声，无运转声。

③ 起动机空转，发动机不转。

④ 有吸合声，但起动机不转。

一、起动机的内部构造

起动机主要由直流电动机、控制装置（电磁开关）和传动机构三大部分组成。它们内部部件名称及它们之间的配合关系，如图 4-15 所示。

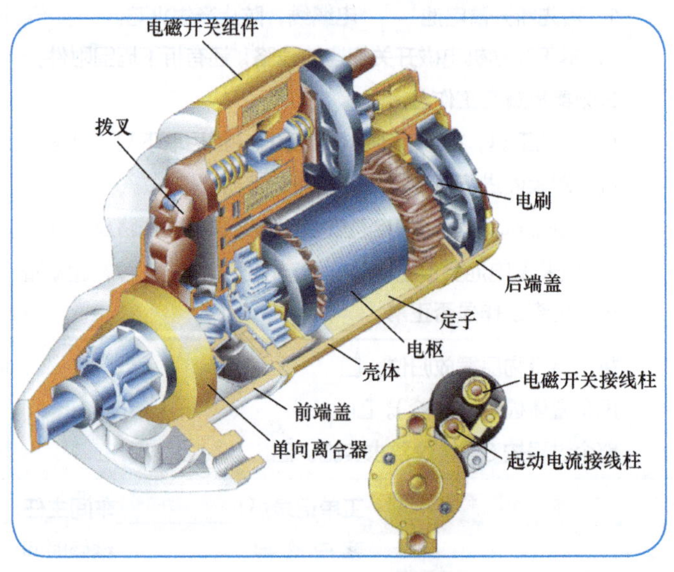

图 4-15　起动机的内部构造

二、起动机的分解及保养

1. 电磁开关的拆卸和检修

用扳手旋下电磁开关的接线柱的螺母，取下导线，拆卸吸力开关固定螺栓，取下电磁开关，如图 4-16 所示。

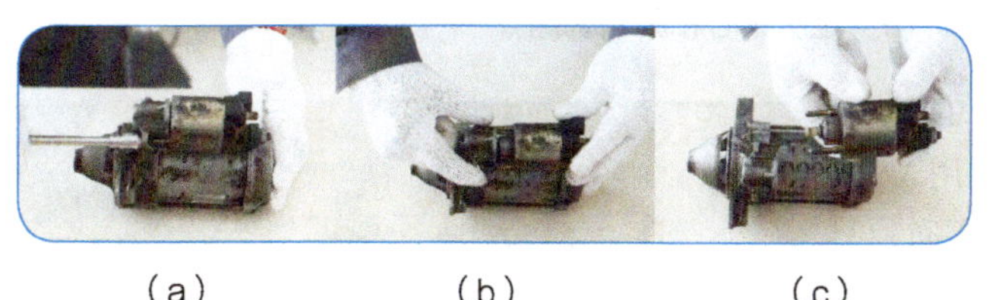

(a)　　(b)　　(c)

图 4-16　拆下电磁开关

电磁开关（吸力包），其作用是利用电磁力控制驱动齿轮与发动机飞轮齿圈的啮合，控制起动机定子和转子的通电。

电磁开关的检测主要从以下两个方面进行：一方面检查电磁开关接线柱与电磁开关壳体之间的导通情况，如果不导通，则线圈断路，应更换，如图 4-17（a）所示；另一方面用力压下复位弹簧，检查蓄电池接线柱和直流电机接线柱之间的导通情况，如果不导通，则触电烧蚀断路，应更换，如图 4-17（b）所示。

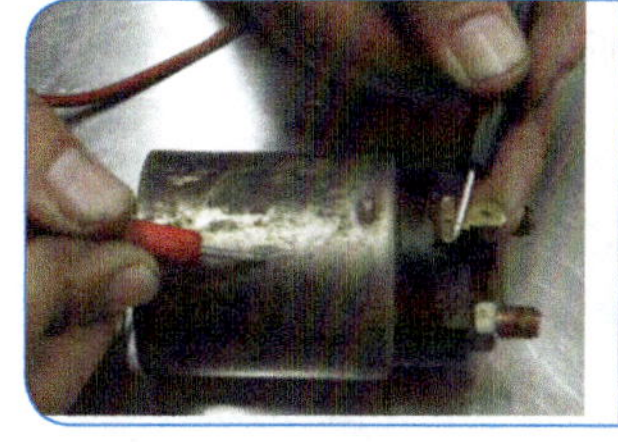

(a)　　(b)

图 4-17　电磁开关的检测

2. 起动机定子及电刷和电刷架的拆卸和检修

如图 4-18（a）所示，旋下起动机贯穿螺钉和衬套螺钉，取下衬套座和端盖，取出垫片组件和衬套，如图 4-18（b）所示。起动机电刷架及定子线圈拆卸：取下定子时注意定子与前壳体的位置，必要时做好标记，如图 4-18（c）所示。

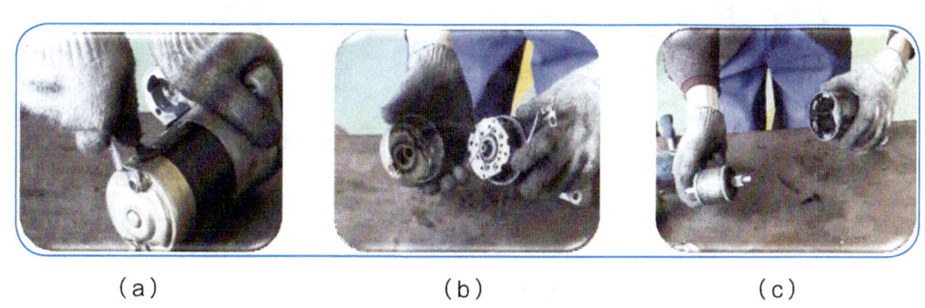

(a)　　(b)　　(c)

图 4-18　电刷及电刷架拆卸

定子的作用是产生磁场，由铁心和励磁绕组组成，如图 4-19（a）所示，磁极的数目一般为四个（两对）。励磁绕组的连接方式有两种：一种是四个相互串联（见图 4-19（b）），另一种是两串两并，即先将四个绕组两两串联后再并联，如图 4-19（c）所示。

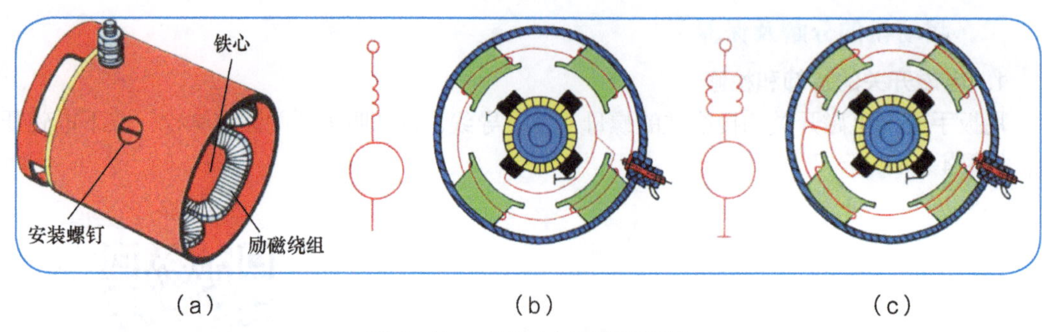

(a)　　　　(b)　　　　(c)

图 4-19　定子铁心和励磁绕组

定子的检测主要从以下两个方面进行检测：磁场绕组断路的检查用万用表测量励磁绕组两端的导通情况，若不通，则说明励磁绕组有断路现象，如图 4-20（a）所示；磁场绕组搭铁的检查，用万用表检查电刷与起动机外壳之间的导通情况，若导通，则说明励磁绕组有搭铁故障，如图 4-20（b）所示。

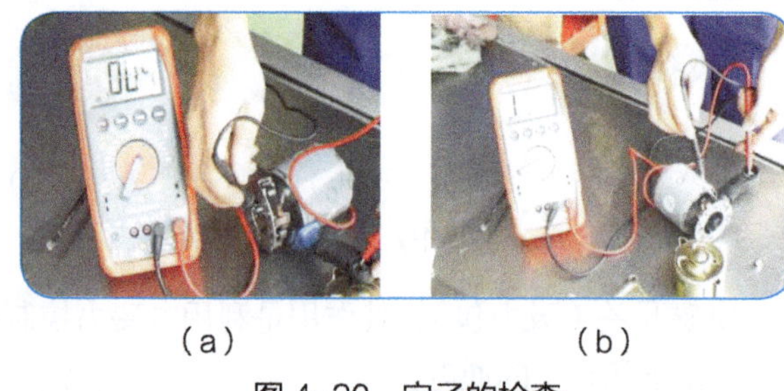

(a)　　　　(b)

图 4-20　定子的检查

用欧姆表检查励磁绕组两电刷之间时，应导通。用欧姆表检查励磁绕组和定子外壳时，应不导通。

电刷与电刷架的作用是将电流引入电枢，使电枢产生连续转动。电刷一般用铜和石墨压制而成，有利于减小电阻及增加耐磨性。电刷装在电刷架中，借弹簧压力紧压在换向器上。其作用是保证电刷与换向器接触良好，如图 4-21 所示。

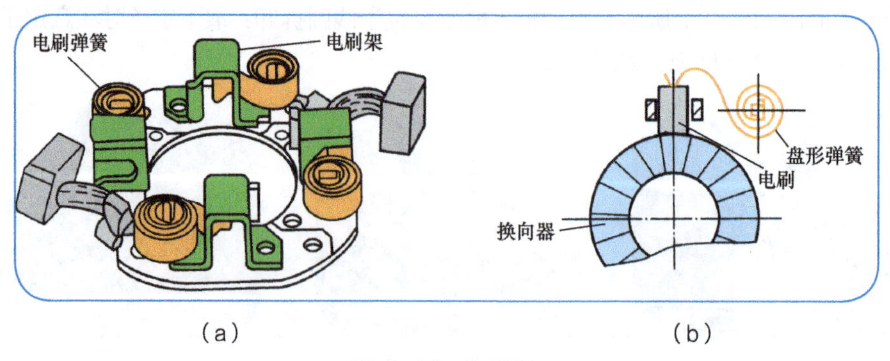

(a)　　　　(b)

图 4-21　电刷架

3. 起动机转子（电枢）的拆卸和检修

拆下拨叉固定螺栓，取下转子，取下转子时注意拨叉。电枢（见图 4-22（a））的作用是产生电磁转矩，主要由电枢铁心、电枢线圈、换向器等组成，电枢铁心由相互绝缘的硅钢片叠装而成，其圆周表面上有槽，用来安放电枢绕组，电枢绕组采用很粗的扁铜线绕成，换向器

（见图 4-22（b））由铜质换向片和云母片相间叠压而成，作用是把通入电刷的直流电流传递给电枢线圈，并适时地改变电枢绕组中电流的方向。保证电磁绕组产生的电磁转矩的方向保持不变。

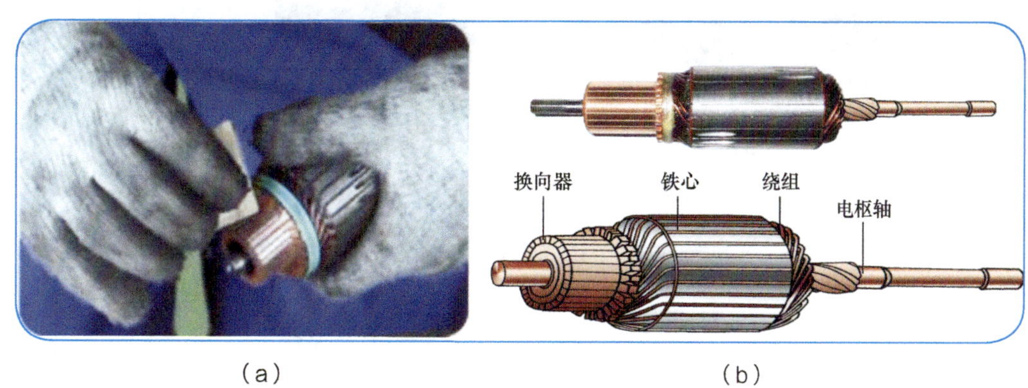

（a）　　　　　　　　（b）

图 4-22　电枢和换向器

电枢的检修：清除换向器的表面油污烧蚀、脏污，若有轻微的烧蚀，用细砂纸打磨即可，严重的烧蚀或者失圆，就需要更换。

检查换向器是否断路，用欧姆表检查铜片之间应导通。若不导通，则应更换电枢，如图 4-23（a）所示；检查电枢绕组是否搭铁，用欧姆表检查换向器铜片与电枢绕组铁心之间应不导通。若导通，则应更换电枢，如图 4-23（b）所示。

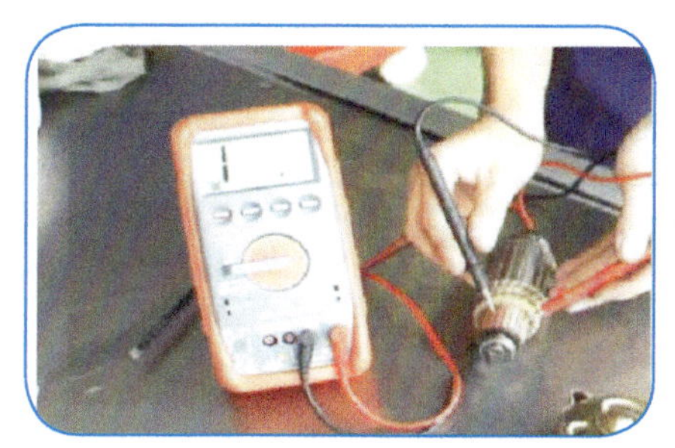

（a）检查电枢绕组是否断路

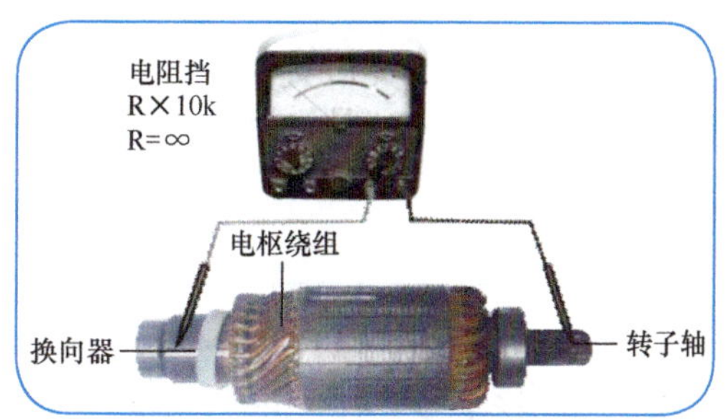

（b）检查电枢绕组是否搭铁

图 4-23　电枢及换向器的检查

4. 传动机构的检修（单向离合器）

传动机构的作用是单方向传动力矩，即起动发动机时，将电动机的驱动转矩传给发动机的曲轴当发动机起动后又能切断动力，以免损坏电动机。

检查离合器和驱动齿轮是否严重损伤或磨损，如果有损坏，应进行更换。将离合器驱动齿轮夹在台钳上在花键套筒中套入花键轴，将扳手接在花键轴上，测得力矩应大于规定值（24 ～ 26N•m），否则说明离合器打滑。反向转动离合器应不卡滞，否则应更换离合器总成，如图 4-24 所示。

减速装置安装在电枢轴与单向离合器之间，通过减速器使驱动齿轮的转速降低并使转矩增加，起动机体积减小质量轻。减速装置主要有开式和闭式两种类型，如图 4-25 所示。

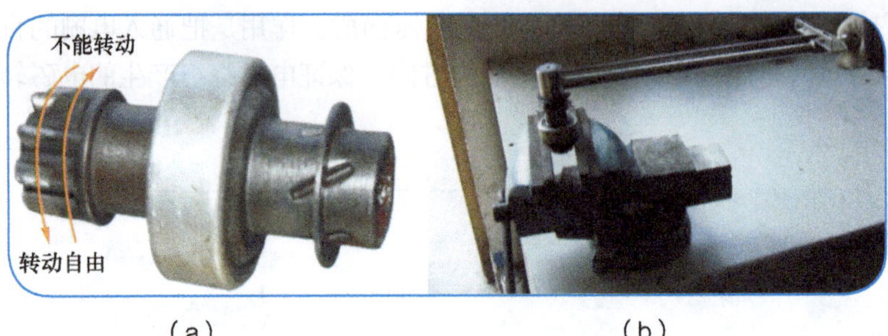

（a）　　　　（b）

图 4-24　单向离合器的检查

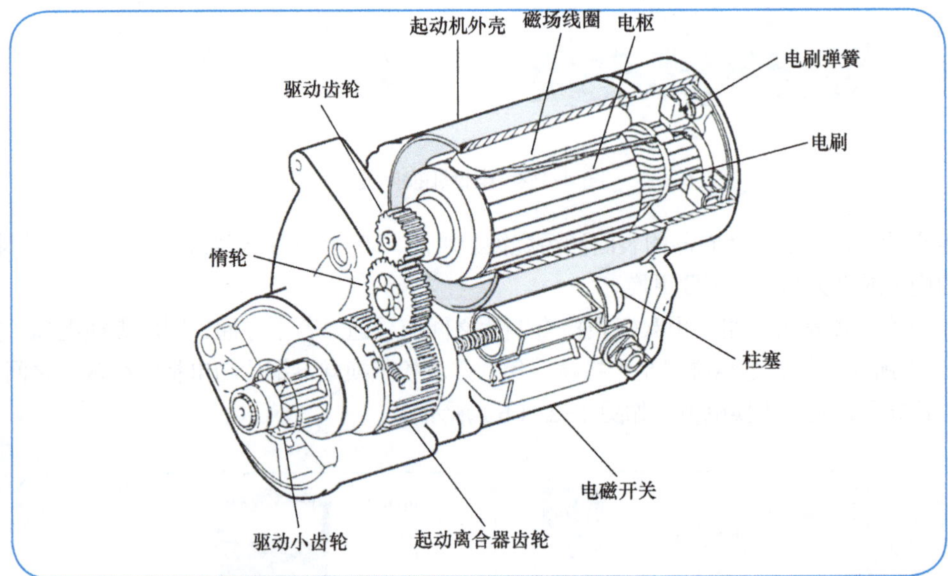

（a）开式减速器

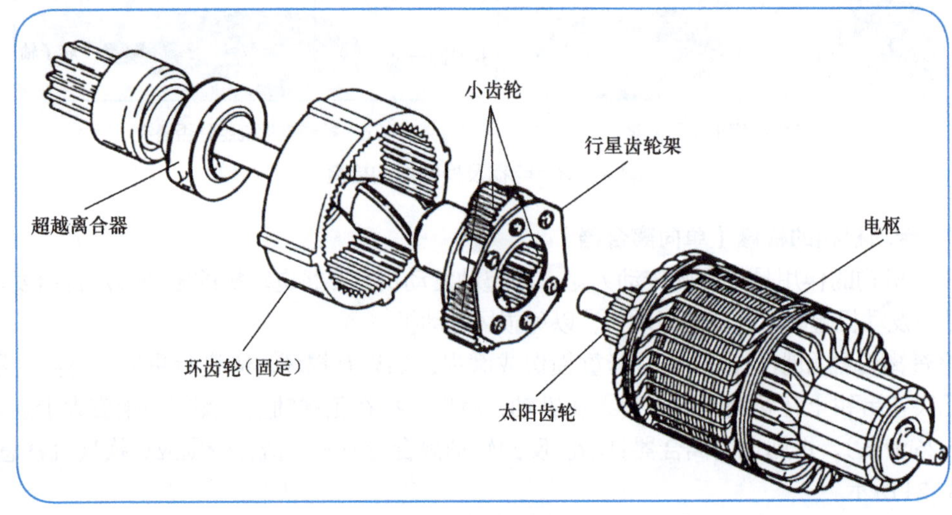

（b）闭式减速器

图 4-25　两种减速机构

任务实施

通过以上学习，掌握了有关起动机结构和工作原理的知识，下面通过分步演示，来体会一下起动机保养的真实工作过程。

车辆使用过程中若出现起动机不转或者起动无力等现象应进行检查和排除，若确定为起动机的故障应对其进行分解检修。进行检修时，要严格按照维修手册进行。

步骤一：吸力开关的拆卸。用扳手旋下电磁开关接线柱的螺母，取下导线，拆卸吸力开关固定螺栓，取下吸力开关

步骤二：起动机衬套及端盖的拆卸。旋下起动机贯穿螺钉和衬套螺钉，取下衬套座和端盖，取出垫片组件和衬套

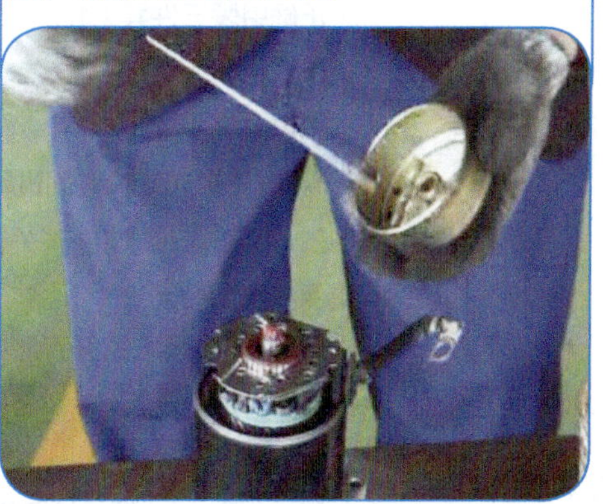

步骤三：起动机电刷架及定子线圈拆卸。取下定子时注意定子与前壳体的位置

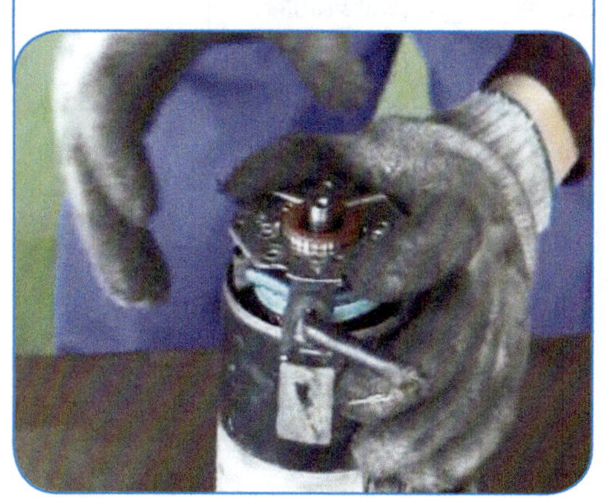

步骤四：起动机转子拆卸。拆下拨叉固定螺栓，取下转子，取下转子时注意拨叉

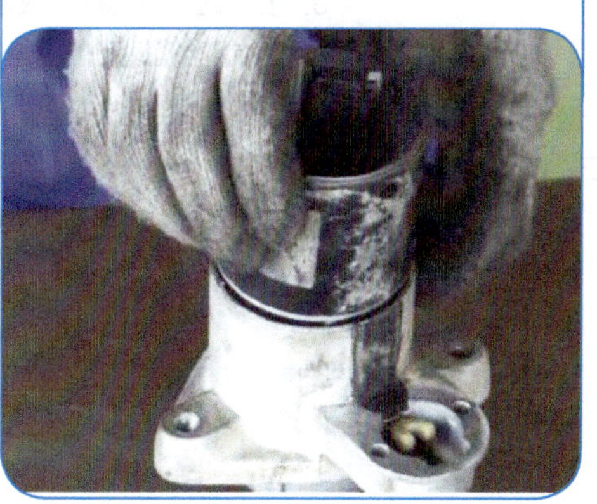

实操任务单

<table>
<tr><th colspan="3">起动机保养作业工单
维修班组：______维修技师甲：______维修技师乙：______质检员：______</th></tr>
<tr><td>整车型号</td><td colspan="2"></td></tr>
<tr><td>车辆识别代码</td><td colspan="2"></td></tr>
<tr><td>发动机型号</td><td colspan="2"></td></tr>
<tr><td>任务</td><td>作业记录内容</td><td>备注</td></tr>
<tr><td>一、前期准备</td><td>正确组装三件套（转向盘套、座套、换挡手柄套）、翼子板布和前格栅布。□
工位卫生清理干净。□</td><td></td></tr>
<tr><td>二、操作步骤</td><td>1. 首先对起动机表面进行清洁，将其放在工作台上。
2. 拆下起动机电磁开关，用万用表____挡，检测吸拉线圈和保持线圈有无____现象。
4. 利用工具，松开直流电机两条穿心螺丝，解体起动机，将各零件摆放在工作台上。
5. 将万用表打到____挡，检测电枢绕组有无搭铁现象，将万用表打到____挡，检测换向器铜片之间是否相通。
6. 电刷长度是______，是否符合使用要求。
7. 换向器表面磨损程度如何，是否需要打磨。
8. 检查单向离合器是否正常，如果打滑失效，将造成____现象。
9. 安装起动机总成，在拨叉处涂上一些____，保证其润滑，最后将螺丝紧固到位。</td><td></td></tr>
<tr><td>三、竣工检查</td><td>将工具及物品摆放归位。□
汽车整体检查（复检）。□
整个过程按 6S 管理要求实施。□</td><td></td></tr>
<tr><td colspan="3">工单记录员：__________ 车间主任：__________
客户签字：__________ 维修时间：__________</td></tr>
</table>

项目五 发动机点火系统的维护

项目引入

卡卡舅舅家修理厂来了一辆桑塔纳轿车，行驶 1 年半，里程 40 000km。最近客户总感觉动力大不如以前，偶尔还出现“闯车”现象。这种问题该怎样解决呢？

任务一　点火系统的基础知识

学习目标

（1）了解点火系统的作用、结构和工作原理。

（2）了解点火系统维护的相关知识。

（3）能够对点火系统的故障进行简单诊断和排除。

相关知识

一、点火系统的作用

汽油发动机的点火系统用来在气缸活塞压缩行程终了时，产生电火花点燃混合气，混合气迅速燃烧时产生的强大动力推动活塞向下运动，使曲轴旋转，进而发动机做功，如图 5-1 所示。

点火系统是发动机的重要组成部分，其工作状况的好坏对发动机的工作有十分重要的影响，为此要求点火系统必须能在各种工况下准确可靠地点燃混合气。点火系统必须符合以下要求。

（1）能产生足够高的电压（20kV 以上），以便击穿火花塞的间隙，点燃混合气。

（2）要有足够的点火能量，以维持火花塞产生的电火花，火花能量越大，混合气越容易被点燃，发动机的着火性能就越好。

（3）点火时刻能随发动机的工况变化而自动调节，最佳点火时刻是使混合气燃烧产生的最高压力出现在上止点后 10° ～15° ，此时发动机输出的功率最大。

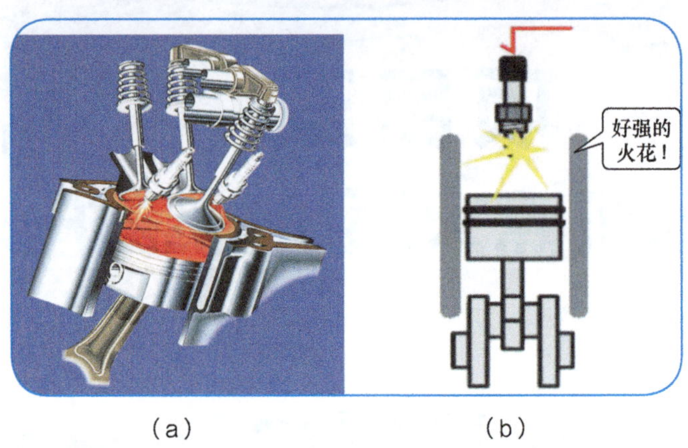

图 5-1　点火系统的作用

二、点火系统的分类

随着汽车工艺的不断发展，点火系统所采用的控制技术越来越完善，越来越高级，总体来说点火系统可分为以下几种。

1. 传统式白金点火系统

如图 5-2 所示，它们的控制就像发电机调节器一样，由于机械式控制已经落伍，这种点火方式已经被淘汰了，这里不再进行深入讲述。

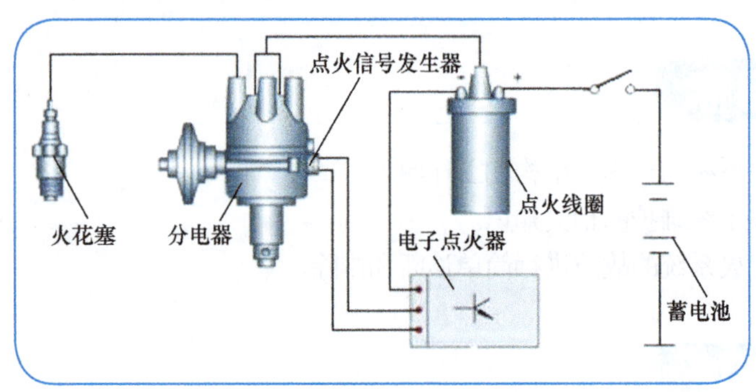

图 5-2　传统式白金点火系统

2. 电子点火系统

自 20 世纪 80 年代以来，汽车上广泛使用无触点的电子点火系统（见图 5-3），电子点火系统相比传统点火系统，有点火可靠、使用方便等优点。按照点火系统中点火信号发生器的不同主要分为霍尔式电子点火系统、磁感应式电子点火系统和光电式电子点火系统三种。

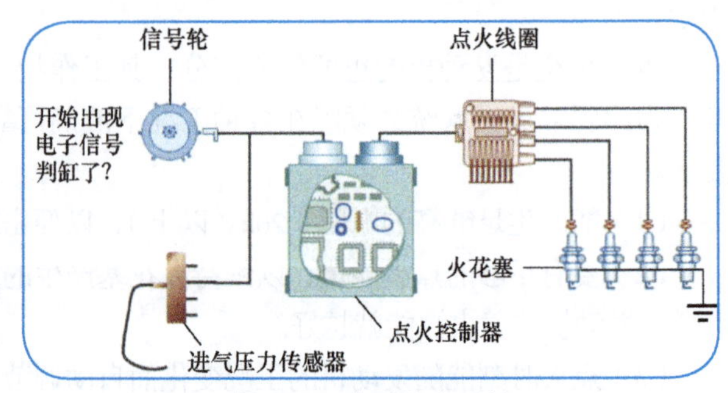

图 5-3　电子点火系统

（1）霍尔式电子点火系统。霍尔式信号发生器由霍尔元件制成，又叫霍尔传感器，如图 5-4（a）所示，其优点是输出信号准确可靠，不受发动机的转速影响，老款捷达、奥迪 100 等汽车都采用霍尔式点火系统。

（2）磁感应式电子点火系统。磁感应式信号发生器又叫磁感应式传感器，如图 5-4（b）所示，其优点是结构简单、工作可靠，但是在低速时，输出信号不如霍尔式传感器准确可靠。北京切诺基、丰田等汽车采用这种系统。

（3）光电式电子点火系统。光电式信号发生器又叫光电式传感器，如图 5-4（c）所示，它是用发光元件（发光二极管）和光电转换元件（光电晶体管）制成传感器，由于发光元件和光电转换元件的工作性能受环境（灰尘、油污、光照等）影响较大，所以采用这种点火系统的汽车很少，主要在国产猎豹、日本三菱吉普车上采用了这种点火系统。

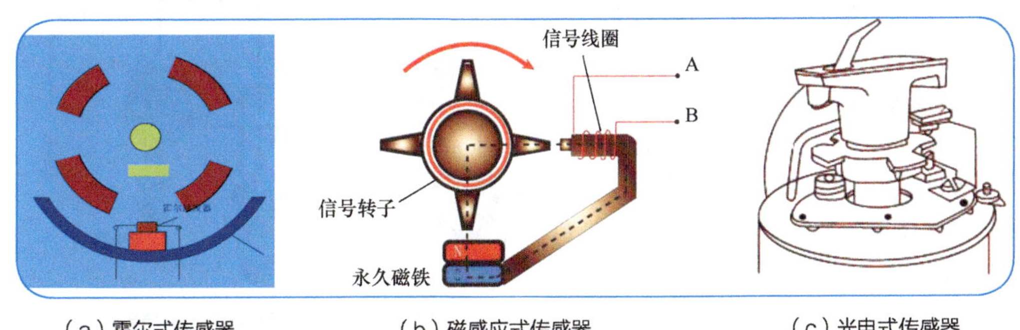

（a）霍尔式传感器　　（b）磁感应式传感器　　（c）光电式传感器

图 5-4　点火信号发生器

3. 微机控制点火系统

微机控制点火系统（见图 5-5）是指微机根据各种传感器的输入信号，经过数学运算和逻辑判断，控制初级电流的通断，从而实现次级电压的变化，实现点火。微机控制点火系统目前普遍用于轿车。微机点火控制系统能实现精确控制，也是现代主流的点火系统控制方式。

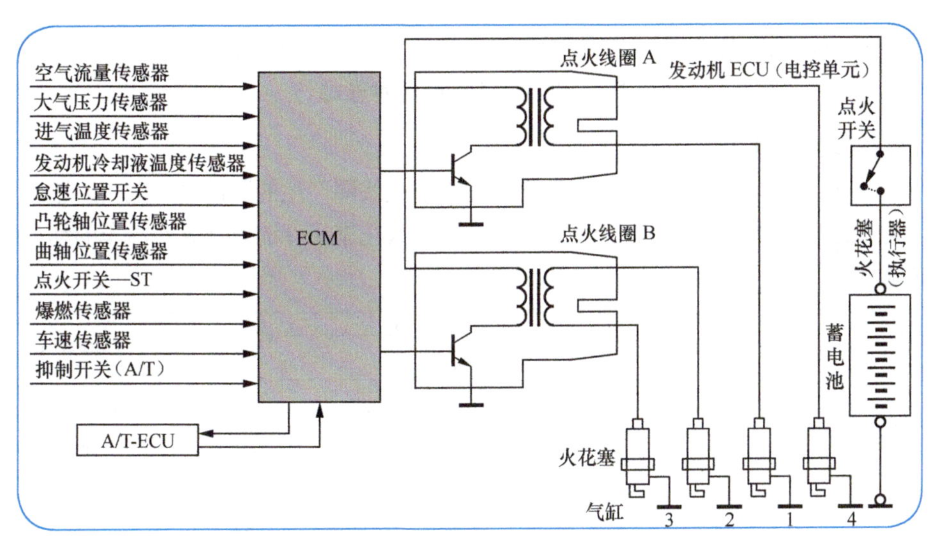

图 5-5　微机控制点火系统

三、电子点火系统的组成

电子点火系统主要元件由低压电源、点火控制器、分电器（内装霍尔式、磁感应式、光电式等信号发生器）、点火线圈、火花塞、缸线等组成。

1. 低压电源

点火系统的低压电源为汽车蓄电池和发电机，标准电压一般为 12V，提供给点火系统所需要的电能。

2. **点火控制器和分电器**

点火控制器又称电子点火组件和电子点火器（见图 5-6），其主要功能是根据信号发生器产生的点火脉冲信号接通或切断点火线圈初级绕组的电路，它用于电子点火系统车型。

分电器由点火信号发生器、配电器和点火提前机构组成。点火信号发生器又称为点火信号传感器，其功用是根据发动机气缸点火时刻的要求，产生控制点火的脉冲信号。配电器的作用是将点火线圈产生的高压电按气缸工作顺序送往各缸火花塞。

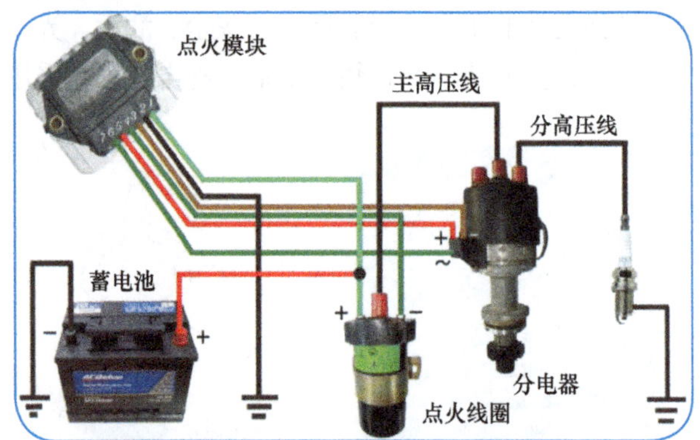

图 5-6　点火控制器和分电器

3. **点火线圈**

汽车上一般采用 12V 的电源，而点燃火花塞的高压电高达 2 万 V，所以在控制方面必须设置一个变压、升压器，也就是我们常说的高压包，又叫点火线圈。

常见点火线圈有传统点火线圈、双缸同时点火线圈和单缸独立点火线圈，如图 5-7 所示。

（a）传统点火线圈　（b）双缸同时点火线圈　（c）单缸独立点火线圈

图 5-7　点火线圈的三种形式

4. **火花塞和缸线**

（1）火花塞。火花塞（见图 5-8）的功用是将点火线圈产生的脉冲高压电引入燃烧室，并在其两个电极之间产生电火花，以点燃可燃混合气。火花塞工作的好坏，对汽车的动力有着非常直接的影响。

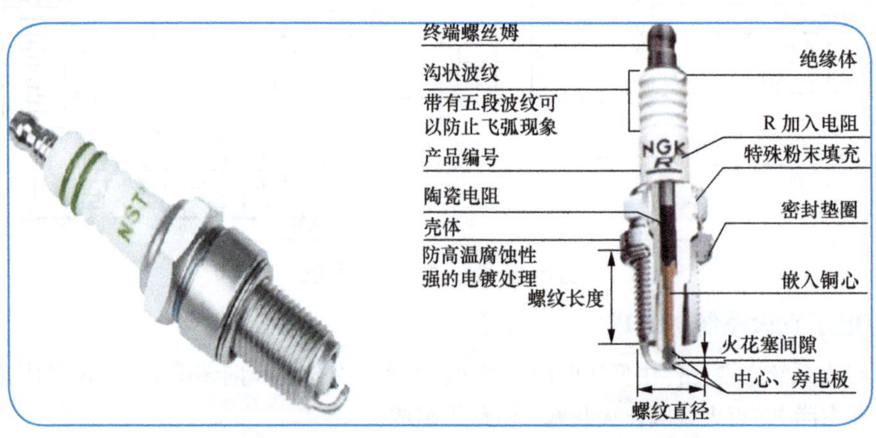

（a）火花塞实物图　（b）火花塞内部结构

图 5-8　火花塞

（2）缸线。缸线（见图 5-9）即高压导线，它将点火线圈产生的高压电流传送到分电器，再从分电器转送至相应气缸的火花塞。

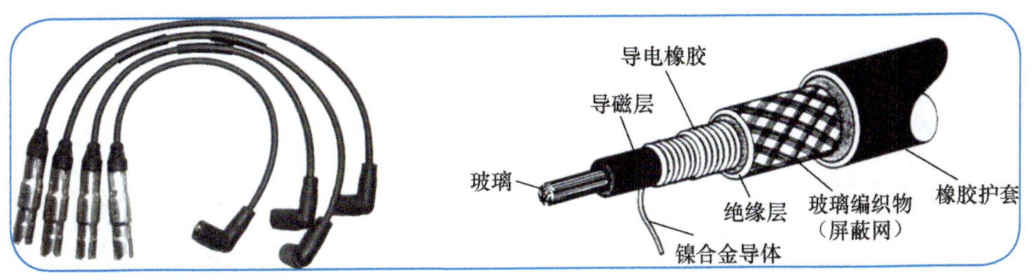

（a）高压导线图　　（b）高压导线内部构造

图 5-9　缸线

四、电子点火系统的保养和维修

电子点火系统的保养主要是各系统部件的更换，下面我介绍点火系统各部件更换的时间。

（1）火花塞（普通型）：每两万千米更换一次。

（2）缸线：每四万千米更换一次。

以上是在正常使用情况下的保养说明，特殊情况根据损坏情况而定。

任务二　火花塞的更换

学习目标

（1）了解火花塞的分类。

（2）熟悉火花塞的正常状况。

相关知识

一般普通的火花塞使用 4 万千米就需要更换。否则会导致点火能量不足，或者是不点火。下面的这些特殊情况需要更换火花塞。

① 加速闯车，火花塞点火能量低，动力上不去。

② 油耗高，混合气燃烧不完全。

③ 动力不足，不易着车，故障灯点亮，尾气不合格。

一、火花塞的更换

1. 正常损耗的火花塞

火花塞拧装在气缸盖的火花塞孔内，下端电极伸入燃烧室，上端连接分缸高压线。因此，火花塞是点火系统中工作条件最恶劣、要求高和易损坏部件。随着使用时间的延长，火花塞电极处会产生积炭，火花塞也容易烧蚀（见图 5-10），造成点火能量不足，甚至不点火。

一般普通火花塞 4 万千米更换，白金火花塞 8 万千米更换，铱金火花塞 10 万千米更换。随着磨损的加剧，极限使用火花塞的电极越来越短，间隙越来越大，点出来的火花也就急剧减少，从而引起起动动力性和油耗的异常变化。

图 5-10　火花塞损耗对比

2. 非正常使用的火花塞

有时火花塞虽然没有达到其寿命极限，但由于其他外部原因，也会导致其性能大为降低，影响寿命，如以下几种情况。

（1）错误安装了长的火花塞，严重时会顶坏活塞的头部，如图 5-11（a）所示。

（2）错误安装了过短的火花塞，会使得火花无法充分接触混合气，形成积炭，如图 5-11（b）所示。

（3）火花塞过热。如图 5-12 所示，火花塞裙部外貌呈淡灰色的“灼白”状态，严重时，瓷心上还会有小疹泡，电极严重烧蚀。其外在表现一般为：发动机功率明显下降、工作不稳定、转速波动、发动机有震声和敲缸声。

（a）　　（b）

图 5-11　火花塞过长、过短实例

其原因一般为发动机冷却不充分，燃油品质不好或辛烷值低，火花塞热值选用偏低等。同时点火正时不对也将引起此类故障。

（4）火花塞潮湿。裙部及螺纹部分的潮湿物一般有汽油油污、机油油污和水分三种物质。

汽油积炭：燃烧不完全、气缸内积炭及气缸压力不足等原因都会引起。一般呈黑色，有生油味。常见的故障表现为起动困难、工作不稳定等。

机油油污：工作中有机油窜入气缸内所造成，一般多为活塞环磨损过重及对口、缸床垫窜油、气门油封处泄漏及曲轴箱通风废气过多所造成，呈黑色、起鳞片、质硬，如图 5-12 所示。

水分：多为缸床垫损坏所造成，另外节气门及进气道内的水道密封圈泄漏也将造成此类故障。

（5）火花塞跳火灼伤。缸线与火花塞密封不好、缸线质量问题、拆装时进入灰尘或火花塞本身漏电等原因容易引起的跳火现象，如图 5-13 所示，跳火严重导致行驶“闯车”故障。

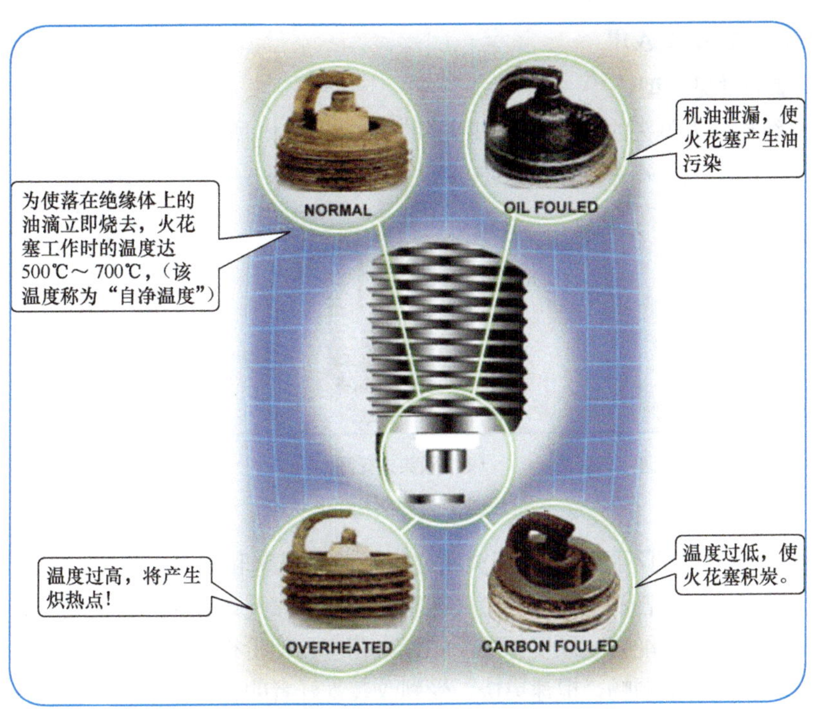

图 5-12　火花塞故障状态

如果碰到缸线密封绝缘问题，导致的火花塞异常跳火故障，我们如何处理？仅更换火花塞能杜绝下次不再跳火吗？

二、火花塞的清洗

并不是所有出现故障的火花塞都需要更换处理，对于磨损不严重的进行清理后仍可以使用。清洗火花塞时忌随意除垢，现实中，有些人常常用火烧或者用刀片、锯条片的办法来清除火花塞电极及裙部的积炭和油污，这种看似有效的方法，其实是十分有害的。这样很容易损坏火花塞的间隙，给排除故障带来很大麻烦。火花塞上积炭和油污的正确处理方法：一是用专用设备清洁，会有很好的效果；二是溶液清洁，将火花塞放入清洗剂或汽油中浸泡一定的时间，当积炭软化后再用毛刷刷净凉干，如图 5-14 所示。

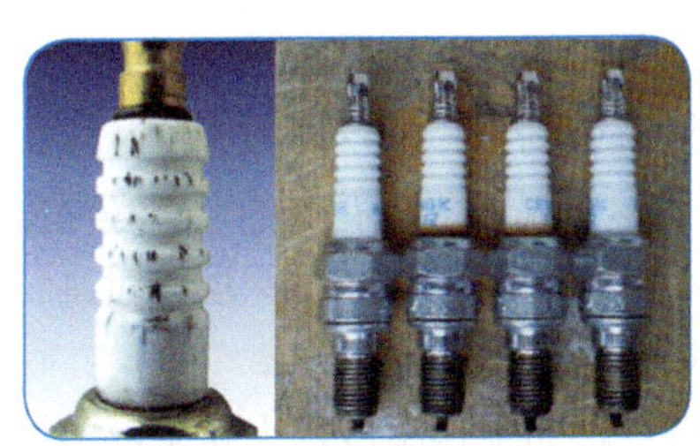

图 5-13　火花塞跳火灼伤

(a)

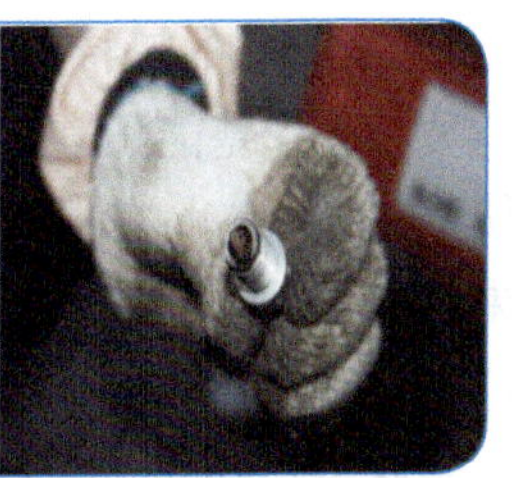

(b)

图 5-14　火花塞清洗

三、火花塞型号及选用

1. 火花塞的常见类型

火花塞按结构分为单头的、双头的和四头的，如图 5-15 所示。

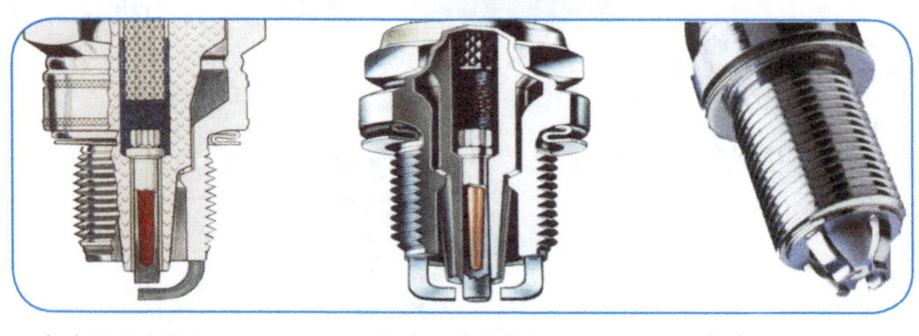

（a）单头火花塞　（b）双头火花塞　（c）四头火花塞

图 5-15　三种头部形状

火花塞按电极材料的不同分为普通火花塞、铂金火花塞和铱金火花塞，如图 5-16 所示。目前，铂金火花塞已经很普及，而铱合金火花塞已经有厂家开始在装车时使用。铱合金火花塞有更好的点火性能，导电能力、硬度都高于铂金火花塞，但价格也超过铂金火花塞，使用铱合金火花塞的发动机运转更顺畅、提速更快，受到改装爱好者的青睐。

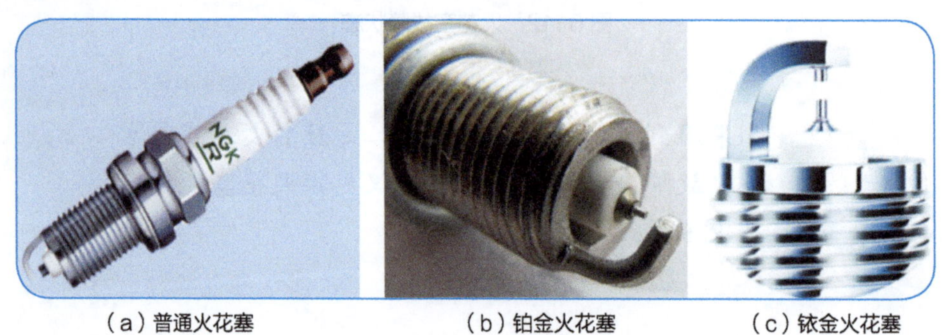

（a）普通火花塞　（b）铂金火花塞　（c）铱金火花塞

图 5-16　三种电极材质

提示

火花塞以国外品牌居多，比较有名的如 NGK、日本电装、BOSCH 火花塞、冠军火花塞、OWS 火花塞、AC 德科火花塞、益康火花塞等。

2. 火花塞的热特性及选用原则

要使火花塞能正常工作，其下部绝缘体——裙部的温度应保持在 500℃～700℃，这样才能使落在绝缘体上的油滴立即烧掉，不致形成积炭，通常称这个温度为火花塞的“自净温度”。如果温度低于自净温度，就可能使油雾聚积成油层，引起积炭而不能跳火；如果温度过高，如超过 850℃，会形成炽热点，发生表面点火，使发动机遭受损坏。

火花塞裙部的工作温度取决于火花塞热特性和发动机气缸的工作温度。火花塞热特性就是指火花塞发火部位的热量向发动机冷却系统散发的性能。影响火花塞热特性的主要因素是火花塞裙部的长度，如图 5-17 所示。

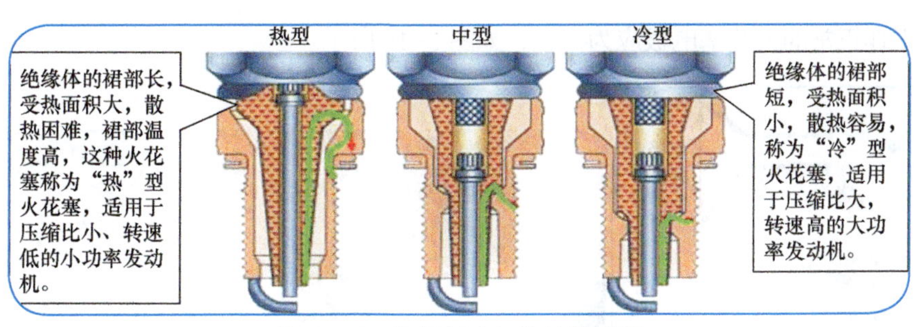

图 5-17 裙部长度与热值的关系

火花塞的热特性是以绝缘体裙部的长度来标定的，并分别用热值来表示，如表 5-1 所示。火花塞的热特性选用得是否合适的判断方法：如果火花塞经常由于积炭而导致断火，表示它太冷；如果发生炽热点火（易引起爆燃或回火等现象），则表示太热。

表 5-1 裙部长度与热值的关系对照表

裙部长度 /mm	15.5	13.5	11.5	9.5	7.5	5.5	3.5
热值	3	4	5	6	7	8	9
热特性	热→冷						

若火花塞热值不对，对车辆会有一定的影响，因为火花塞的热值代表其散热快慢，数值越大则散热越快（或称为火花塞越冷），不同的发动机要求使用的火花塞不同，必须匹配。一般而言，小汽车行驶速度快，气缸内压缩比高，需用热值高（散热快）的火花塞，大车一般行驶速度慢，一般用热值低（散热慢）的火花塞。热值过高，即散热过快，易使火花塞温度过低，点火头部产生积炭，引起跑电，使火花塞打不出火来；而热值过低，散热不够，使火花塞温度过高，会导致爆燃等，易使火花塞头部陶瓷烧损，电极溶解。

火花塞选用第一原则是“原厂原则”。作为客户或修理工，对于选用什么样的火花塞问题上，最准确、快捷、安全的做法是选用原厂火花塞。火花塞类型相当繁杂，一旦选用不同类型火花塞经常会对发动机造成严重后果。

换火花塞一定要根据维修手册换原厂配套的火花塞，例如，03 年本田雅阁 2.4 L 排量的车，装配的是 NGK ZFR6FIX-11 型号的火花塞，其品牌是 NGK 的，热值为 11，特约店的全国统一零售价是 25 元一只。这一型号一定不能换错，换错可能导致换挡冲击大，加速无力，发动机故障灯亮等故障。

四、火花塞外观检测

观察电极的外观，通过对外观的检查能发现发动机的工作状态及运行情况：

（1）火花塞间隙，在传统点火系统中，火花塞间隙一般为 0.6 ～ 0.7mm，但若采用电子点火时，则间隙增大到 1.0 ～ 1.2mm。不可对火花塞间隙进行调整，如图 5-18 所示。

（2）工作正常的火花塞电极应为褐色，如图 5-19 所示。

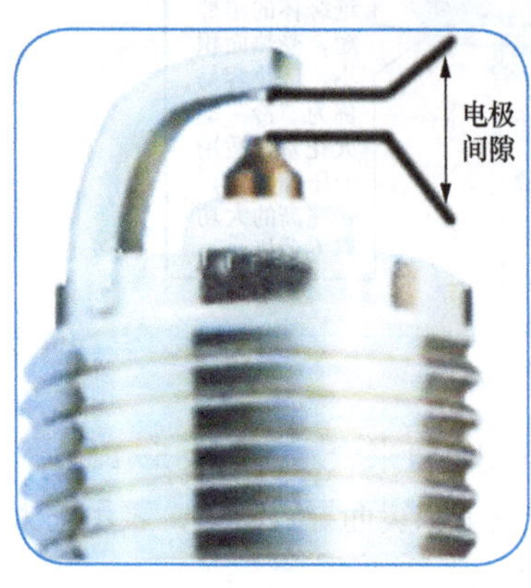

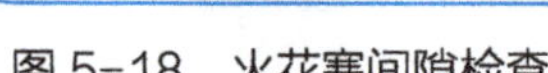
图 5-18 火花塞间隙检查

图 5-19 火花塞正常与失火的颜色

（3）电极为白色，说明所使用燃油中有水份，如图 5-20 所示。

（4）如果电极为黑色且有积炭，说明发动机燃烧不好或火花塞选用型号不对，如图 5-21 所示。

图 5-20 火花塞异常颜色

图 5-21 火花塞积炭检查

五、火花塞使用维护五忌

（1）忌长期不清洁积炭。火花塞在使用中，其电极及裙部绝缘体会有正常的积炭产生，积碳积多，会导致电极漏电甚至不能跳火。

（2）忌随意除垢。清洁外表时，不可图方便，使用砂纸、金属片等除垢，而应当把火花塞浸入汽油中，用毛刷予以清除，以确保火花塞外表陶瓷体不受损伤。

（3）忌火烧。现实中，有些人常常用火烧的办法来清除火花塞电极及裙部的积炭和油污，这种看似有效的方法，其实是十分有害的。因为火烧时，温度难于控制，很容易将裙部绝缘体烧裂，造成火花塞漏电。

（4）忌安装过紧。火花塞安装时一定按照规定的扭矩，用专用工具（即火花塞套筒）安装。

（5）忌调整间隙。现代火花塞接地电极都是焊接在火花塞上，切忌敲打用以调整火花塞间隙，这样操作极易引起火花塞接地极开焊脱落，从而引起发动机拉缸。

应按要求力矩拧紧火花塞，过松会造成漏气，过紧会使密封垫失去弹性，也会造成漏气。如果拧得过紧，会给下次维修时带来相当大的麻烦。

任务实施

通过以上学习，掌握了有关火花塞的相关知识，下面通过分步演示，来体会一下真实火花塞更换的工作过程。

火花塞的更换

步骤一：关闭点火开关，记好缸线对应的位置，拔下缸线，注意不可硬拽缸线

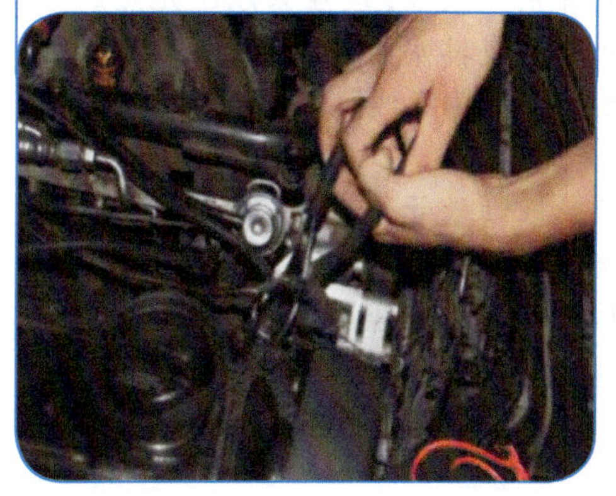

步骤二：用专用的火花塞套筒逆时针卸掉火花塞，用吸力棒将火花塞吸出来

步骤三：用缸线插头将火花塞放入，大头朝下，白瓷头朝上

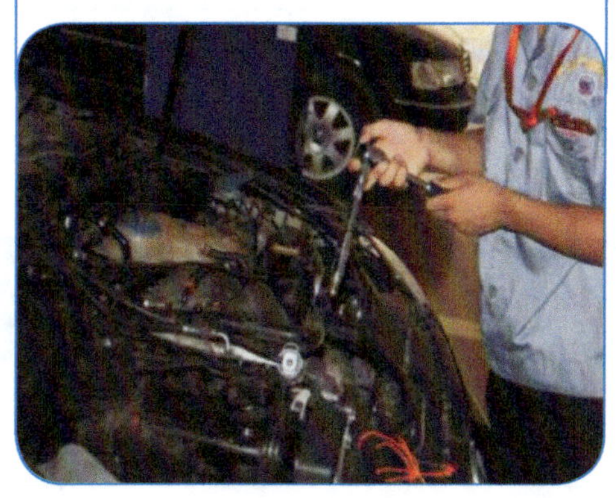

步骤四：顺时针拧紧火花塞，按力矩拧紧，火花塞拧紧力矩一般为 20N·m

步骤五：按照原顺序插紧分缸线，注意千万不可插错

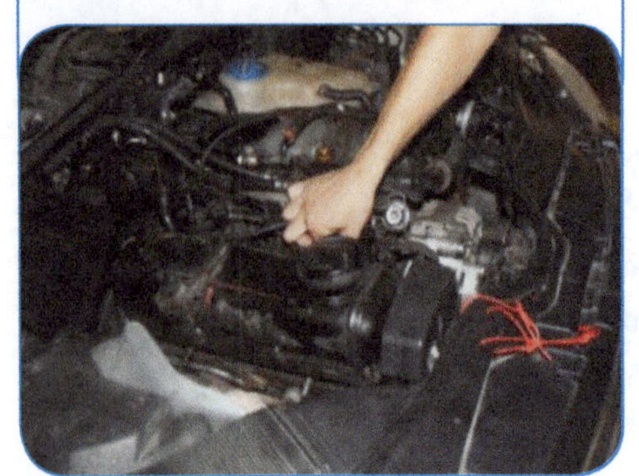

步骤六：起动着车

注意事项

火花塞虽小，但在拆装保养时讲究却很多，应注意以下几点。

（1）拆火花塞之前，拔各缸高压线接头时应轻柔，不要抓着高压线用力拽，否则不但会拉伤高压线，而且还易损伤火花塞上的接线端子。

（2）在卸火花塞时，应选用一根细软管，先吹净火花塞周围的污物，以防火花塞旋出后污物落入气缸内。

（3）应在发动机冷却后拆卸火花塞，且操作时不要用力摇晃火花塞，否则会破坏火花塞的密封性能。

（4）调整火花塞间隙时，应用专用工具扳动侧电极来调整，不得扳动或敲击中心电极。

（5）安装时，火花塞螺纹、电极和密封垫必须保持清洁、干燥无油污，否则会引发漏电、漏气、火花减弱等故障。

实操任务单

火花塞的更换作业工单 维修班组：______ 维修技师甲：______ 维修技师乙：______ 质检员：______	
整车型号	
车辆识别代码	
发动机型号	

续表

任务	作业记录内容	备注
一、前期准备	正确组装三件套（转向盘套、座套、换挡手柄套）、翼子板布和前格栅布。□ 工位卫生清理干净。□	
二、操作步骤	1. 打开发动机舱盖，关闭点火开关，拆卸附件。 2. 拆卸各缸火花塞高压缸线。 注意：若拆卸分缸线式，请记好缸线所对应的气缸。 3. 采用高压空气清除火花塞孔的杂质。 4. 选用套筒，拆卸火花塞，并用合适的方法取出火花塞。 5. 该火花塞的品牌为____，型号为____，火花塞间隙为____mm。 6. 将各缸火花塞轻轻放入各火花塞孔内。 注意：不可直接让火花塞自由落入，以防止电极损坏。 7. 选用专用套筒扳手，采用______N•m 拧紧各缸火花塞。 8. 安装各缸高压缸线（注意顺序）。 9. 安装附件，检查清理。 10. 起动着车，试车，检查发动机工作情况。	
三、竣工检查	将工具及物品摆放归位。□ 汽车整体检查（复检）。□ 整个过程按 6S 管理要求实施。□	
工单记录员：________ 车间主任：________ 客户签字：________ 维修时间：________		

任务三　点火线圈的更换

学习目标

（1）熟练更换点火线圈。

（2）了解点火线圈的结构以及特点。

相关知识

1. 点火线圈的作用

点火线圈的作用是将低压电变高压电使火花塞产生电火花，并使火花塞产生电火花的装置，其电路原理如图 5-22 所示。

2. 点火线圈的组成

点火线圈的基本结构主要由铁心、绕组、胶木盖等组成，如图5-23所示。铁心用互相绝缘的硅钢片叠成，外面套有绝缘套管。套管上分层绕有次级绕组11 000～26 000匝，直径为0.06～0.10mm的漆包线。初级绕组在次级绕组的外面200～270匝，直径为0.5～1.0mm。绕组与外壳之间，装有导磁钢片以加强磁通量。为防止点火线圈受潮，在其内部填充有沥青或变压器油。

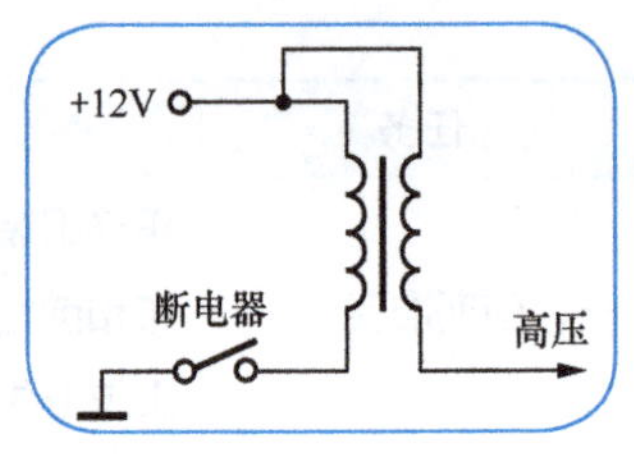

图5-22　点火线圈的电路原理

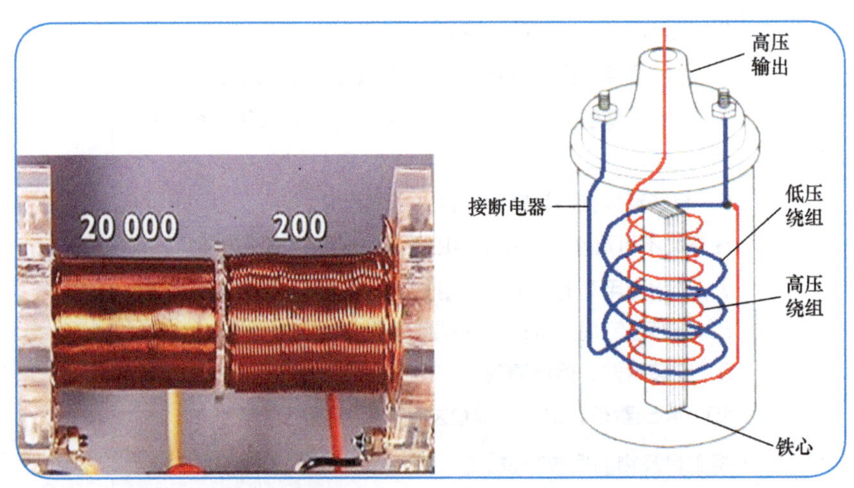

（a）点火线圈实物图　（b）点火线圈内部结构图

图5-23　点火线圈的结构

3. 点火线圈的分类

点火线圈按磁路结构形式的不同，分为开磁路和闭磁路两种，如图5-24所示。开磁路点火线圈的磁通，经壳体内的导磁钢套和空气隙构成磁回路，因而磁路的磁阻大、漏磁通多、能量损失大、转换效率低，在传统点火和电子系统中广采用。

闭磁路点火线圈采用口字型或日字型铁心，使初级绕组产生的磁通有一个闭合磁路，漏磁通和磁路磁阻小，能量转换效率高，在现代汽车上被广泛应用。

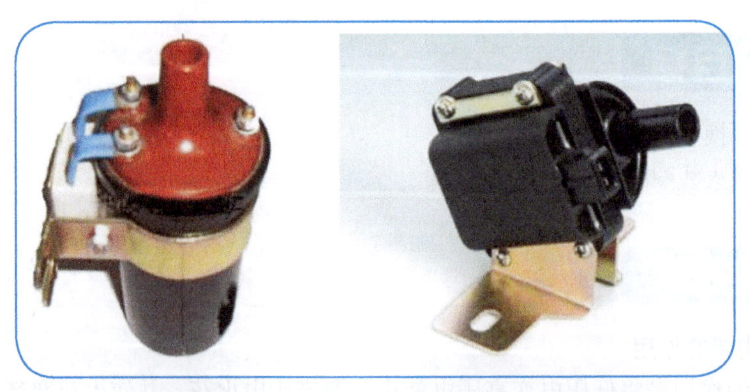
（a）开磁路线圈　（b）闭磁路线圈

图5-24　点火线圈类型

4. 点火线圈的工作原理

点火线圈的工作原理是利用电磁理论，在初级线圈断电后磁场会迅速减弱，使磁通量增大，同时在次级线圈中感生出一个足够能量的高压电，如图 5-25 所示。

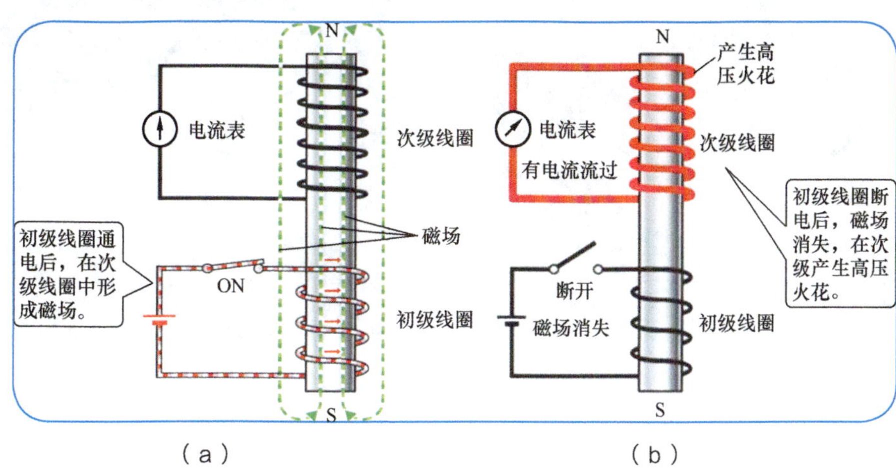

（a）　　　　　　　　　　（b）

图 5-25　点火线圈的工作原理

提示

对点火线圈的故障检查，当用外观检查和电阻测量的方法都难以作出准确判断时，应换用新点火线圈进行对比试验的方法进行检查。在通常情况下，同类型的点火线圈往往可互换使用，只是在安装尺寸上可能会有所不同。

任务实施

通过以上学习，掌握了有关点火线圈更换的相关知识，下面通过分步演示，来体会一下真实的点火线圈更换工作过程。

步骤一：拔下中央高压线与机体搭铁，着车，看是否跳火

步骤二：用试灯一端接点火线圈负极，一端接地，看试灯是否闪烁，排除点火器故障

步骤三：关闭点火开关，断开初级绕组和负极绕组连接线

步骤四：拆下点火线圈的固定螺栓，拿出点火线圈

步骤五：安装好新的点火线圈，并连接好线束

步骤六：插好中央高压线，起动着车，看车辆是否工作正常

安全操作

（1）注意更换原厂的点火线圈，否则会造成点火能量不足，甚至会烧坏点火线圈。

（2）拆点火线圈之前一定要关闭点火开关，避免被高压电电到。

（3）拔下中央高压线试火时，注意远离汽车上的电子元件，或用螺丝刀搭铁。

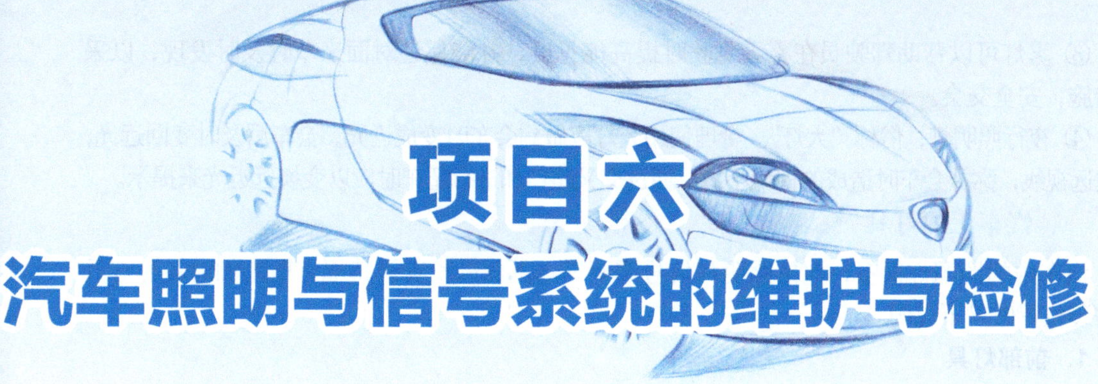

项目六 汽车照明与信号系统的维护与检修

项目引入

卡卡舅舅家修理厂来了一辆福特福克斯轿车，行驶 1 年，里程不到 20 000km，出现了大灯不亮的现象。舅舅让他给看一下，卡卡想露一手，但这样问题该怎样解决呢？

任务一　照明与信号的基础知识

学习目标

了解照明与信号系统的作用、组成和工作原理。

相关知识

汽车的照明与信号系统由电源、照明灯具、控制装置等组成。其作用是保证汽车在夜间无光或微光的的条件下安全行驶并使其他车辆和行人注意本车的行驶状况，保证车辆和行人的安全。

灯光系统有两种功能：一种是照明，另一种是装饰。汽车的灯光包括信号灯、夜行示宽灯、雾灯、夜行照明灯等。各类灯光都有各自不同的用途。

常用汽车灯语

① 信号灯包括转向灯（双闪）和制动灯。正确使用信号灯对安全行车很重要。转向灯是在车辆转向时开启，断续闪亮，以提示前后左右的车辆和行人。制动灯亮度较强，用来告知后车，前车要减速或停车。

② 夜行示宽灯，俗称“小灯”。此灯是用来在夜间显示车身宽度和长度的。

③ 雾灯可以帮助驾驶员在雾天驾驶时提高能见度，并能保证对面来车时及时发现，以采取措施，安全交会。

④ 夜行照明灯，俗称“大灯”。合理使用大灯应做到会车时变成近光，会车后及时变回远光，以放远视线，弥补会车时造成的视线不清。通过交叉路口和进行超车时应以变换远近光来提示。

一、汽车上的灯具

汽车中的照明灯很多，包括照明和信号照明等。下面以长安福特福克斯为例对各种灯具的安装位置做以下说明。

1. 前部灯具

如图 6-1 所示，前部组合大灯包括近光灯、远光灯、行车灯（小灯）和转向灯。前雾灯在前组合灯的下方。

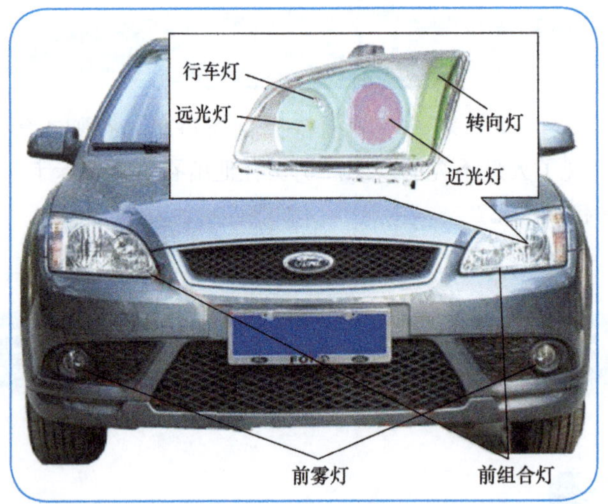

图 6-1　前部灯具

2. 后部灯具

如图 6-2 所示，后部组合灯包括转向灯、倒车灯、行车灯（小灯）制动灯和后雾灯。其中高位制动灯（LED）在后风窗玻璃的正上方。

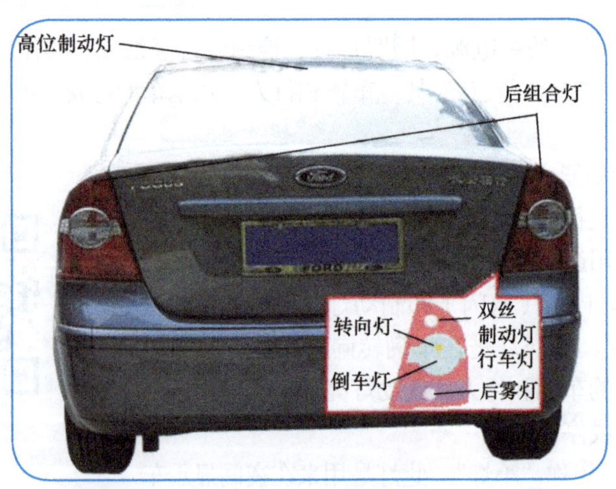

图 6-2　后部灯具

3. 侧面灯具

如图 6-3 所示，侧面灯主要指前后转向灯和侧面转向灯。有些车型还在倒车镜中安装转向指示灯。

图 6-3　侧面灯具

4. 汽车上的内部照明灯

如图 6-4 所示，内部照明灯主要有顶灯、仪表灯、门灯、阅读灯、行李箱灯、踏步灯等。内部灯具一般用来为驾驶员及乘客提供有效照明及警示信号。

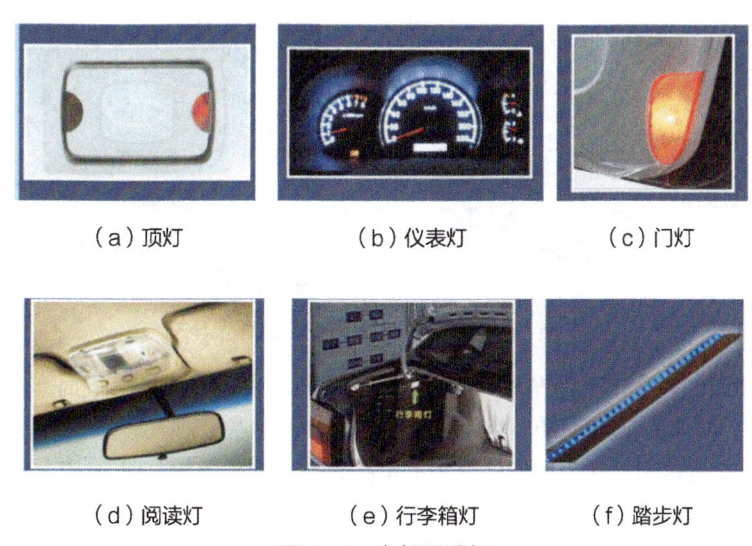

（a）顶灯　（b）仪表灯　（c）门灯

（d）阅读灯　（e）行李箱灯　（f）踏步灯

图 6-4　内部照明灯

二、汽车上的灯光开关

现代汽车多种多样，其灯光开关也多种多样，灯光开关主要有拉杆式、旋转式和组合式等多种形式。现代汽车上用的最多的是一体式组合开关。

这种一体式灯光开关设计（见图 6-5）多用于日本车系，安装在转向盘下方，设计人性化，更便于操作。它可以控制除危险警告灯、制动信号灯、室内照明灯外的所有灯光电路，如左右转向灯、行车灯、雾灯、前照灯等。转向灯开关在回打转向盘时，可以自动回位，但如果转动角度不够，则不会自动回位。

欧洲汽车将大灯开关与变光开关分开设计（见图 6-6），它可控制行车灯（示宽灯）、前照灯、雾灯。顺时针转动开关至行车灯或前照灯标识，会点亮相应的灯光。向外拉开关一挡为前雾灯，二挡为后雾灯。

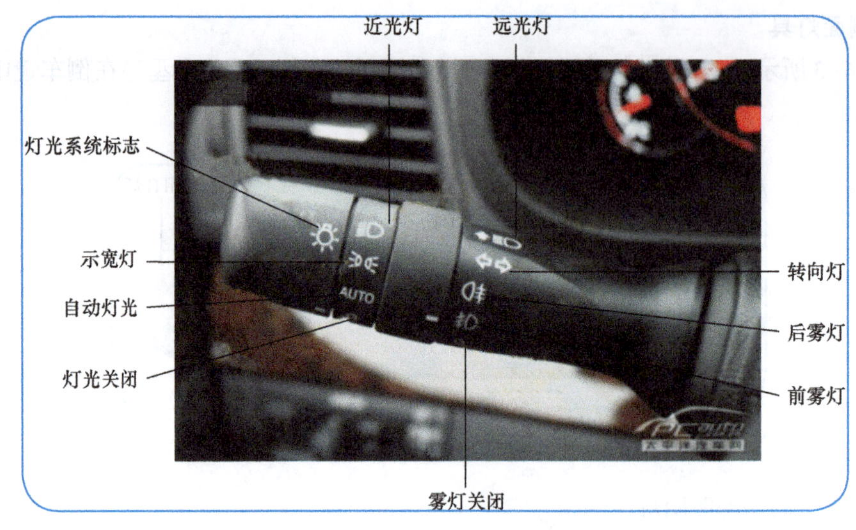

图 6-5　丰田一体式组合开关

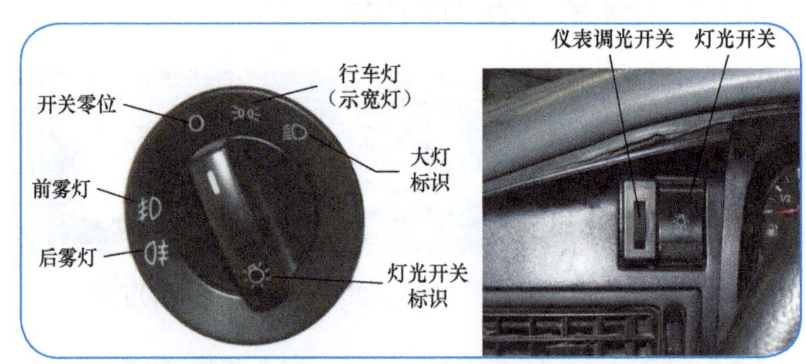

图 6-6　与变光开关分体的旋转式灯光开关

在傍晚或夜间，在公路上停车时应打开危险警告灯（左、右转向灯同时点亮并闪烁）。危险警告灯（见图 6-7）一般安在转向盘管柱上和仪表台的中央，现代轿车普遍安装在仪表台的中央。危险警告灯与转向灯共用闪光器以下的电路，在开启危险警灯时，左、右转向同时接通并闪烁。

三、前照灯继电器及闪光继电器

1. 前照灯继电器

前照灯的工作电流很大，若用车灯开关直接控制前照灯，车灯开关易烧坏，因此，在前照灯线路中设有灯光继电器，它由一对触点和一个磁化线圈组成，外形有四个引脚，为常开式继电器，如图 6-8 所示。

图 6-7　危险警告灯

（a）

（b）

图 6-8　前照灯继电器

2. 闪光器

汽车转向灯的闪烁是通过闪光器来实现的，通常按照结构的不同分为电热式、电容式、电子式，如图 6-9 所示。早期汽车的转向灯闪光器多采用电热式结构，由于它们工作稳定性差、寿命短、信号灯的亮度不够明显，因而现在多采用结构简单、体积小、工作稳定、使用寿命长的电子式闪光器。

(a) 电热式闪光器　　(b) 电容式闪光器　　(c) 电子式闪光器

图 6-9　闪光器种类

汽车上的闪光器是如何实现闪光的呢？一分钟大约要闪多少下？

四、倒车信号灯及其电路

汽车倒车信号装置主要由倒车信号灯开关（见图 6-10）、倒车信号灯和警报器等组成。用以在倒车时照亮车辆后面环境，警示车后的行人和车辆注意避让。将变速杆挂入倒挡时，倒挡开关接通了倒车报警器和倒车电路，从而发出声光倒车信号。

倒车灯开关放在变速器倒挡上，控制倒车灯、倒车蜂鸣器和倒车雷达，它位于变速箱倒挡轴侧壳体上，内部钢球平时被顶起，当变速杆拨至倒车挡时，倒挡轴叉上的凹槽恰好对准钢球，钢球在弹簧作用下带动膜片和接触片下移，触点与接触片接触，倒车灯点亮。

图 6-10　倒车信号灯开关

五、制动信号灯及其电路。

制动信号装置主要由制动信号灯和制动信号灯开关（见图 6-11）组成。制动灯俗称“刹车灯”。均装在汽车后面，多采用组合式灯具。其用途是在汽车制动停车或减速行驶时，向车后发出灯光信号，以警告尾随的车辆或行人。制动灯法定为红色，其灯泡功率一般为 20 ～ 40W。

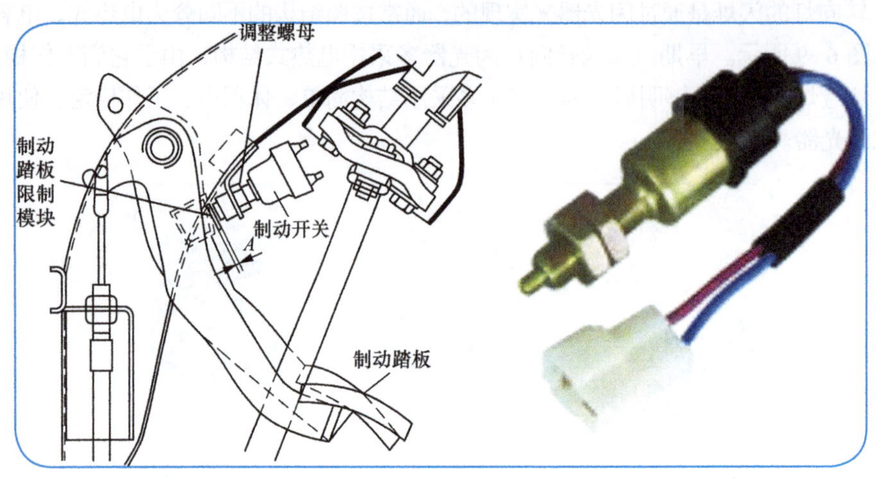

（a）制动信号灯开关位置　　（b）制动信号灯开关实物图

图6-11　制动信号灯开关

任务二　前照大灯灯泡的更换

学习目标

掌握各种前照大灯灯泡的更换方法。

相关知识

现代汽车前照灯多为卤素灯泡，常见故障原因有：

① 颜色发灰——灯泡电压过低（检查插座或连接器是否腐蚀）。

② 颜色发白（云状）——表明有空气渗漏。

③ 灯丝断裂——通常由过度震动导致。

④ 玻璃昏暗——表明有人触摸过玻璃。

千万不要触摸任何卤素灯泡的玻璃。你手指上的油渍会导致玻璃在工作过程中受热不均，从而缩短其正常使用寿命。

一、汽车灯泡的种类

现代轿车由于灯具设计的不同，所使用的灯泡也不尽相同，灯泡的种类繁多，大体可分为白炽灯、卤钨灯和氙气灯三种。其中白炽灯主要用于信号灯系统，如制动灯、转向灯、行车灯等。卤钨灯用于前照灯，如前照近光、前照远光、雾灯等。氙气灯用前照近光灯，由于氙气灯亮度过高，用于远光可造成对方眩目，国家规定只能用于近光。

（1）白炽灯（见图 6-12（a））。它是从玻璃灯泡中抽出空气，再充以氩和氮的混合惰性气体制成的，这可以减少钨的蒸发，延长灯泡的使用寿命。但是灯丝的钨质点仍然要蒸发，使灯丝损耗，而蒸发出来的钨沉积在灯泡上，使灯泡发黑。

（2）卤钨灯泡（见图 6-12（b））。它是在充入灯泡的气体中掺入某一卤族元素，如氟、氯、溴、碘等，卤素灯泡在工作时温度和气压都较普通白炽灯泡高得多，因此利用卤钨的再循环原理，使得蒸发出去钨，在靠近灯丝附近的高温区时，又分解重新黏附在灯丝上，有效地限制了钨的蒸发。在相同功率的情况下，卤素灯的亮度是白炽灯 1.5 倍，而寿命是白炽灯的 2 ～ 3 倍。

卤素灯泡从外形上可分为：H1、H2、H3、H4、H7、9005 及 9006 等，其中 H1、H4、H7、9005 及 9006 在前照灯上应用广泛，H1 和 H7 分别为前照灯的单丝远光灯泡，H4 为照灯远、近光双丝灯泡。

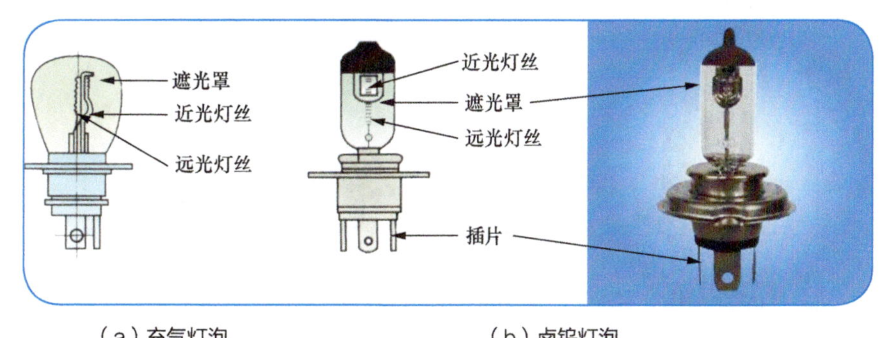

（a）充气灯泡　　（b）卤钨灯泡

图 6-12　充气灯泡和卤钨灯泡

由于石英卤素灯泡比普通灯泡使用时更易发热，如果有润滑油油脂粘其表面，灯泡寿命会缩短。另外，人体汗液内所含的盐分也会污染石英，因此，更换灯泡时，要握住其凸缘，避免手指接触石英。

（3）氙气灯又叫高亮度弧光灯。氙气灯（见图 6-13）光色和日光灯非常相似，可以有效减少驾驶人的视觉疲劳。灯泡里没有灯丝、取而代之的是装在石英管内的两个电极，管内充有氙气及微量金属，克服了传统钨灯的缺陷，完全满足汽车夜间高速行驶的需要。能发出高达 4 000K 以上色温的光芒，是目前卤素灯泡亮度的 3 倍左右。

二、汽车灯泡型号

汽车上不同灯泡形状结构都不尽相同，就是同样的前照灯，各车型都会有所不同。

（1）灯泡按照灯丝数量分为单丝灯、双丝灯，如图 6-14 所示。其中双丝灯泡主要用于前照单灯系统及信号灯系统（制动和前照灯）。单丝灯泡用于四灯制前照灯、信号灯系统及雾灯系统。

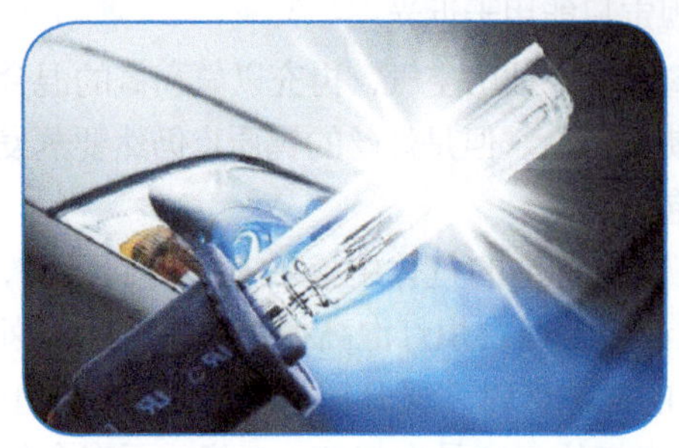

图 6-13　氙气灯实物

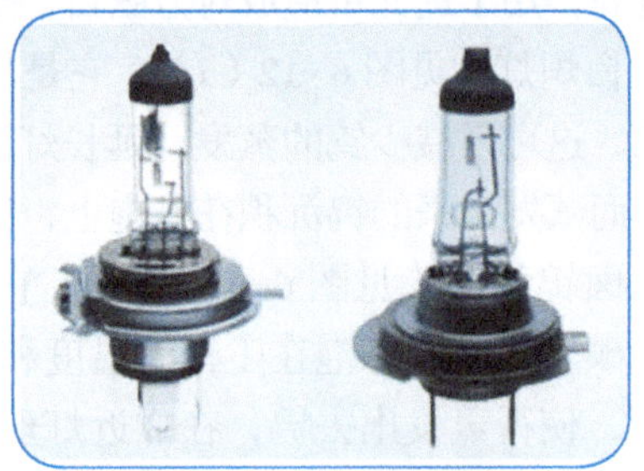

（a）双丝灯　　（b）单丝灯

图 6-14　汽车灯泡型号

（2）灯泡按照插脚型号分为 H 系列、自然色系列灯泡及彩色灯泡。H1、H3、H4、H7 系列，灯泡用于前照灯；H8、H9、H10、H11、H12 系列单丝灯带有密封底座，用于前照近光及雾灯，如图 6-15 所示。

图 6-15　H 系列汽车灯泡

现代轿车灯光除了这些常见型号外，还有较为流行的 LED 灯。

如图 6-16 所示，1156/1157 系列自然色系列灯泡，主要用于欧州及亚州车型信号系统，如转向灯、制动灯、备用灯等。168/194 系列用于侧面转向信号灯、仪表、时钟照明等。DE3200 系列主要用于室内照明。7440 /7443 系列适用于日本车系。3156/3157 自然色系列，主要用于美国车的信号系统，如转向、制动、行车及备用灯等。彩色主要用于日本或欧州车型，在定购时色彩可由客户自行选择。

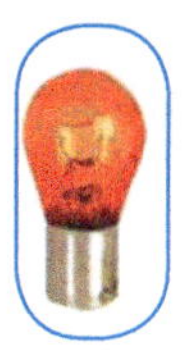

（a）1156/1157 系列

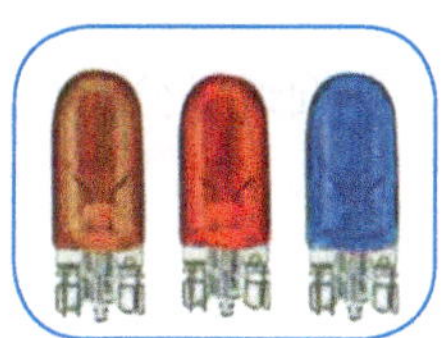

（b）168/194 系列

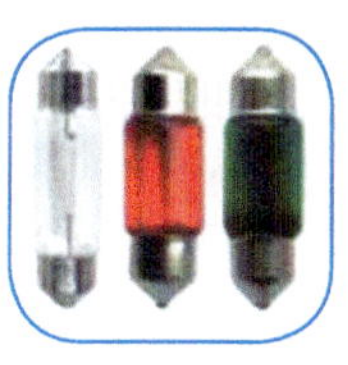

（c）DE3200 系列

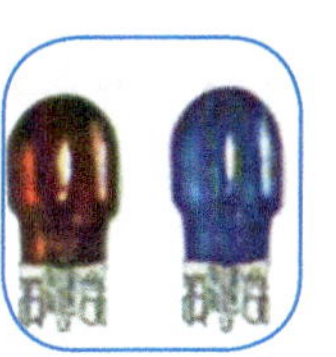

（d）7440/7443 系列

（e）3156/3157 系列

图 6-16　自然色系列汽车灯泡

三、氙气灯的使用

汽车用氙气灯是在工业氙气灯基础上改进的，汽车氙气灯电压为 12V，瓦数为 35W 和 55W，绝大部分车用 35W，安装在近光灯上。

氙气灯由弧光灯组件、电子控制器和升压器三大部件组成，如图 6-17 所示。

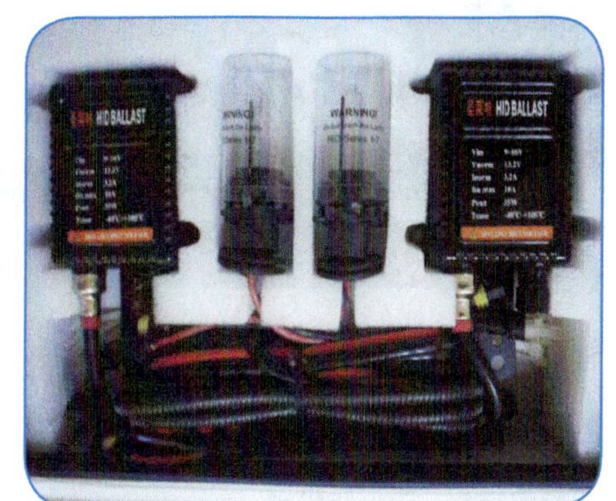

图 6-17　氙气灯安装组件

1. 氙气灯的工作特性

（1）起动快。普通金属卤化物灯、长弧氙灯或低气压氙灯等起动到稳定都要 15min 以上，而 HID 氙气灯的起动不到 0.001s，1s 内即可达到额定亮度的 85%，冷灯 10 ～ 20s 建立稳定，热灯几秒内建立稳定。

（2）应急性。由于氙气灯与卤素灯的发光原理不同，当蓄电池供电出现问题时，它会延长几秒才熄灭，以便让车主有一定的时间去处理紧急情况。

（3）电压适应范围宽。针对 +12V 的汽车电源，灯的控制器电源电压适应范围为 9 ～ 16V，针对 +24V 的汽车电源，灯的控制器电源电压适应范围为 18 ～ 32V，并且输出功率和灯的亮度不变。

（4）寿命长。根据一项研究显示，就算品质再高的卤素灯泡，最多也只能连续使用 400h；而利用气体发光的氙气灯泡，最少都有 3 000h 的使用寿命，也就是在正常的用车条件下，氙气灯与汽车具有相当的寿命。

2. 氙气灯使用的注意事项

不要频繁开关大灯，特别是安装于远光照明上的用户，因为氙气灯从点亮到稳定工作需要一定的时间（大概 5 ～ 10s），这是由于它本身发光原理特性所决定的。快速开关远光灯，会带来来回的高压冲击，造成氙气灯系统中镇流器过保护甚至损坏，同时降低氙气灯使用寿命。因此我们一般不建议客户安装在远光上。

如果出现点灯不亮的情况，或者一只灯亮，请不要频繁开关直到点亮，因为并非 HID 系统损坏时才出现此种情况，可以每次间隔 5s 再点灯一次。出现点灯不亮的原因可能是 HID 系统在点亮的瞬间需要比较大的电流，而原车系统不能快速提供所需电流所致。原厂配备氙气灯的轿车，都在大灯电流供应上做过适应性设计，改装的却没有，为方便改装，只使用原来的车灯线路。

任务实施

通过以上学习，掌握了有关汽车灯泡的相关知识，下面通过分步演示，来体会一下汽车灯泡更换的真实工作过程。

步骤一：拔下前照大灯灯泡防尘罩及插头，用万用表检测灯泡供电线路是否正常

步骤二：掰开固定卡扣，拿出灯泡，观察灯泡是否损坏，可在电源上试一下

步骤三：将新的灯泡放入，安好卡扣，插上灯泡插头，安好防尘罩

步骤四：打开灯泡开关，观察灯泡亮度及照射角度是否正常

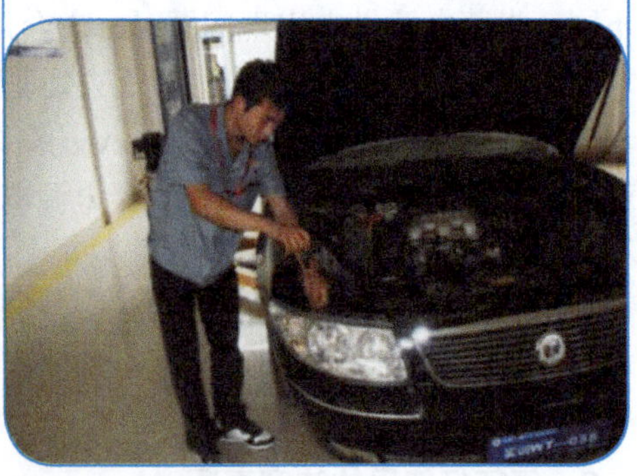

更换灯泡时，发现新换的灯泡又被烧坏了，若出现这类问题应该如何解决呢？

安全操作

（1）在更换卤素灯泡前，应先关闭大灯开关并使灯泡冷却。在安装新灯泡时，不要让裸露的手碰到玻璃泡。

（2）当卤素灯泡（大灯和前雾灯）表面被机油弄脏后，在灯泡打开发热时，它的工作寿命会缩短。

（3）由于卤素灯泡（大灯和前雾灯）内部的压力很高，要小心操作，一旦灯泡掉落会造成爆炸，玻璃碎片会飞溅起来。

（4）更换灯泡时，应始终采用相同功率型号的灯泡，安装好灯泡以后，要插紧插座。

任务三 前照大灯的调整

学习目标

熟练掌握各车型前照大灯的调整。

相关知识

前照灯是汽车的“眼睛”，它的技术状态的好坏直接影响到夜间行车的安全，在使用中必须引起足够的重视。

汽车上的大灯故障主要有以下几种。

（1）车辆发生事故，大灯固定角断裂，造成灯光光束方向和光照强度不符合要求。

（2）有时因密封不严，前照灯在洗车时或大雨中有水进入，无法自动蒸发排出。

（3）当更换了不符合规定的灯泡，使得大灯基座或灯具烧烤变形，无法进行修复。

一、前照大灯的基本要求

前照灯安装在汽车前部左右两侧，其照明效果直接影响夜间的交通安全，为此世界各国都以法律形式规定了汽车前照灯的照明标准，其要求如下。

（1）照明距离不得低于 100m。为了确保夜间行车的安全，前照灯应保证车前有明亮而均匀的照明，应具有远、近光变换开关，在远光灯打开时，应能使驾驶员辨明车前 100m（或更远）内道路上的任何障碍物；在近光灯打开时，应能使驾驶员辨明车前 40m 远的道路。灯光为白色，有两灯制和四灯制两种配置方式。

（2）具有防眩目装置。避免夜间两车交会时造成对方驾驶员眩目而发生事故。同时，前照灯还应具有防炫目的装置，以免夜间会车时，使对方驾驶员目眩而发生事故，如图 6-18 所示。

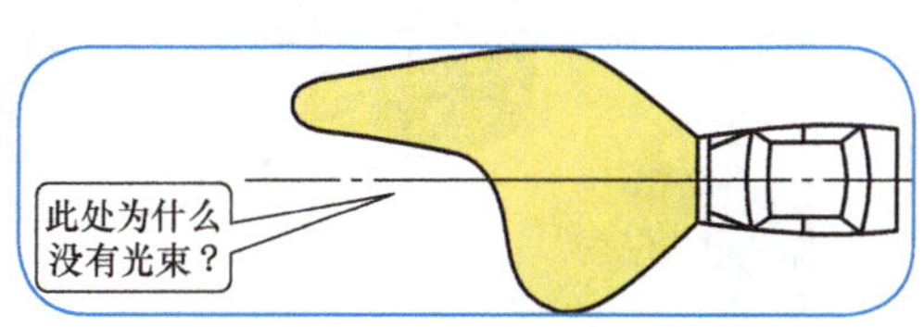

图 6-18 防眩目近光灯型

二、前照大灯的结构及原理

前照大灯的光学组件由灯泡、反射镜和配光镜三部分组成，结构如图 6–19 所示。

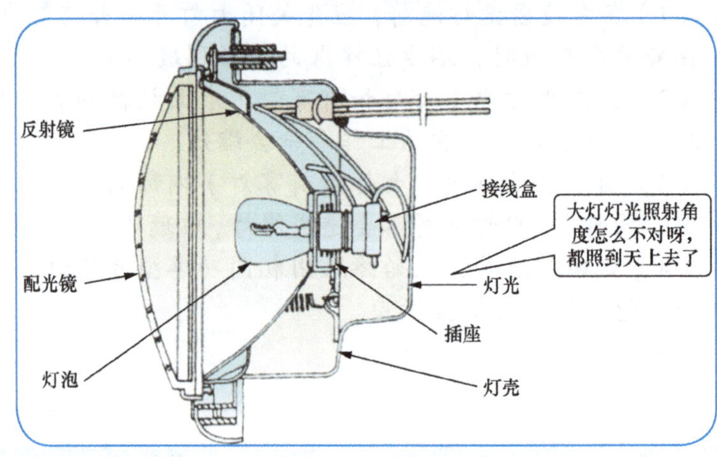

图 6–19　前照大灯结构图

反射镜的作用就是将灯泡的光线聚合并导向前方。灯丝位于焦点 F 上，灯丝的绝大部分光线，经反射镜反射后变成平行光束射向远方，亮度增强几百倍甚至上千倍，使车前 150m，甚至 400m 内的路面照得足够清楚。其余少部分光线向两侧和上、下方散射，如图 6–20 所示。

配光镜又称散光玻璃，用透光玻璃压制而成，是很多特殊棱镜和透镜的组合体。外形一般为圆形或矩形，如图 6–21 所示。配光镜的作用是将反射镜反射出的平行光束进行折射，使汽车前路面和路缘都有良好而均匀的照明。

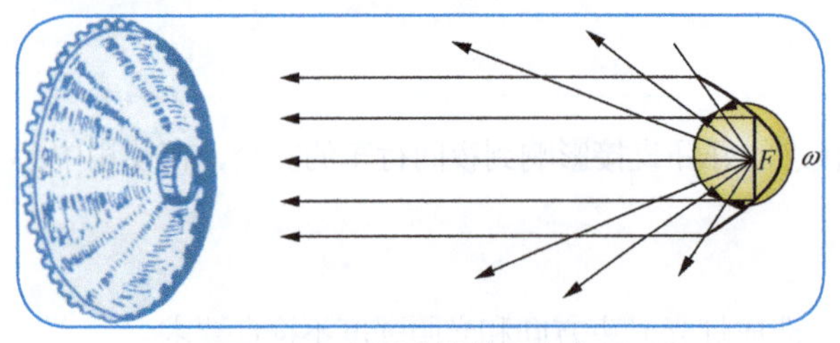

图 6–20　反光镜的聚光作用

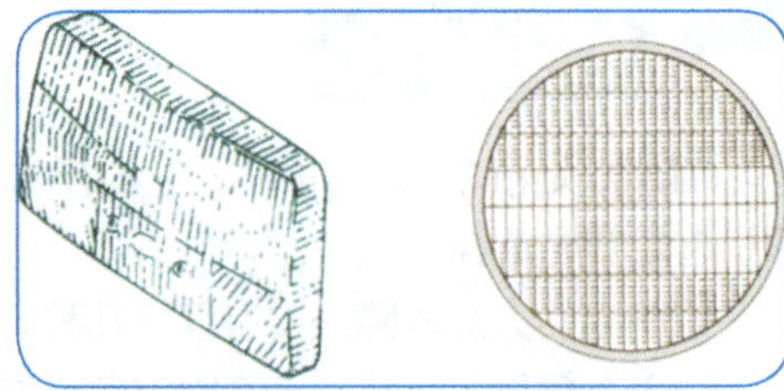

图 6–21　配光镜、散光玻璃

三、LED 照明灯

LED 照明装置（见图 6–22）是一种几乎不发热的光源，使用寿命长达 5 年以上。LED 照明装置可以直接把电能转化为光能，起动时间仅为几十纳秒，对高速行驶中至关重要的制动灯而言，可大大降低事故发生率。

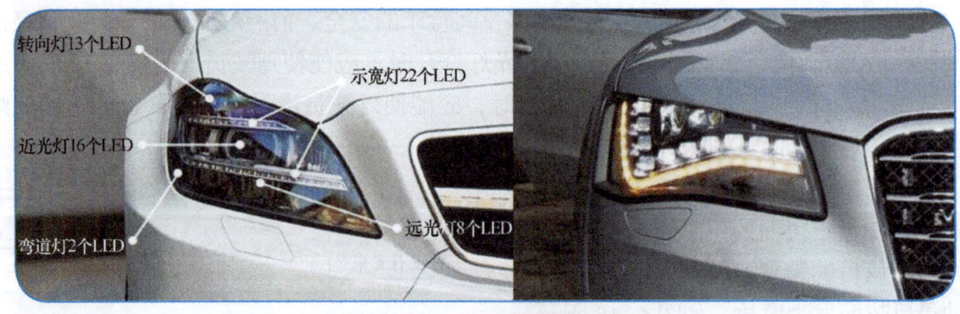

图 6–22　LED 组合前大灯

超高亮度的LED照明装置与传统的白炽灯相比，具有许多优点：能够经受较强的机械冲击和振动；平均工作寿命比白炽灯泡高出几个数量级；LED照明灯封成一个整体而不必考虑维修。

四、前照大灯的分类及附加功能

1. 前照大灯的分类

（1）汽车前照灯按结构可分为：封闭式前照灯、半封闭式前照灯。

封闭式前照灯是不可更换灯泡的结构，发光灯丝、反光镜和配光镜做成一体，内部抽成真空。半封闭式前照灯设计成可以更换灯泡的结构，以便更换损坏的灯泡，如图6-23所示。

图6-23 组合式前大灯总成

（2）汽车前照灯按安装的数量分为两灯制和四灯制。

如图6-24所示，两灯制即车辆左右各有一只前照灯，每只前照灯都能分别发出近光和远光，两灯制通常用于轿车上。四灯制常用于重型卡车和大型客车上。随着汽车灯具的不断发展，两灯制和四灯制的概念越来越模糊。我国汽车前照灯普遍采用的是H4型灯泡，国外多采用的是功率更高的H1、H7型灯泡。

图6-24 封闭式前照灯

2. 前照灯防眩目措施

为了防眩目，前照灯将远近光分开，由变光开关控制，近、远光灯丝及光束如图6-25所示。夜间公路行车且对面无来车时，使用远光灯以增大照明距离，保证照明效果。夜间公路会车、市区行车有路灯或尾随其他车辆行驶时，使用近光灯。在会车时，对方驾驶员忘记变光或者在超车时对方车辆未及时让道，应该采用闪光处理（即远近光变换几次）给予提醒和警示，防止不必要的事故发生。

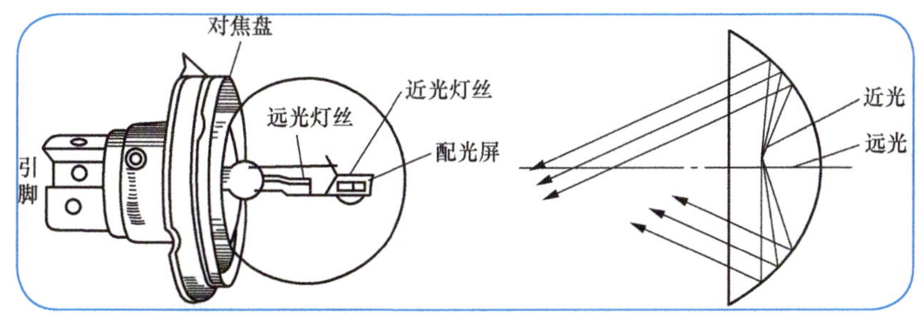

图6-25 近、远光灯丝及光束

五、前照灯的检查与调整

为保证前照灯的性能，应及时对前照灯进行检测与调整。国内外对汽车前照灯的检查和调整十分重视，因为前照灯光束调整的正确与否，将极大地影响行车安全、运输效率和驾驶员的疲劳程度。

调整汽车前照灯时，相关参数应参照调整车辆的说明书和技术手册进行。目前，主要采用屏幕检验法或仪器检验法，汽车检测站多用仪器检验法。由于各仪器型号不同，其使用方法也不相同，只能参照仪器说明书进行。下面只介绍屏幕检验法。

将汽车停在水平路面上，按规定给轮胎充足气压，汽车轻载（一名驾驶员乘座），距前照灯 10mm 处（具体参数见相关数据）竖一幕布（或利用白墙壁），在屏幕上画出两条垂直线（一线通过左前照灯的中心，一线通过右前照灯的中心）和二条水平线（一条与前照灯离地距离等高H，另一条比H低D mm），比H低D mm 的水平线与两垂直线分别相交于 a、b 两点，即为光点中心，如图 6-26 所示。

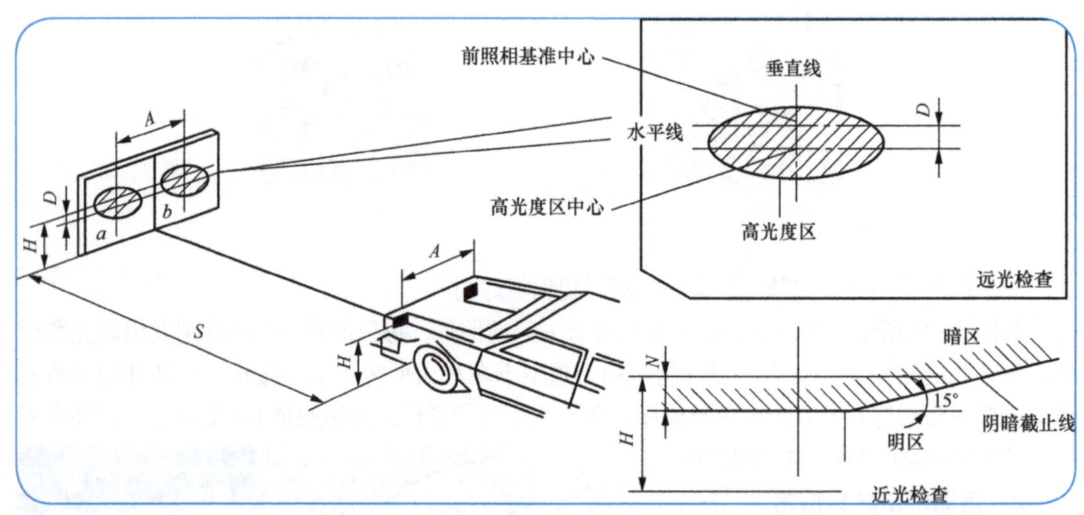

图 6-26　前照灯光束的检查

蓄电池充足电情况下，起动发动机（转速为 2 000r/min，约为发动机最高转速的 60%），即在蓄电池不放电的情况下点亮前照灯远光（有些车按近光调整）。调整时，把一只前照灯遮住，然后检查另一前照灯的光束是否对准 a 或 b 点。若不符合要求，可通过调整螺钉来调整。然后以同样的方法调整另侧前照灯，如图 6-27 所示。

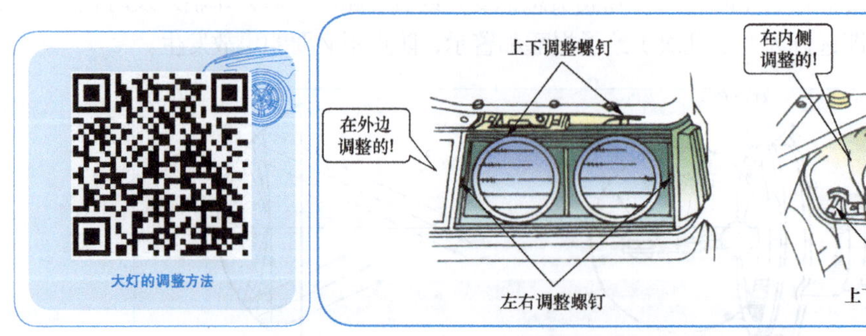

图 6-27　前照灯的调整部位

任务实施

通过以上学习，掌握了有关汽车前照大灯的相关知识，下面我们以新捷达为例通过分步演示，来体会一下汽车大灯更换的真实工作过程。

步骤一：拆下边灯，最好移去电源等附件，按下边灯卡扣，取下边灯

步骤二：拆下大灯压板的固定螺栓，拆下散热器格栅（中网）和压条

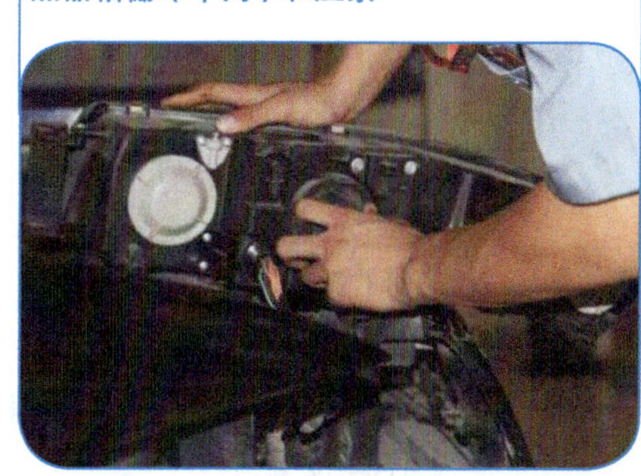

步骤三：拆下大灯上方和下方的固定螺栓，拔下线束，从前方拿下前大灯

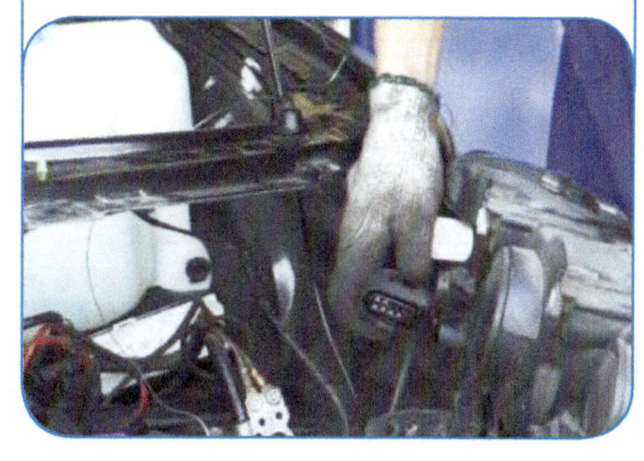

步骤四：插上大灯线束，打开大灯开关，看灯泡是否正常工作，若损坏则更换灯泡

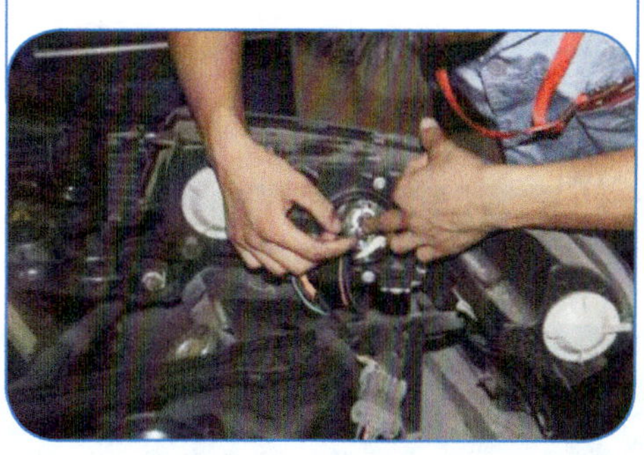

步骤五：拔下大灯线束，按相反顺序安装好前大灯

步骤六：用一字螺丝刀或十字螺丝刀对前大灯进行检查和调整

新款捷达轿车后雾灯有几个？倒车灯有几个？

（1）安装前照灯时，应根据标志，不得倾斜侧置。
（2）散光玻璃应保持清洁，有灰尘时应及时清理干净。
（3）若为可拆式大灯，注意大灯不要进水，大灯总成在车上要安装牢固。
（4）更换灯泡时，应首先断开电源，接线时应注意远近光引脚位置。
（5）更换氙气灯时，要参照维修手册或氙气灯使用说明书，按步骤进行安装。

实操任务单

汽车大灯的检查与更换作业工单

维修班组：______ 维修技师甲：______ 维修技师乙：______ 质检员：______

整车型号		
车辆识别代码		
发动机型号		
任务	**作业记录内容**	**备注**
一、前期准备	正确组装三件套（转向盘套、座套、换挡手柄套）、翼子板布。□ 工位卫生清理干净。□	
二、操作步骤	1. 首先打开大灯开关，测试远近变光是否正常。 2. 关闭点火开关，打开发动机舱盖，检查大灯总成有无破损。 3. 总成内部是否有水汽，如果有，说明______，应检查密封是否良好。	

续表

任务	作业记录内容	备注
二、操作步骤	4. 拔下左右两侧灯光插头，拔下左右前雾灯插头。 5. 取下隔热栅及前保险杠固定螺丝。 6. 使用工具松开大灯总成固定螺丝，将总成放在工作台上，取下大灯灯泡。 7. 清洁大灯总成表面，安装灯泡并紧固总成固定螺丝。 8. 安装前保险杠及隔热栅，插好雾灯插头 9. 打开灯光开关，检查其工作是否正常。	
三、竣工检查	将工具及物品摆放归位。□ 汽车整体检查（复检）。□ 整个过程按 6S 管理要求实施。□	
工单记录员：________ 车间主任：________ 客户签字：________ 维修时间：________		

任务四　照明与信号线路的检修

学习目标

掌握汽车上的照明与信号系统部件的更换以及系统线路的维修。

相关知识

汽车上的灯光故障一般分两类：一类是器件本身的故障，另一类是线路存在的故障。首先，我们应该先检查器件本身的故障，如果没有，再认真研读电路图，按照各系统的线路逐级检查，认真查明出现故障的原因及可能存在的隐患，正确地加以排除。

在处理故障时，一般应重点检查两项内容：一项是是否有短路、接线柱接触是否有不良处（断路），另一项是熔断丝是否熔断，组合开关、继电器是否正常工作。

① 灯泡亮度下降：若灯光亮度不够，多为蓄电池电量不足或发电机及调节器故障所引起。另外，导线接头松动或接触不良，导线过细或搭铁不良，灯泡玻璃表面发黑或功率过低，均可导致灯光暗淡。

② 灯泡不亮：引起灯泡不亮的原因主要有灯泡损坏。检查灯泡，若损坏则更换，如果几只灯泡都不亮，按喇叭不响，则可能是由于总熔断器熔断。若同一个熔断丝的灯泡都不亮，则可能是由熔丝熔断，灯光开关或继电器损坏等原因造成的。

③ 灯泡频繁烧坏：一般是电压调节器调节不当或失调，使发电机输出电压过高造成的，应重新将工作电压调整到正常工作范围，此外，灯具的接触不良也有可能造成灯具的频繁损坏，检查时也应注意这方面的情况。

在检查汽车照明及信号线路时，必须要读懂照明及信号系统控制线路图，这样，对我们进行线路的排查和检修会有很大的帮助。下面我们以桑塔纳 2000 车型为例，为大家介绍汽车照明和信号系统的控制线路。

一、照明灯线路

1. 桑塔纳轿车 2000 照明电路

桑塔纳轿车 2000 照明灯光控制线路如图 6-28 所示。

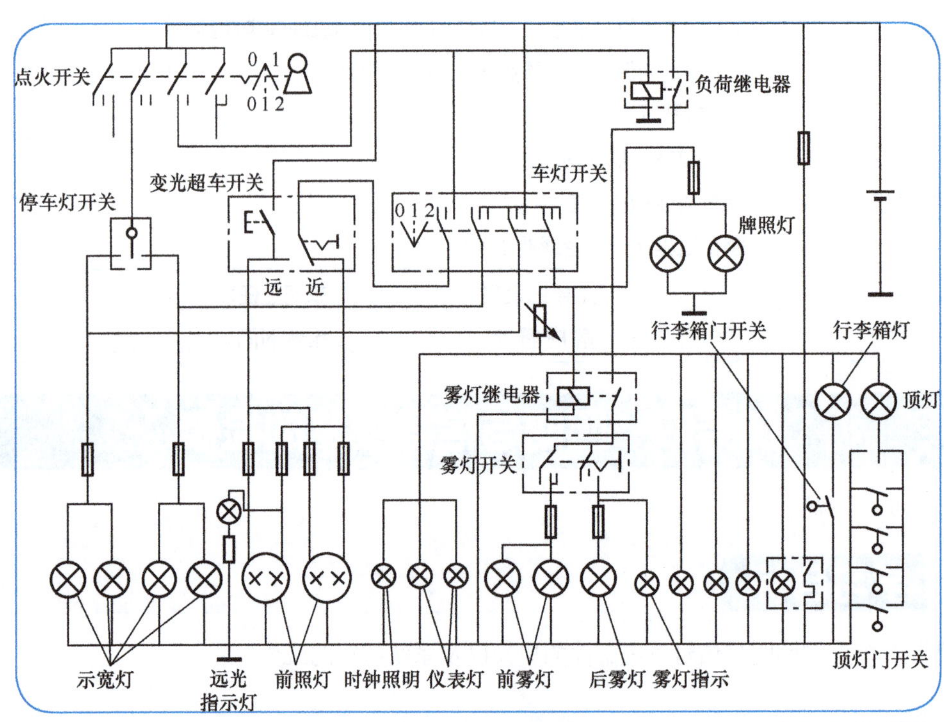

图 6-28 灯光控制线路

电路分析如下：

前照灯由点火开关和车灯开关共同控制，当点火开关置于 1 挡、车灯开关置 2 挡时，电流由电源正极→点火开关第三掷（从左起）1 挡→车灯开关第一掷 0 挡→变光开关→保险丝→前照灯→地，前照灯亮。通过变光开关控制远光、近光变换。此外，远光灯还由超车开关直接点动控制，在汽车超车时当作超车信号灯用。

雾灯由点火开关、雾灯继电器、车灯开关控制，雾灯继电器线圈由车灯开关控制，雾灯继电器触点由负荷继电器控制，负荷继电器由点火开关控制。若要使用雾灯，点火开关必须置于 1 挡使负荷继电器接通，为雾灯继电器触点供电；车灯开关必须置于 1 挡或 2 挡使雾灯继电器接通，这时，雾灯开关就可以控制雾灯了。雾灯开关置于 1 挡接通前雾灯的电路，2 挡同时接通前雾灯、后雾灯、和雾灯指示灯的电路。

牌照灯由车灯开关直接控制，不受点火开关控制，在车灯开关置于 1 挡或 2 挡时亮。仪表盘、时钟、点烟器、雾灯开关、后风窗除霜器开关、空调开关等的照明灯均由车灯开关直接控制。当车灯开关在 1 挡或 2 挡时，上述照明灯均被接通，其亮度可通过仪表灯调光电阻进行调节。

顶灯由顶灯开关和门控开关共同控制，当顶灯开关接通时（手动），顶灯亮。当顶灯开关断开时，顶灯由 4 个门控开关控制，只要有一个门关闭不严，这个门控开关就接通，顶灯就亮。

行李箱灯由行李箱灯门控开关控制，当行李箱门打开时，门控开关闭合，行李箱灯亮。

2. 带有前照灯继电器的照明电路

随着汽车前照灯亮度的增大，其远光灯丝功率较大，为了保护车灯照明开关，避免触点烧蚀，故大多数汽车采用灯光继电器来控制，如图 6-29 所示。

从电路可知：

所有照明灯的控制方式与上电路基本相同，只有前照灯的供电电流经过前照灯继电器的触点。

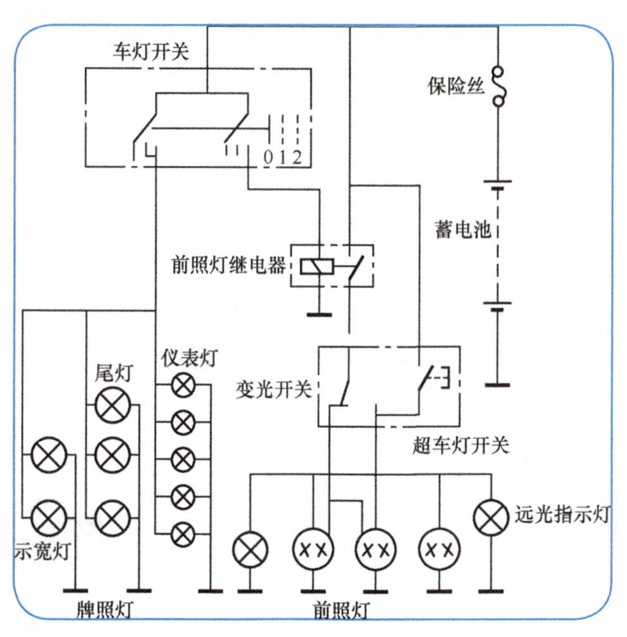

图 6-29 带有前照灯继电器的照明电路

二、汽车转向及危急警告信号装置

汽车转向信号装置主要是用来指示车辆的转弯方向，以引起他人的注意，提高车辆行驶的安全性。汽车转向灯同时闪烁还用做危急警报的指示。转向信号装置由转向信号灯、转向指示灯、闪光继电器和转向开关等组成。

1. 汽车转向信号灯

前转向灯为橙色，后转向灯为橙色或红色。转向信号灯的闪光频率在国标中规定为 60～120 次 /min，日本转向闪光灯频率规定为（85±10）次 /min。转向信号灯由转向开关控制，其闪光频率由闪光器控制。

2. 转向指示灯

转向指示灯是安装在仪表盘上，标志汽车转向并指示转向灯工作情况的灯具，它与转向信号灯并联，并一起工作。

3. 闪光继电器

带继电器的有触点晶体管式闪光器电路如图 6-30 所示。它由一个晶体管的开关电路和一个继电器所组成。

当汽车向右转弯时，接通电源开关 SW 和转向灯开关 K，电流由蓄电池正极→电源开关 SW →接线柱“B”→电阻 R_1 →继电器 J 的常闭触点一接线柱“S”→转向灯开关 K →右转信号灯→搭铁→蓄电池负极，右转向信号灯亮。当电流通过 R_1 时，在 R_1 上产生电压降，晶体管 VT 因正向偏压而导通，集电极电流 I 通过继电器 J 的线圈，使继电器常闭触头立即断开，右转向信号灯熄灭。

晶体管 VT 导通的同时，VT 的基极电流向电容器 C 充电。充电电路是蓄电池正极→电源开关 SW →接线柱"B"→ VT 的发射极 e、基极 b →电容器 C →电阻 R_3 →接线柱 S →转向灯开关 K →右转向信号灯→搭铁→蓄电池负极。在充电过程中，随着电容器电荷的积累，充电电流 I 逐渐减小，晶体管 VT 的集电极电流 I 也随之减小，当此电流不足以维持衔铁的吸合而释放时，继电器 J 的常闭触点 J 又重新闭合，转向信号灯再次发亮。这时电容器 C 通过电阻 R_2、继电器的常闭触点 J、电阻 R_3 放电。放电电流在 R_2 上产生的电压降为 VT 提供反向偏压，加速了晶体管 VT 的截止，使继电器 J 的常闭触点 J 迅速断开。当放电电流接近零时，R_1 上的电压降又为晶体管 VT 提供正向偏压使其导通。这样，电容器 C 不断地充电和放电，晶体管 VT 也就不断地导通与截止，控制继电器的触点反复地闭合、断开，使转向信号灯发出闪光。

4. 危急报警信号灯

危急报警信号灯（见图 6-31）是在紧急情况下能发出闪光报警信号的灯具。通常由转向灯兼任，这种情况下，前后左右转向灯同时点亮。它受危急报警开关和闪光器控制。

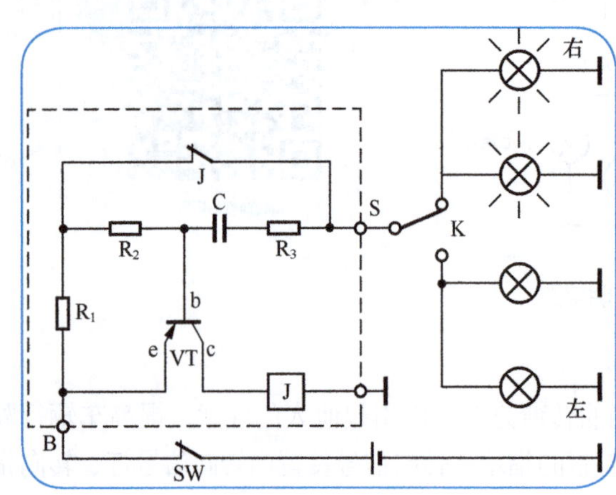

图 6-30　有触点晶体管式闪光器电路

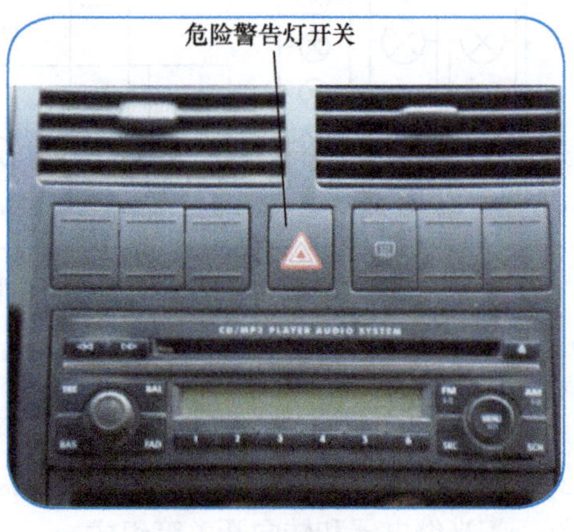

图 6-31　报警开关

三、照明线路的检修

1. 前照灯远光、近光均不亮

故障原因：

① 车灯开关内部接触不良。

② 变光开关触点接触不良。

③ 前照灯继电器故障，如继电器线圈有短路或断路、触电烧蚀、继电器搭铁不良等。

④ 前照灯线路有连接不良或断脱，或远光灯及近光灯熔丝均烧断。

⑤ 所有前照灯灯泡已烧坏。

2. 前照灯只有远光或只有近光

故障原因：

① 变光开关至近光灯或远光灯的连接线路有断路。

② 近光灯或远光灯的熔丝烧断。

③ 变光开关连接近光灯或远光灯的触点接触不良。

④ 近光灯或远光灯灯泡已烧坏。

3. 所有示廓灯和仪表灯均不亮

故障原因：

① 灯开关内部接触不良。

② 相关连接线路有断路。

③ 示廓灯和仪表灯的熔丝烧断。

四、信号系统电路常见故障的诊断与排除

转向灯和危险报警灯常见故障：转向信号灯均不亮；转向信号灯闪光频率不正常等。

所有的转向信号灯都不亮，一般是闪光器电源线或保险装置断路所致。转向信号灯闪光频率不正常，一般是闪光器、转向信号灯开关接线松动，闪光器故障所致。

五、倒车灯线路常见故障的检修

1. 倒车灯不亮

① 先查看倒车灯保险是否烧断。若完好，可将倒车灯开关短接，短接后灯变亮，说明倒车灯开关失效。

② 短接后灯仍不亮，可查倒车灯灯丝是否烧断，灯座是否接触不良。

③ 最后用试灯查线路是否断路。

2. 倒挡挂不进

遇此故障，可旋出倒车灯开关再重挂，挂进了说明倒车灯开关钢球卡死、漏装垫圈或垫圈太薄；重挂挂不进，说明变速器有故障。

任务实施

通过以上学习，掌握了有关汽车线路的相关知识，下面通过分步演示，来体会一下汽车照明系统线路检修的真实工作过程。

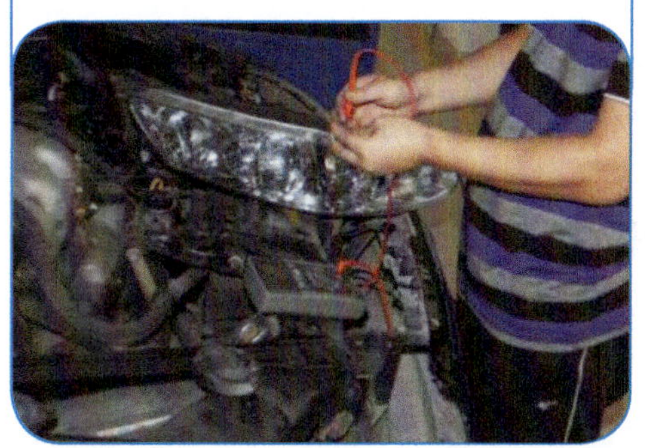

步骤二：用试灯或万用表检查灯泡供电线路是否正常

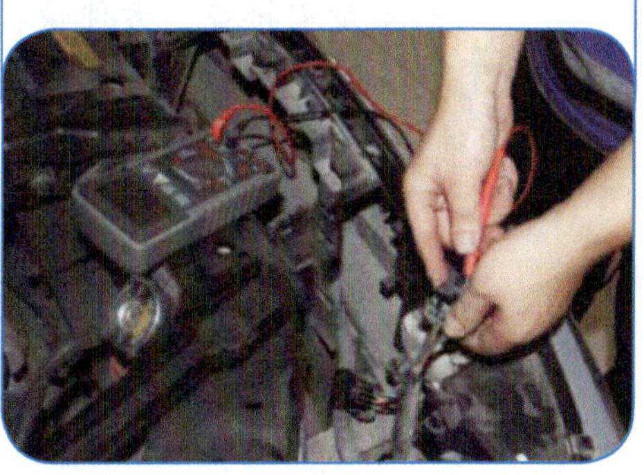

步骤三：检查大灯保险丝是否损坏，若有继电器，检查继电器是否损坏

步骤四：检查灯泡至保险丝线路是否正常

步骤五：拔下大灯线束，按相反顺序安装好前大灯

步骤六：用一字起或十字螺丝刀对前大灯进行检查和调整

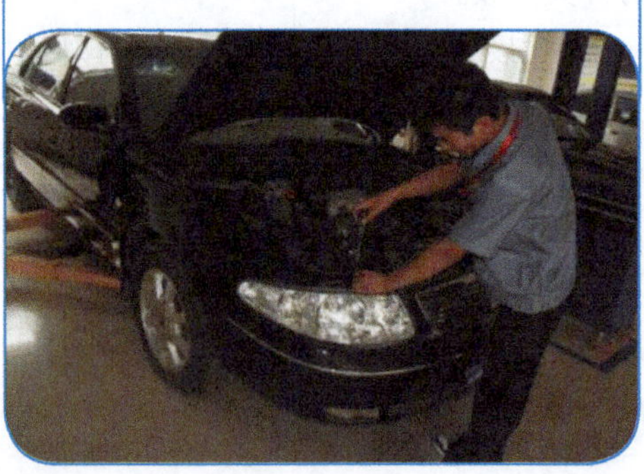

注意事项

（1）在线路排查之前必须认真研读汽车照明系统电路图，按步骤排查，方便快捷。

（2）在拆卸灯泡时，注意观察灯泡座的旋转方向。

（3）检查保险丝时，可对照保险盒盖内侧的标注或原厂电路图找到相对应的保险丝。

（4）若确定为组合开关出现故障，则在更换组合开关时尽量按照维修手册规范操作。

实操任务单

照明电路检查作业工单 维修班组：______ 维修技师甲：______ 维修技师乙：______ 质检员：______		
整车型号		
车辆识别代码		
发动机型号		
任务	作业记录内容	备注
一、前期准备	正确组装三件套（转向盘套、座套、换挡手柄套）、翼子板布和前格栅布。□ 工位卫生清理干净。□	
二、操作步骤	1. 打开点火开关。 2. 灯光开关打到大灯挡，变光测试远近光灯是否点亮。 3. 若是远近光不亮，打开大灯的后护盖，取下灯泡，检查灯丝是否熔断。 4. 打开灯光开关，利用试灯笔分别测远近光灯插头有无电源。 有□ 无□ 5. 如果无电源，检查大灯保险丝及照明继电器是否正常。 6. 如果保险或继电器都正常且无电，检查灯光开关。	
三、竣工检查	将工具及物品摆放归位。□ 汽车整体检查（复检）。□ 整个过程按 6S 管理要求实施。□	
工单记录员：______ 车间主任：______ 客户签字：______ 维修时间：______		

任务五 电喇叭的线路的检修

学习目标

（1）了解喇叭的类型与结构。

（2）掌握喇叭的工作原理及检修方法。

相关知识

汽车上的喇叭属于汽车上的音响信号系统，无论哪种型号的电喇叭，尽管结构上有差异，但其发生故障的规律基本相同，所以故障的判断及排除方法也大同小异。喇叭常见的故障有：

① 喇叭不响。

② 声音不正常或沙哑；

③ 耗电量过大以及喇叭继电器故障等。

一、电喇叭的分类

目前汽车上所装用的喇叭多为电喇叭，主要用于警告行人和其他车辆，以引起注意，保证行车安全。喇叭按发音动力有气喇叭和电喇叭之分；按外形有螺旋形、盆形和筒形之分，如图 6-32 所示；按声频有高音和低音之分。

（a）筒形喇叭　　（b）盆形喇叭　　（c）螺旋形（蜗牛）喇叭

图 6-32　汽车上常用喇叭

气喇叭是利用气流使金属膜片震动产生音响，外形一般为筒形，多用在具有空气制动装置的重型载重汽车上。电喇叭是利用电磁力使金属膜片震动产生音响，其声音悦耳，广泛使用于各种类型的小汽车上。

电喇叭按有无触点可分为普通电喇叭和电子电喇叭。普通电喇叭主要是靠触点的闭合和断开来控制电磁线圈激发膜片震动而产生音响的；电子电喇叭中无触点，它是利用晶体管电路激发膜片震动产生音响的。

二、电喇叭的型号

电喇叭的型号的编制和含义如图 6-33 所示。

第 1 部分表示名称代号：DL—有触点，DLD—无触点。

第 2 部分表示电压等级：1—12 V；2—24 V；6—6V。

第 3 部分表示结构代号：1—长筒形；2—盆形；6—螺旋形。

第 4 部分表示设计序号。

第 5 部分表示音量代号：G—高音；D—低音。

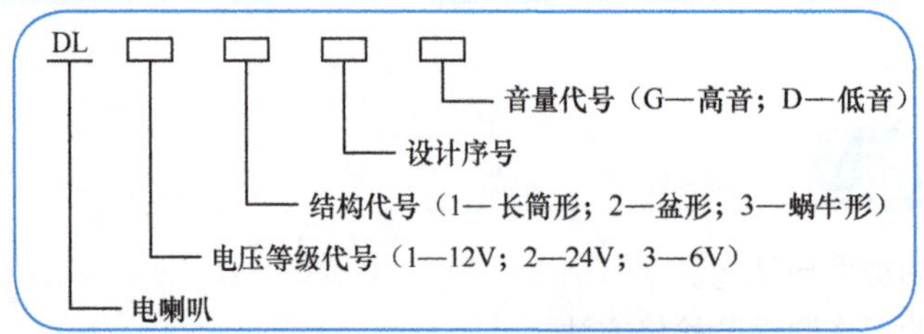

图 6-33　电喇叭的型号的编制

三、电喇叭的工作原理

1. 螺旋形电喇叭

螺旋形电喇叭的膜片借中心螺杆与衔铁、调整螺母、锁紧螺母联成一体，如图 6-34 所示。

当按下按钮时，电喇叭的电流回路为蓄电池正极（+）→按钮→线圈→触点→搭铁→蓄电池负极（-）。

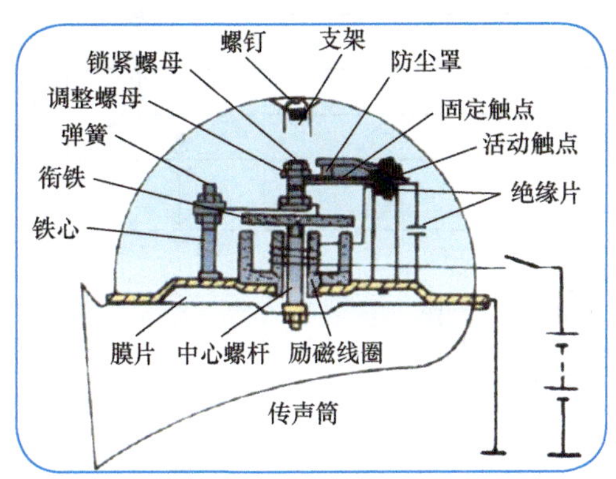

图 6-34　螺旋形电喇叭

2. 盆形电喇叭

盆形喇叭（见图 6-35）的电路接通时，励磁线圈产生吸力，上铁心被吸下与下铁心撞击，产生较低的基本频率，并激励膜片及膜片联成一体的共鸣板产生共鸣，从而发出比基本频率强得多且分布又比较集中的谐音。

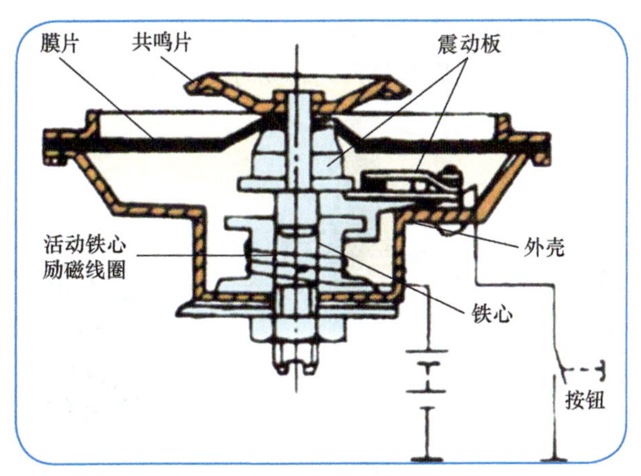

图 6-35　盆形电喇叭

四、电喇叭控制线路

电喇叭控制线路如图 6-36 所示，按下喇叭按钮时，蓄电池便给喇叭继电器线圈提供小电流，使继电器铁心产生电磁吸力，将继电器触点闭合，接通了双音电喇叭，喇叭发音。当松开喇叭按钮时，继电器线圈电流切断，继电器触点断开，喇叭电路切断而停止发音。

五、电喇叭的调整

电喇叭的调整（见图 6-37）包括音调和音量的调整。音调的调整靠调整衔铁与铁心间的气隙来实现，铁心气隙小时，膜片的振动频率高（即音调高），气隙大时，膜片的振动频率低（即音调低）。铁心气隙值一般为 0.7 ~ 1.5mm。调整方法：松开锁紧螺母，转动下铁心，使上、下铁心间的间隙调至合适量，拧紧锁紧螺母即可。

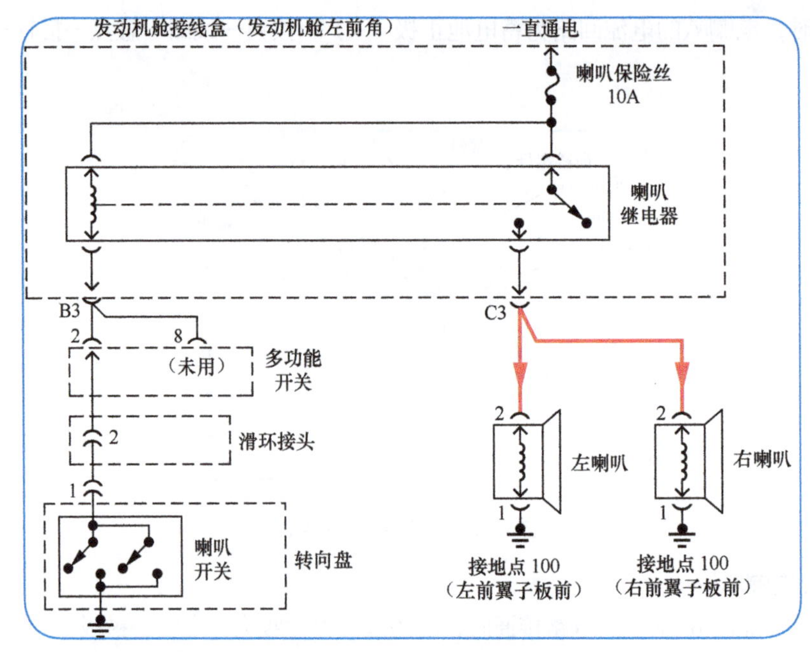

图 6-36　喇叭控制线路

音量的调整靠调整喇叭内触点顶压力（即控制喇叭线圈的电流大小）来实现，触点的接触压力增大时，喇叭的音量则变大，反之音量变小。调整方法：旋转音量调节螺钉，逆时针方向转动时，触点压力增大，音量增大，顺时针方向转动时，触点压力减小，音量减小。

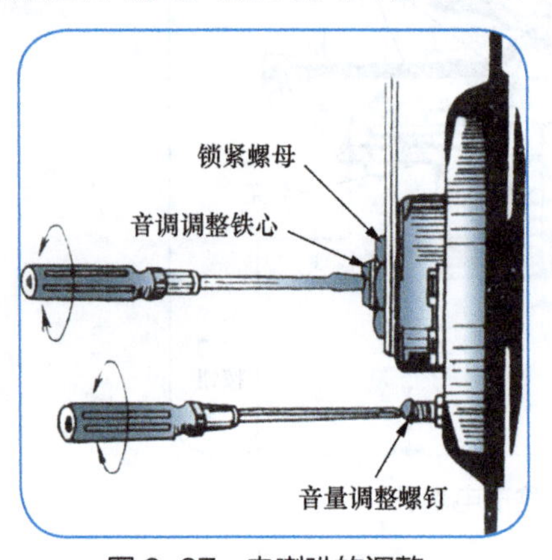

图 6-37　电喇叭的调整

六、喇叭电路的常见故障诊断

1. 喇叭不响

按下喇叭按钮，喇叭不响的原因有按钮触点烧蚀、接触不良、继电器触点接触不良、引线脱落、熔丝烧断、电喇叭内部不良等原因，应逐一排查。

2. 电喇叭常响

电喇叭常响的常见原因有按钮卡死，继电器触点烧蚀、继电器按钮线搭铁。遇常响故障时，应及时拔下喇叭熔丝，制止长鸣现象，然后按上述原因所在部位进行检查。

3. 喇叭变音

喇叭变音的常见现象是双音变单音，这种故障只要查出单只不响的原因加以调整和更换即可消除。

提示

一般发动机起动前，常出现喇叭声音沙哑这种情况，多数是由于蓄电池亏电造成的。如果起动发动机后，待到蓄电池电量充足，发动机运转正常且达到中速以上时，再按喇叭按钮，喇叭声音恢复正常，就无需检查调整了。

若变音是喇叭发哑时，应检查膜片厚度是否不均匀、破裂，高低音膜片是否混用（高音喇叭膜片较厚）；扬声筒或共鸣板是否破裂；铁心空隙间隙是否不当；触电压力是否不当；震动部件是否连接不当。

任务实施

通过以上学习，掌握了有关汽车喇叭的相关知识，下面通过分步演示，来体会一下汽车喇叭控制线路检修的真实工作过程。

步骤一：检查喇叭，看喇叭是否损坏，可通电进行测试，若喇叭损坏则更换喇叭

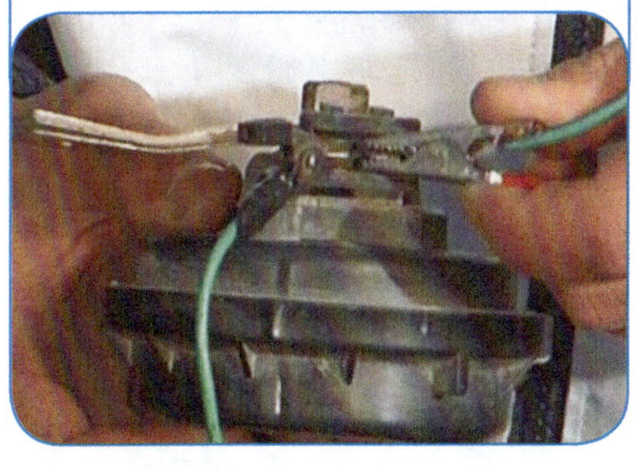

步骤二：用万用表或试灯检查喇叭供电及搭铁是否正常

步骤三：检查喇叭继电器是否正常，若不正常则更换喇叭继电器

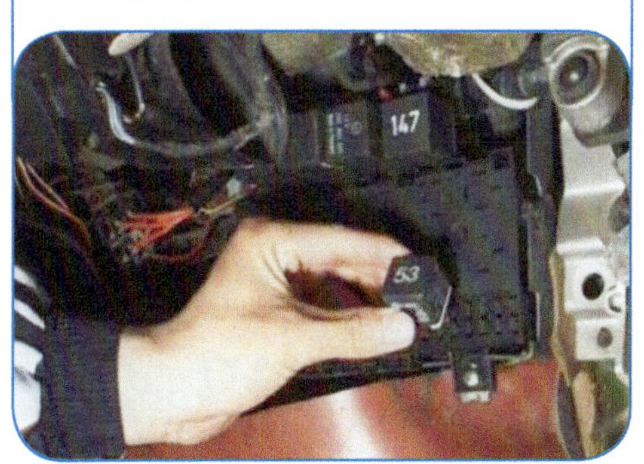

步骤四：找到喇叭保险丝，检查喇叭保险是否熔断

步骤五：检查喇叭至继电器及喇叭继电器至保险线路是否断路

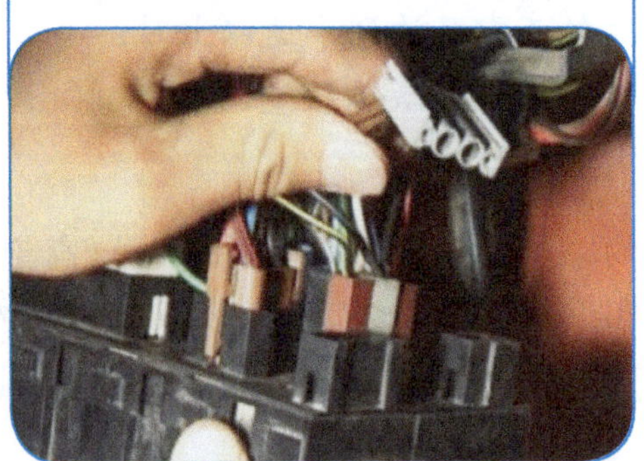

步骤六：拆下转向盘护盖，检查喇叭开关是否正常

提示

电喇叭耗电量过大，一般从电流表上可以观察到。当按下喇叭按钮时，虽发出声响，或有时不响，但电流表指针的摆动量比正常耗电量时的摆动量要大得多，且当夜间行车时，一按喇叭按钮，灯光马上暗淡下来，给人的感觉更为明显。

注意事项

（1）若喇叭损坏，更换的新喇叭不需要进行调整。

（2）喇叭调整时，一定要注意边调整边按喇叭按钮进行试验，以防调整过大。

喇叭的检查与更换作业工单 维修班组：______ 维修技师甲：______ 维修技师乙：______ 质检员：______		
整车型号		
车辆识别代码		
发动机型号		
任务	作业记录内容	备注
一、前期准备	正确组装三件套（转向盘套、座套、换挡手柄套）、翼子板布和前格栅布。□ 工位卫生清理干净。□	
二、操作步骤	1. 按下喇叭开关，如果声音洪亮，说明其工作正常，如果无声音，则检查保险、继电器及喇叭开关有无损坏。 2. 如果喇叭声音小或嘶哑，则检查喇叭，调整音量。 3. 关闭点火开关，打开发动机舱盖并可靠支撑。 4. 拆下前保险杠，并拔下喇叭接线插头。 5. 用扳手拆下喇叭固定螺母，取下喇叭。 6. 用万用表____挡，检测喇叭两接头之间的电阻，阻值为____欧姆，如果阻值为无穷大，则喇叭已损坏。 7. 通过螺丝刀拧到音量调整螺钉，也可使音量变大，也可使音量减小。 8. 安装喇叭及接线插头，测试喇叭工作情况。 9. 安装前保险杠。	
三、竣工检查	将工具及物品摆放归位□ 汽车整体检查（复检）□ 整个过程按 6S 管理要求实施□	
工单记录员：______ 车间主任：______ 客户签字：______ 维修时间：______		

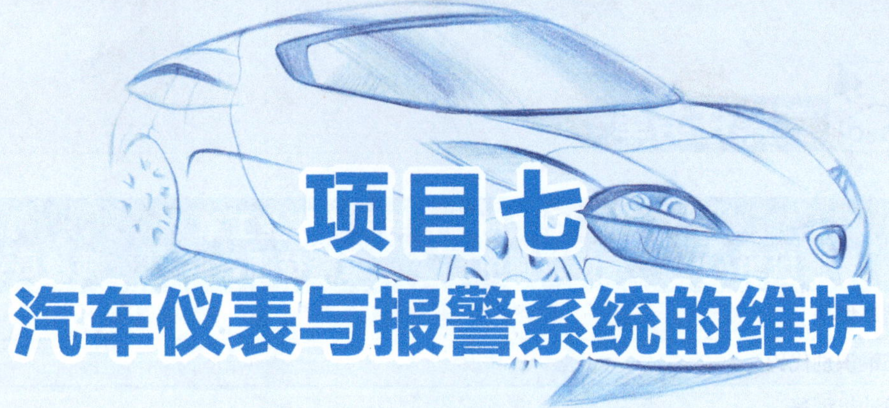

项目七 汽车仪表与报警系统的维护

项目引入

卡卡舅舅家修理厂来了一辆上海大众帕萨特轿车，行驶1年，里程不到20 000km，最近出现仪表灯不亮的现象。舅舅让他给看一下，卡卡想露一手，但这样问题该怎样解决呢？

任务一　仪表与报警系统的基础知识

学习目标

（1）掌握普通仪表系统的组成电路及工作原理。

（2）掌握普通仪表传感器的结构和工作原理。

相关知识

为了便于驾驶员随时了解汽车，特别是发动机的各种工作参数是否正常，汽车上都设置有各种仪表。仪表是车辆和驾驶员进行信息沟通的最重要和最直接的人机界面，能使驾驶员随时掌握车辆的各种工作状况，保证行车安全，并及时发现和排除车辆存在的故障。

传统汽车仪表采用的是机械式或机电结合式仪表，存在着显示信息量少，视觉特性不好，易使驾驶员疲劳，准确率低等缺点，难以满足人们对汽车性能越来越高的要求。随着新型传感器、电子显示器件以及电子技术在汽车上的广泛应用，仪表电子化成为显示汽车信息的主要形式，电子显示组合仪表逐渐成为汽车仪表发展的主流，如图7-1所示。

现代轿车智能组合仪表越来越多，随着仪表智能化和集成化，仪表显示原理也发生了极大变化。仪表各表头不再由各传感器直接驱动，而是传感器将各种信号提供给仪表电脑，通过电脑统一计算后，由仪表电脑微处理器直接驱动各表进行显示。

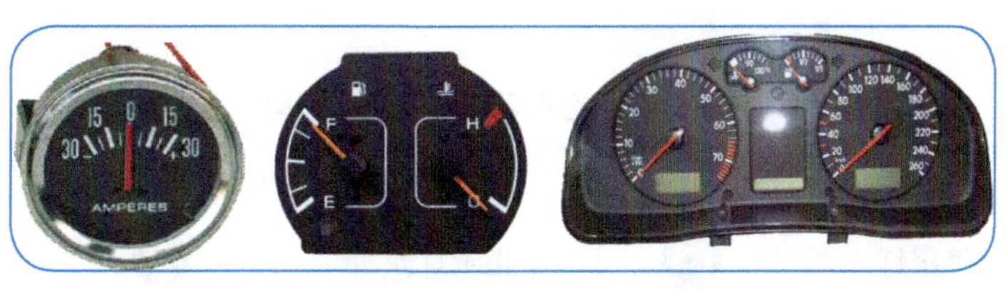

（a）传统式仪表　（b）模拟电路式仪表　（c）数字电路式仪表

图 7-1　仪表盘的发展

一、仪表组成

汽车仪表通常都安装在仪表盘上组成一个总成，称为组合仪表盘。仪表盘因车型的不同其外观也不同。但其基本构成却大同小异，包括有转速表、车速表、里程表、燃油表等各种仪表和转向指示灯、故障指示灯等多种指示灯，如图 7-2 所示。

图 7-2　汽车组合仪表盘

认识仪表指示灯

发动机转速表——指示发动机运转的速度。汽油发动机转速表一般从点火系统中获取发动机的转速信号。

车速里程表——指示汽车行驶速度和累计行驶里程数。

车速表——指示汽车行驶速度。它是利用车速传感器的测量信号，计算并显示汽车时速大小的。

冷却液温度表——指示发动机冷却液温度。信号取自于发动机上的水温传器。

燃油表——指示汽车燃油箱内的存油量。信号取自于油箱中的浮子式燃油量传感器。

二、状态指示灯和报警指示灯

为显示汽车各个系统的工作情况，防止不良工况的恶化，及时直观地提醒驾驶员注意，保证行车安全，从而设置了状态指示灯和报警指示灯，以及提供声音报警信号的蜂鸣器。

状态指示灯和报警指示灯一般都集成在组合仪表内。灯泡多采用 2W 的小白炽灯泡或者发光二极管，在灯泡前有滤光片，以使灯泡发黄或发红。其图形符号和颜色都沿用由国际通用的标准，如表 7-1 所示。

表 7-1　　状态指示灯和报警指示灯

图形	说明	图形	说明	图形	说明
	制动警报灯		充电指示灯		门控指示灯
	制动盘报警灯		机油压力报警灯		水温过高报警灯
	清洗液指示灯		燃油量过低报警灯		O/D 挡指示灯
	ABS 故障指示灯		安全气囊故障指示灯		发动机故障指示灯
	安全带指示灯		内循环指示灯		前后雾灯
	远光指示灯		转向指示灯		示宽（小灯）

（1）报警指示灯点亮后有红色和橘黄色两种，你知道为什么设置两种颜色吗？

（2）你知道什么指示灯是红色的，什么指示灯又是橘黄色的吗？

三、仪表信号传输原理

1. 直接显示式仪表

常规仪表中的各个显示系统均通过仪表传感器的信号传输到仪表中，通过仪表电热式或电磁式感应元件显示出来。以电子式车速表为例，电子式车速里程表主要由车速传感器、电子电路、车速表和里程表四部分组成。图 7-3 所示为奥迪 100 型轿车的电子式车速里程表。

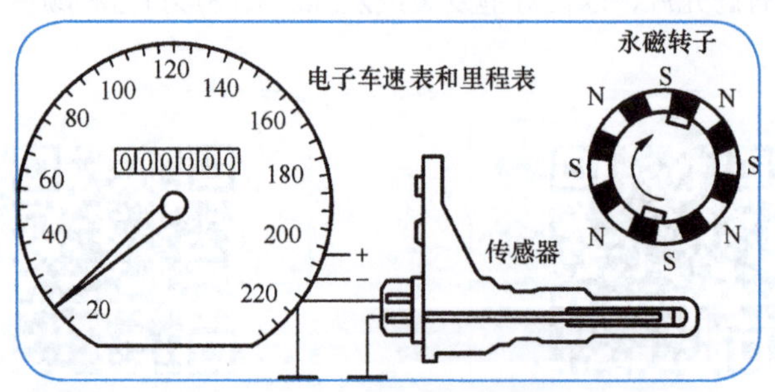

图 7-3　电子式车速表与干簧式车速传感器（奥迪）

车速传感器的作用是产生正比于车速的电信号。它由一个舌簧开关和一个含有 4 对磁极的转子组成。变速器驱动转子旋转，转子每转一周，舌簧开关中的触点闭合、打开 8 次，产生 8 个脉冲信号，该脉冲信号频率与车速成正比。电子电路作用是将车速传感器送来的电信号整形、触发，输出一个电流大小与车速成正比的电流信号。

车速表是一个电磁式电流表，当汽车以不同车速行驶时，从电子电路接线端输出的与车速成正比的电流信号便驱动车速表指针偏转，即可指示相应的车速。

里程表由一个步进电动机和六位数字的十进位数字轮组成。车速传感器输出的信号，经 64 分频后，再经功率放大器放大到足够的功率，驱动步进电动机，带动数字轮转动，从而记录行驶的里程。

作为 2000 年以前的主流技术，此种直接显示式仪表已经越来越少，在现卖的车型中已不再出现。

2. CAN-BUS 信号传输系统

控制器局域网（Controller Area Network，CAN）是国际上应用最广泛的现场总线之一。最初，CAN 被设计作为汽车环境中的微控制器通信，在车载各电子控制装置与 ECU 之间交换信息，形成汽车电子控制网络。例如，发动机管理系统、变速箱控制器、仪表装备、电子主干系统中，均嵌入 CAN 控制装置。

首先各系统从传感器采集并预处理为 CAN 网络使用的数字信号，然后各系统电脑将大量信号发送到 CAN 总线网络上，这时有需求的电脑终端可从中取得各种信号。仪表作为汽车中非常重要的 CAN-BUS 结点终端，随时与网络进行大量的数据交换，并将重要车辆信息显示出来提供给车主参考驾驶，如图 7-4 所示。

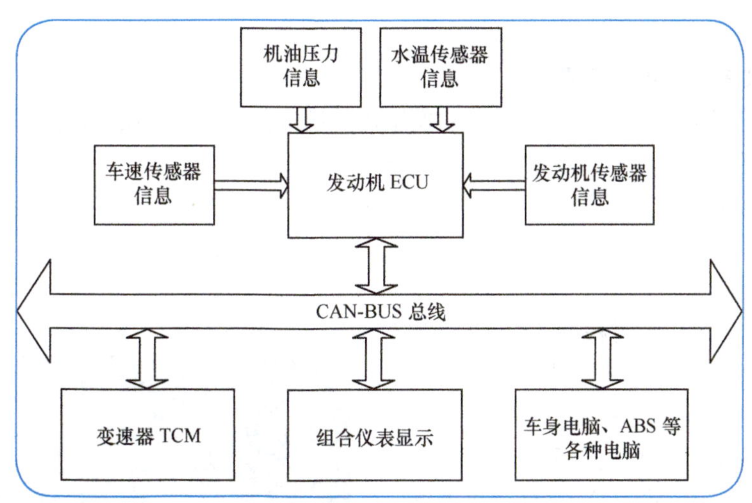

图 7-4　CAN-BUS 信号传输系统

四、仪表与报警系统的常见故障

现代汽车仪表正在经历更新换代，机械或数字式仪表都有其常出现的故障，具体表现有：

① 仪表背景灯泡不亮。

② 转速表、车速表、水温表卡滞。

③ 里程表显示不正确。

④ 指示灯误报警。

⑤ 行车电脑显示异常。

任务二　组合仪表的更换

学习目标

（1）能对组合仪表的故障进行排除，并能正确地更换组合仪表总成。

（2）能对仪表传感器进行更换和故障排除。

相关知识

汽车仪表常见的故障有：

① 所有仪表无指示。

② 某个仪表无指示或指针移动不正常。

③ 仪表显示不准确。或某个指示灯常亮或不亮。

若两个或以上仪表同时不工作时，应先检查仪表熔丝和电源稳压器是否有故障。

若单个仪表不工作时，应先确定故障是在传感器还是在仪表在。

若线路、机械传动装置及传感器工作正常，而仪表不工作或工作不正常，则应更换仪表。

一、组合仪表的介绍

1. 组合仪表的特点及组成

现代组合仪表最突出的特点是功能的模块化。通常要组装一块仪表，只需将几个功能模块在定制 PCB 的基础上联合起来，就可以得到一个完整的系统。

目前仪表以指针式仪表为主，各个表头（最常见的有车速表、转速表、温度表、燃油表）都是独立的模块，提示 / 报警指示灯由 PCB 板上的灯泡或者发光二极管实现。图 7-5 所示为帕萨特的汽车组合仪表。

2. 组合仪表的工作过程

电子式组合仪表各个表头均采用步进电动机驱动。背景光照明灯和提示 / 报警指示灯采用发光二极管，里程显示采用液晶显示屏（LCD，逐点或段码显示）。各信号进入仪表经由单片机处理后驱动步进电动机转动从而带动指针转动。LCD 中还可以显示平均油

图 7-5　帕萨特汽车的组合仪表

耗、油箱余油量可行驶里程数、挡位，做成一个较简单的行车电脑，如图 7-6 所示。

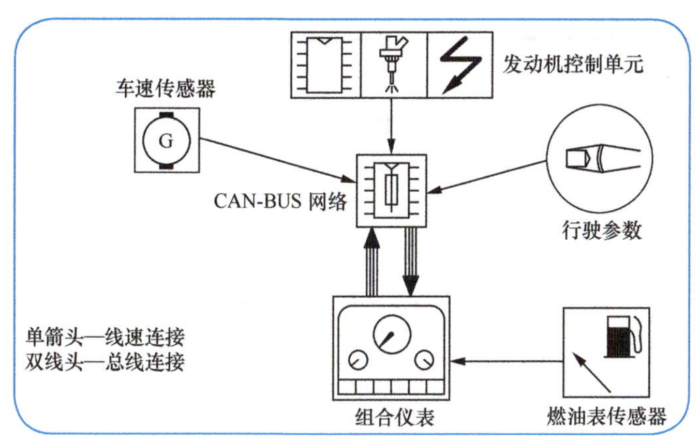

图 7-6　组合仪表的工作过程

如图 7-7 所示，电子式组合式仪表盘中各个仪表不单独密封，它们被装在一个大的仪表板外壳中，组成一个密封的整体，这样分解和更换方便。若照明、报警或指示用灯泡和发光二级管损坏，从仪表盘外面就可将灯泡更换。

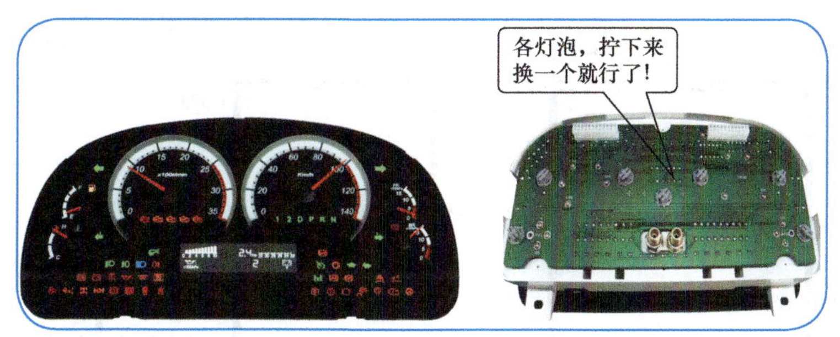

图 7-7　组合仪表正反面对比

二、组合仪表常见故障分析

（1）在行车过程中出现表头指针回零（仪表自动复位）、表头指针停在某一刻度不动（仪表死机）的问题（点火开关回到“OFF”挡，再重新打开，仪表又正常工作）。针对此现象，问题一般都是组合仪表的电源受到了干扰。组合仪表有两个电源：蓄电池电源和点火开关电源。

（2）水温、燃油量指示不准。此问题的出现一般是水温或燃油传感器故障，可对传感器进行单体测试，校验其各个检测点是否符合标准。如果不符合，则更换图 7-8 所示电路中的相应位置的传感器即可。

（3）报警指示灯不亮。此问题的故障一般有三种：第一是线束故障，出现断路；第二是发光二极管坏掉；第三是发光二极管前端的限流电阻损坏，仪表内部断路。将组合仪表不亮的指示灯引脚直接接地或电源，如果灯亮，说明是仪表外部线路故障，只能通过检查线路（如类似图 7-9 所示的组合仪表线路）来排除故障，如果灯不亮，说明是仪表内部故障，则需要更换组合仪表。

（4）提示、报警指示灯常亮（在指示灯相关系统实际没有故障时）。此问题的故障一般有两种：一种是外部线路有短路故障，另一种是仪表内部出现短路。

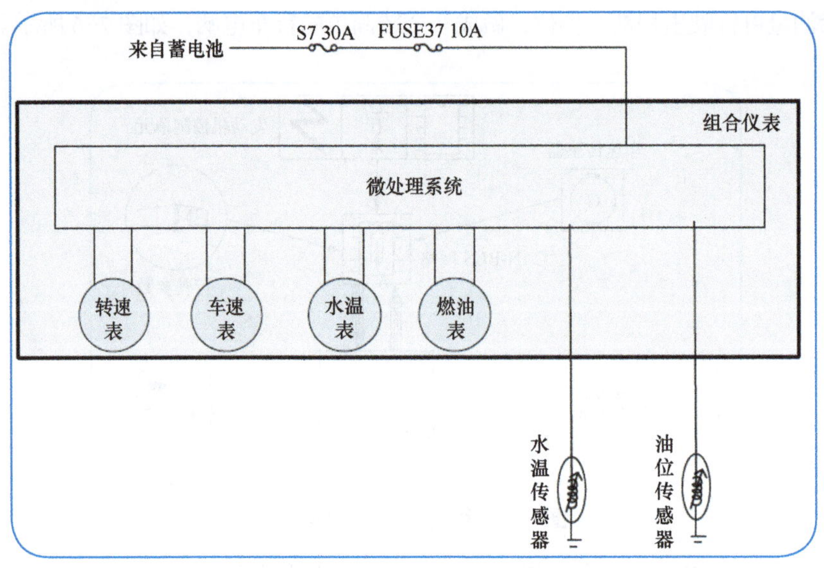

图 7-8　现代组合仪表的工作原理

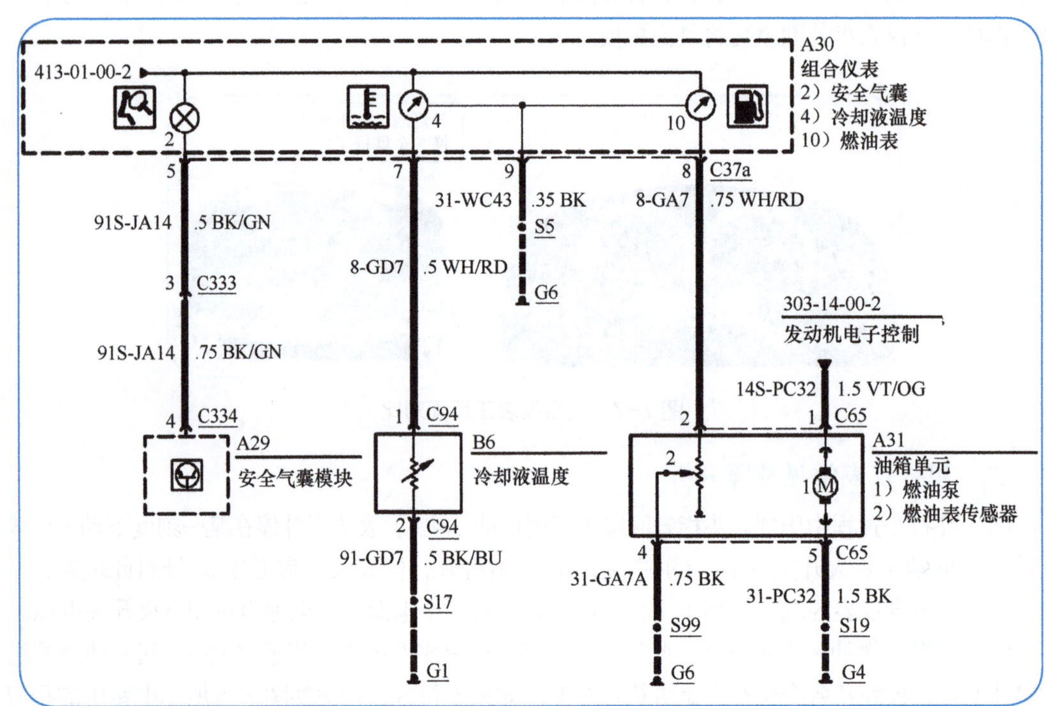

图 7-9　组合仪表部分电路

三、组合仪表的拆装及注意事项

① 拆装组合仪表时，应先拆下蓄电池负极电缆，以免手触摸仪表盘后面时造成线路短路。

② 拆组合仪表装饰面板时，由于固定螺钉一般是隐蔽的，因此要仔细查找固定螺钉，否则强行拆卸将会损坏装饰面板。

③ 拆装仪表及传感器时，注意动作要轻，不要敲打。

④ 仪表与传感器的接线、传感器的搭铁必须可靠。

⑤ 电磁式仪表的接线柱有极性之分，不得接错。

任务实施

通过以上学习，掌握了有关汽车仪表的相关知识，下面以桑塔纳 2000 轿车为例，通过分步演示，来体会一下组合仪表更换的真实工作过程。

步骤一：将点火开关切断，拆下蓄电池上的搭铁电缆

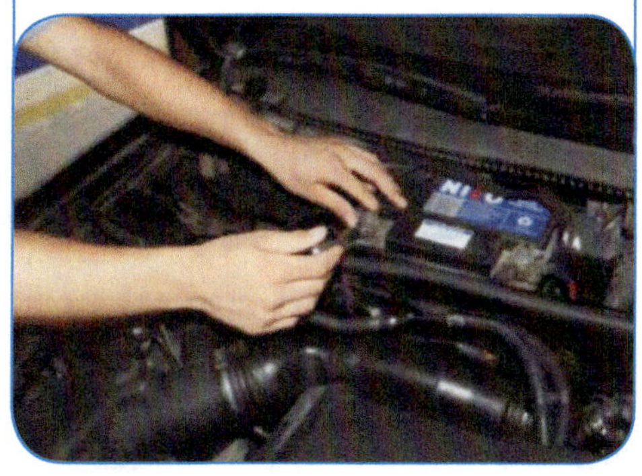

步骤二：拆下转向盘喇叭按钮盖，旋下中心螺母，拆下转向盘（有些汽车可不拆）

步骤三：拆下组合开关上下盖板，拆下组合仪表面罩

步骤四：旋出组合仪表支座上的固定螺钉

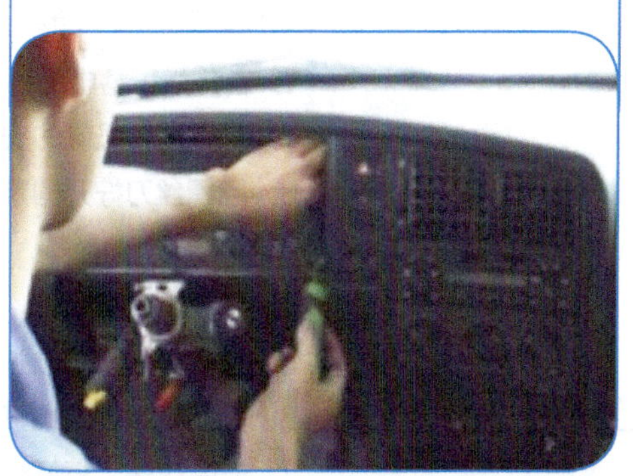

步骤五：抓住仪表盘，卸下仪表盘后面的插接器，取下仪表盘

步骤六：组合仪表的安装过程，与拆卸过程相反，装好后打开点火开关进行测试

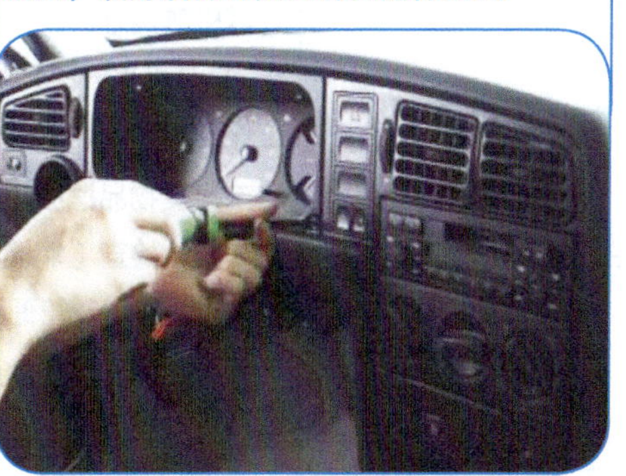

折装组合仪表时，应注意插接器（及车速里程表软轴接头）一般带锁止机构，拆时切忌强行拉扯，装复时应确保安装到位。

实操任务单

组合仪表的更换作业工单 维修班组：_____ 维修技师甲：_____ 维修技师乙：_____ 质检员：_____		
整车型号		
车辆识别代码		
发动机型号		
任务	作业记录内容	备注
一、前期准备	正确组装三件套（转向盘套、座套、换挡手柄套）、翼子板布和前格栅布。□ 工位卫生清理干净。□	
二、操作步骤	1. 首先拆下蓄电池______电缆线。 2. 拆卸驾驶员侧的安全气囊装置和转向盘。 3. 用螺丝刀拧开固定的六个十字螺丝钉，取下组合开关上下防护盖。 4. 拧松内六角螺钉，取下插头，取出组合开关。 5. 拧出螺丝，取出护板盖子。 6. 拧出仪表固定螺钉，取出组合仪表。 7. 安装仪表，插好后方控制插头，并固定。 注意：仪表应完全安放到位，否则会出现缝隙。 8. 安装组合开关、转向盘及安全气囊，连接插头，保证其接触良好。 9. 打开点火开关，测试仪表，另外，灯光喇叭工作应工作正常。	
三、竣工检查	将工具及物品摆放归位。□ 汽车整体检查（复检）。□ 整个过程按 6S 管理要求实施。□	
工单记录员：______ 车间主任：______ 客户签字：______ 维修时间：______		

项目八 汽车安全舒适系统的检修

项目引入

卡卡舅舅家修理厂来了一辆现代伊兰特轿车，行驶2年，里程不到35 000km，最近出现刮水器不工作的现象。舅舅让他给看一下，卡卡想露一手，但这样问题该怎样解决呢？

任务一 辅助电器的基础知识

学习目标

（1）掌握几种辅助电器的作用，了解其各自的使用方法。

（2）了解几种辅助电器的结构、组成及电路分析方法。

（3）掌握典型车型辅助电器的故障诊断及排除方法。

相关知识

汽车技术正向电子化、智能化、电动化和网络化方向快速发展，电气设备与系统的新技术层出不穷。汽车局域网和自动化技术在汽车中的大量应用使汽车电气辅助系统功能越来越强，从而提高了乘坐的舒适性和汽车的安全性。

辅助电气系统主要包括电动刮水系统、风窗玻璃洗涤系统、玻璃升降系统、电动风扇、电动座椅、电动后视镜，汽车除霜器系统等，如图8-1所示。

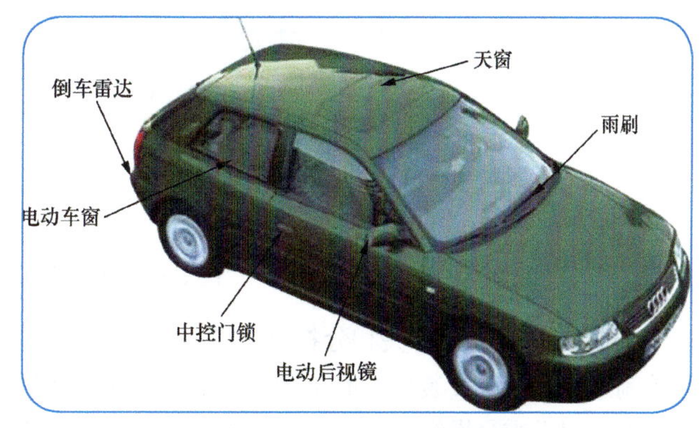

图8-1 汽车上的辅助电气系统

随着汽车技术的发展，辅助电气系统将日益增多，主要是向舒适、娱乐、安全保障方面发展。

一、电动刮水系统

刮水器（见图 8-2）的功用是用以清扫风窗玻璃上的雨水、积雪或尘土，以确保驾驶员有良好的视线。所有车型都配有前刮水器，较高档车型还配有后刮水器，个别中档轿车或高档轿车还配有带雨量传感器的刮水器等。

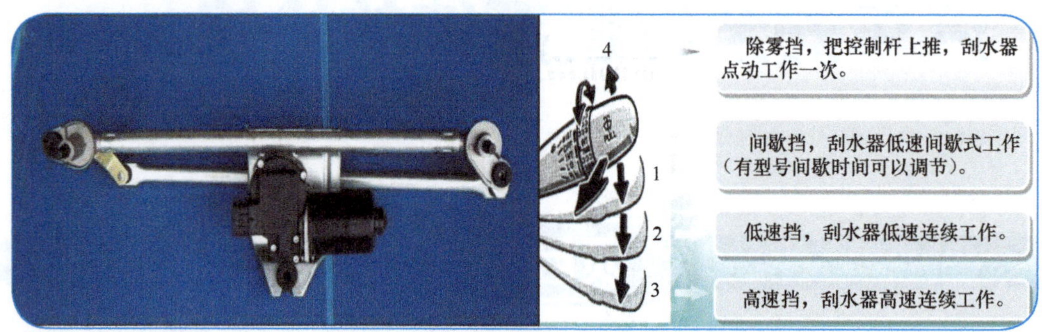

图 8-2　刮水器

二、风窗璃洗涤系统

风窗玻璃洗涤系统（见图 8-3）的作用是向风窗玻璃表面喷洒水或专用洗涤液，使之与刮水器配合工作，清除风窗玻璃表面的灰尘等，保持风窗玻璃表面的清洁，让驾驶员获得良好的视线。

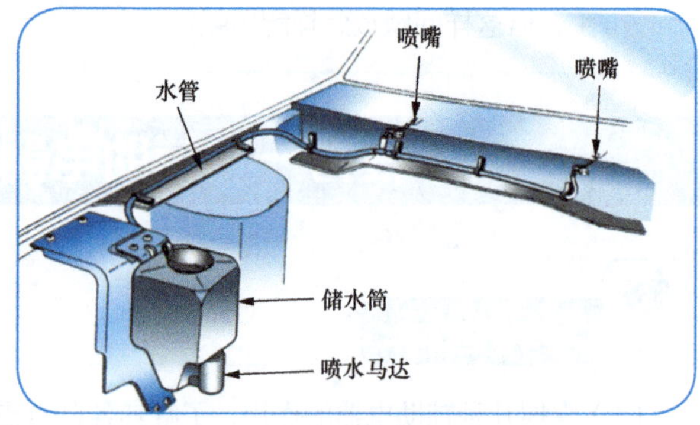

图 8-3　风窗玻璃洗涤系统

三、玻璃升降系统（电动车窗）

电动车窗（见图 8-4）控制系统主要由门窗、玻璃升降器、电动机、开关（主控开关、分控开关）等组成。

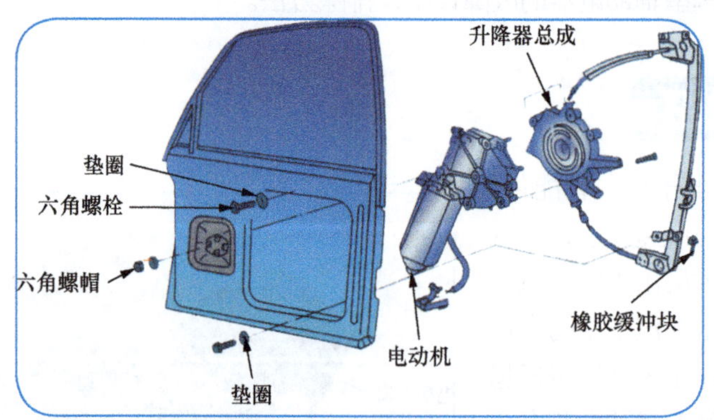

图 8-4　电动车窗

控制开关有主控开关和分控开关两种，如图 8-5 所示。主控开关用于驾驶人操纵电动车窗控制系统，一般安装在左前车门把手上，或变速杆附近。分控开关安装在乘员侧车窗中部或车门把上用于乘员操纵，主控开关上还安装有控制分开关的安全开关，如果断开它，分开关就不起作用。

四、电动风扇

电动风扇（见图 8-6）主要用来冷却发动机冷却水，装在散热器的后面。对于带空调的车辆，电动风扇同时用于冷却空调冷凝器。

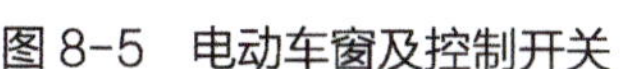
图 8-5　电动车窗及控制开关

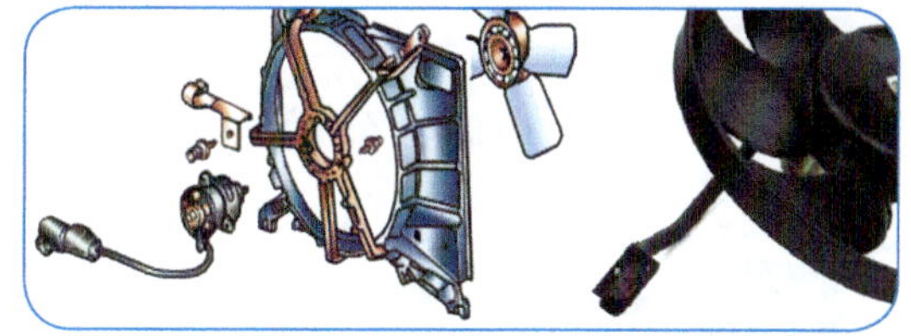
图 8-6　电动风扇示意图

五、电动座椅

电动座椅（见图 8-7）又称动力座椅，它以电动机为动力，通过传动装置和执行机构对座椅的前后、靠背的角度以及头枕的高度等进行电动调节，使驾驶人和乘客的座椅获得理想的位置。

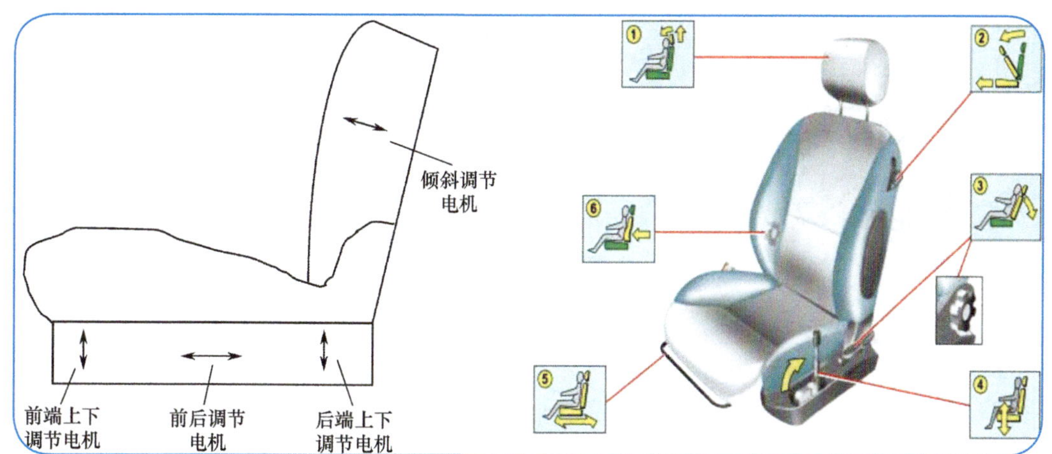

（a）电动座椅控制方向

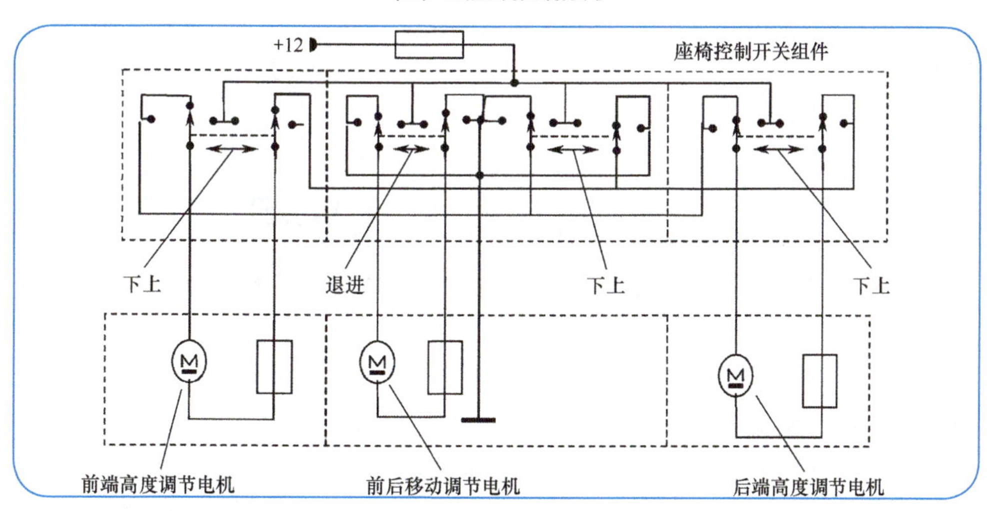

（b）电动座椅控制电路

图 8-7　电动座椅

座椅电动机采用永磁式结构，利用调整开关可控制电流流经电动机的方向。典型的调整开关由一个四位置扳钮开关和一对位置开关组成，四位置扳钮开关用来调整前、后和上、下的位置，两只两位置开关分别调整座椅的前俯和后仰。

带存储功能的电动座椅采用了微机控制能将选定的座椅调节位置进行存储，只要按指定的按键开关，座椅就会自动地调节到预先选定的座椅位置上。

如图 8-8 所示，在现代轿车中，驾驶位座椅一般为八方向电动调节座椅。整体前后移动调节、座垫前部上下高度移动调节、座垫后部上下高度移动调节、靠背角度调节。

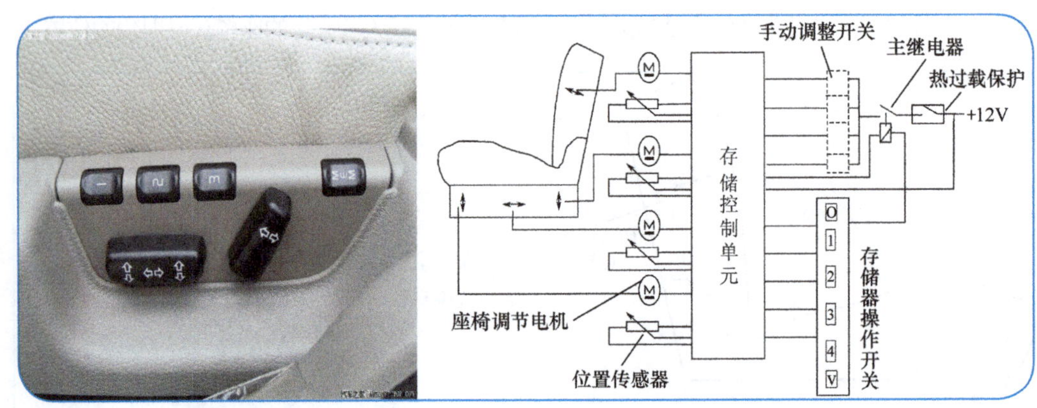

（a）电动座椅八向调节示意图　　（b）电动座椅控制电路

图 8-8　八方向调节电动座椅

六、电动后视镜

许多汽车安装了机械式或电动后视镜（见图 8-9），这样驾驶员就可以方便地对左右后视镜的角度进行随意调节。目前电动后视镜运用比较多，故这里重点介绍电动后视镜，它是由调整开关、电动机、加热设备、传动执行机构等组成。

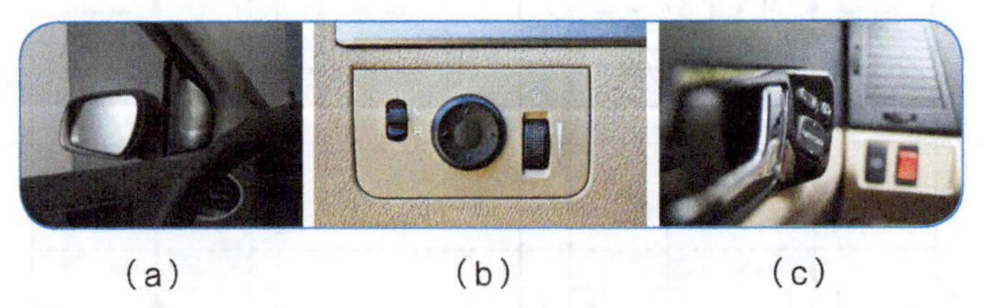

（a）　（b）　（c）

图 8-9　普通电动后视镜

电动后视镜（见图 8-10）的控制开关安装在左前门内侧把手上方。当点火开关置于“ON”时，将控制开关球型钮旋转，以选择所需要调整的后视镜。在控制开关面板上印有 L、R，L 表示左侧后视镜，R 表示右侧后视镜，中间则是停止操作 。选择好需要调整的后视镜后，只要上、下、左、右摇动开关的球型钮，就可以调整后视镜反射面的空间角度。调整工作完毕，可将开关转回中间位置以防误碰。

（a）左后视镜总成

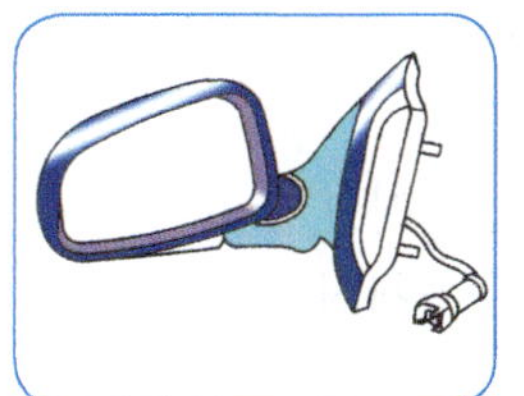

（b）电线接头

（c）控制开关

图 8-10　电动后视镜及控制开关

七、汽车除霜器系统

如图 8-11 所示，在较冷的天气下，空气中的水分会在冷的风窗玻璃上凝结成细小的冰雾，影响驾驶员的视线，故需要对风窗玻璃加热。现在比较常见的做法是在后风窗上设计电热丝对风窗进行加热，但由于电热丝功率较大，故系统电路中要配置大电流保险丝和控制继电器。风窗除霜系统由控制开关、继电器、指示灯以及风窗上的上的加热丝组成，有些车型使用定时系统自动关闭加热电路。

八、点烟器

点烟器（见图 8-12）外部是金属，也就是负极中间有电热丝与外部金属相连接。当你按下点烟器时，中心圆点会与汽车内置的铜片相结合，也就是说与正极相连接。点烟器是通过电阻来加热的，当你把点烟器压入的时候，点烟器外边的一圈金属和内壁相接触，使其形成一个回路。因为入口是一个锥形的结构，受热后就弹出来了，达到点燃香烟的目的。同时，点烟器也是一个车载电源，用于车载的 MP3、手机充电等。

图 8-11　汽车除霜器系统

图 8-12　汽车点烟器（一拖三）

任务二　电动风扇的检修

学习目标

能对电动风扇的故障进行排除，并能正确更换电动风扇。

相关知识

电动风扇也叫电子扇，它是为了控制发动机水温不能过高，帮助冷却系统散热而设置的。当气温高于 98℃时，风扇开始运转以保护发动机不在过热状态下工作。

我们经常在以下情况出现时更换电动风扇。

① 出现事故，电动风扇破损时。

② 电动风扇电机损坏，导致电动风扇不转时。

③ 电动风扇扇叶动平衡损坏，导致车身发抖时。

④ 电动风扇变速电阻损坏，但不单独提供配件。

一、汽车电动风扇的结构及工作原理

1. 电动风扇的结构

汽车电动风扇（见图 8-13）主要由风扇电机、扇叶、风扇电阻等组成，主要用来降低发动机温度。电动风扇根据水温传感器信息启动低速挡或高速挡，发动机水温达到 98℃左右时，电子扇低速挡启动，水温超过 102℃时高速挡启动（各品牌车辆略有不同），待水温回到正常值以后，电子扇自动停止运转。

图 8-13　汽车电动风扇

电动风扇为降低散热器温度而工作，散热器温度受两个方面影响：一方面是发动机缸体及变速箱等的冷却；另一方面是空调冷凝器的散热。空调冷凝器和散热器是两个部件，紧挨在一起，前面是冷凝器，后面是散热器。空调是车内相对独立的系统，但空调开关的起动，传递信号给电子扇控制单元，强制电动风扇转动。电动风扇一般有两个，大扇称主扇，小扇称辅助扇。

2. 电动风扇的控制形式

（1）温控开关控制形式：电动风扇根据散热器的温度，通过温控开关控制电动风扇运转，通过串接风扇电阻来实现高低速运转，如图 8-14 所示。

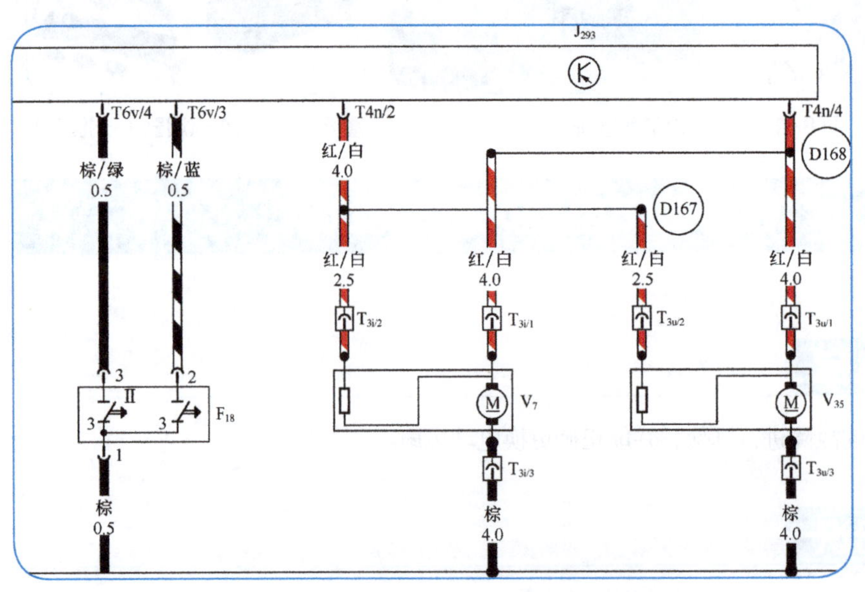

F18—热敏开关
V7—主扇
V35—辅助扇
82—接地线
D167—低速控制
D168—高速控制
J293— 散热风扇控制单元

图 8-14　温控开关风扇控制

（2）发动机电脑控制继电器式：为实现风扇高低速运转，一般都设有两个风扇继电器，电脑 ECU 通过收到发动机水温传感器的温度，从而控制高低速风扇继电器闭合，以防止发动机水温过高。其工作原理如图 8-15 所示。

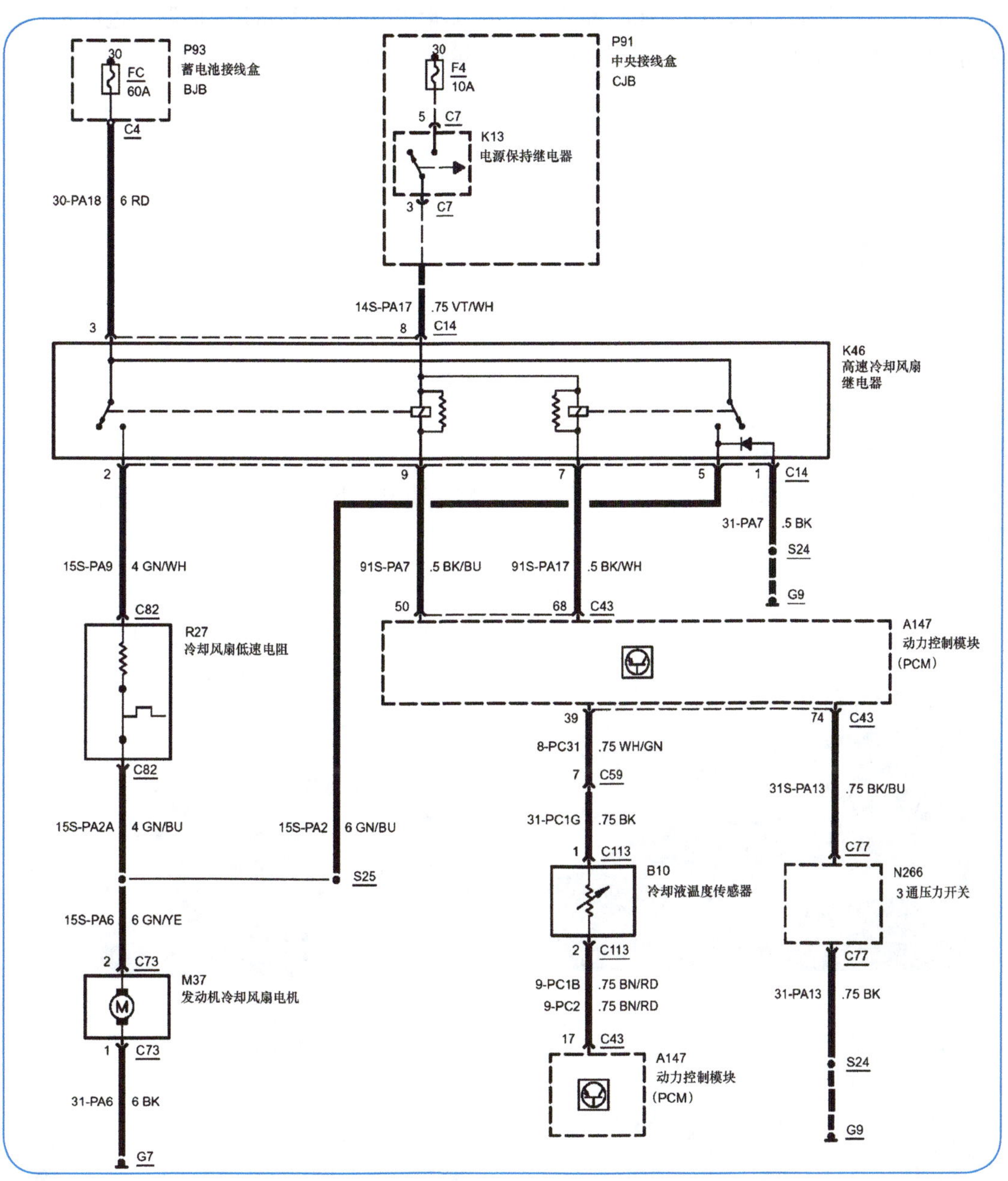

图 8-15　继电器控制风扇电路图

二、电动风扇故障检修过程

由于温控开关控制式的电动风扇几乎已经被淘汰，市面上已经很少见到，我们主要介绍发动机 ECU 控制风扇继电器工作的风扇控制电路的检修。具体检修过程如下。

① 检查风扇保险是否完好，若烧坏则需更换保险。

② 找到风扇继电器，并短接 30 号脚和 87 号脚，查看风扇工作，若风扇运转正常，说明

继电器以下到电子扇都正常。

③ 检查风扇继电器若损坏，则更换风扇继电器。

④ 再检查风扇继电器至发动机电脑线路是否断路，继电器搭铁端是否正常。

⑤ 通过②测量，如果风扇不转。检查风扇继电器到电子扇的线路是否断路，也可直接给风扇电机供电，若风扇不转，则判断电子扇故障并进行更换处理。

问题

对于由温控开关控制的电动风扇我们又该如何检查呢？

任务实施

通过以上学习，掌握了有关汽车电动风扇的相关知识，下面通过分步演示，来体会一下电动风扇检修的真实工作过程。

步骤一：若风扇转动，检查风扇继电器和风扇保险丝是否损

步骤二：拔下风扇插头，给风扇直接供电，观察风扇是否运转，若风扇不转则更换风扇

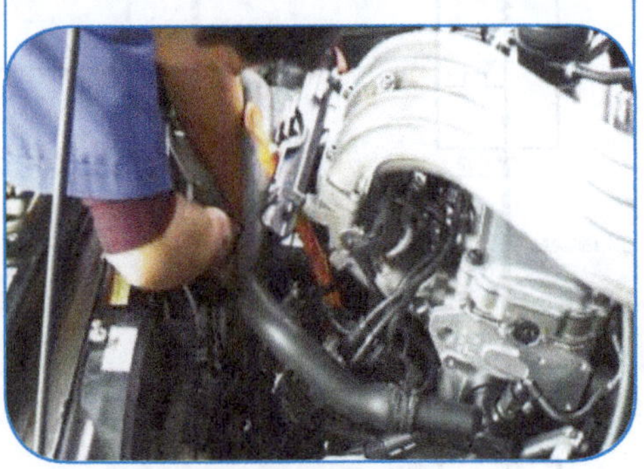

步骤三：拔开散热器水堵，放掉冷却液，拔下散热器的上下水管

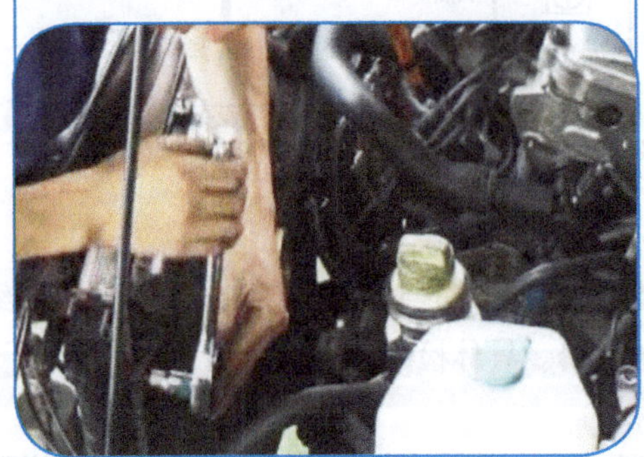

步骤四：拆下散热器的固定螺栓，取下散热器和风扇整体

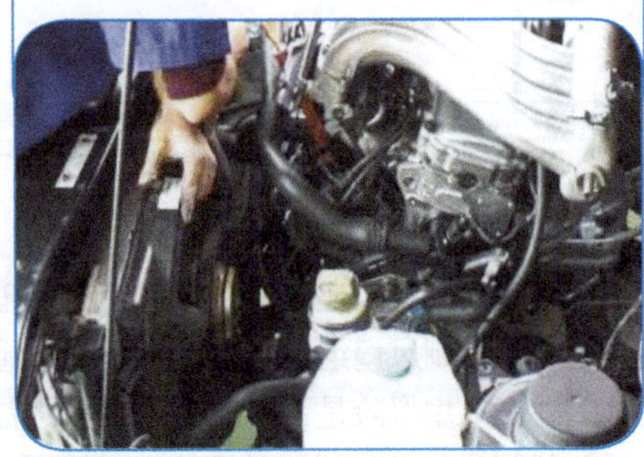

步骤五：拧下电动风扇的固定螺栓，将电动风扇从散热器上拆下

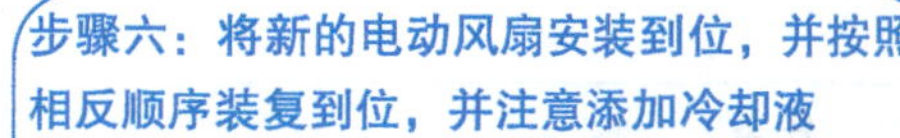

步骤六：将新的电动风扇安装到位，并按照相反顺序装复到位，并注意添加冷却液

安全操作

（1）在排放水箱冷却液时，注意观察水堵的位置（它一般位于散热器下面）并打开散热器盖。

（2）一般来说风扇的插头都比较紧，一定注意不要硬拽，以防损坏插头。

（3）在拆装散热器水管时，注意不可将水管卡箍安装在水管插头肩部。

（4）安装好风扇后必须保证风扇能够正常运转，并无杂音。

实操任务单

电动风扇的检查与更换作业工单 维修班组：______ 维修技师甲：______ 维修技师乙：______ 质检员：______		
整车型号		
车辆识别代码		
发动机型号		
任务	作业记录内容	备注
一、前期准备	正确组装三件套（转向盘套、座套、换挡手柄套）、翼子板布和前格栅布。□ 工位卫生清理干净。□	
二、操作步骤	1. 将车辆引入工位前，清理工位卫生，排除障物，准备好相关工具物品。 2. 将车辆停驻在举升机平台的位置。	

续表

任务	作业记录内容	备注
二、操作步骤	3. 拉紧驻车制动器，并将变速器置于______或______挡位置，打开发动机舱盖。 4. 把护裙粘贴在汽车翼子板上，要求护裙把翼子板全覆盖。 5. 安装转向盘套、挡杆手柄套、座套、铺设地板垫。其主要作用是______。 6. 检查蓄电池电压是否正常，电压为______，并拆下蓄电池______电缆线。 7. 检查保险丝是否熔断。 8. 拔下风扇的导线插座检测电压，正常时应具备____V电压，否则检查或更换风扇继电器。 9. 逆时针转动风扇叶外壳即可取下。 10. 直接向风扇电机通电检查是否转动，否则说明电机损坏应更换。 11. 安装电动风扇应注意： ① 风扇叶不能与其他物体接触。 ② 连接导线插座必须保证牢固，防止出现脱落现象。 ③ 起动着车，水温升高，测试风扇电机是否正运转是否正常。 12. 作业完毕，收拾工位。	
三、竣工检查	将工具及物品摆放归位。□ 汽车整体检查（复检）。□ 整个过程按6S管理要求实施。□	
工单记录员：__________ 车间主任：__________ 客户签字：__________ 维修时间：__________		

任务三　电动刮水器与洗涤器的检修

学习目标

能对刮水器和洗涤器的故障进行排除，并能正确更换刮水器和洗涤器。

相关知识

电动刮水器出现故障时，既可能是机械故障，又可能是电气线路故障。下面列出了刮水器系统与洗涤系统常出现的故障现象。

① 刮水器所有挡位都不工作。

② 刮水器无法回位。

③ 刮水器无慢速工作挡。

④ 刮水器在间歇挡不工作，其他挡位工作正常。

⑤ 洗涤器不喷水。

⑥ 洗涤器喷水角度不对。

为保证驾驶员在雨天或雪天时具有良好的视线，确保行车安全，在汽车风窗玻璃上装有刮水器。大多数汽车的前风窗上装有两个刮水片，少量汽车上只安装一个刮水片。有些汽车后窗上也装有一个刮水片，有些高级轿车的前照灯上也装有刮水片。

一、刮水器及洗涤系统的使用

1. 挡位开关的使用介绍

刮水开关（见图 8-16）挡位一般有四个挡位，分别是关闭（OFF）、间歇挡（INT）、低速挡（LO）、高速挡（HI）。风窗玻璃洗涤系统与雨刮器一同工作，向上掰动刮水开关，洗涤器工作，而且刮水器也同时工作。

图 8-16 刮水开关

有的车型还有一个挡位，刮水器开关掰到这一挡位时，刮水器只刮动一次。

2. 刮水片的更换与选用

刮水片可分为有骨刮水片和无骨刮水片，如图 8-17 所示。

刮水片在工作几个循环后，风窗玻璃必须干净且均匀，玻璃上无刮痕。如果风窗玻璃出现刮不均匀或不干净的现象，应更换刮水片。刮水片橡胶出现老化，看其外观有无异样，若有应及时更换。若刮水片表面附有油污，应用专用洗涤液清洗。选用刮水片时，应注意刮水片的长度是否符合。最好更换同等规格的刮水片，如图 8-18 所示。

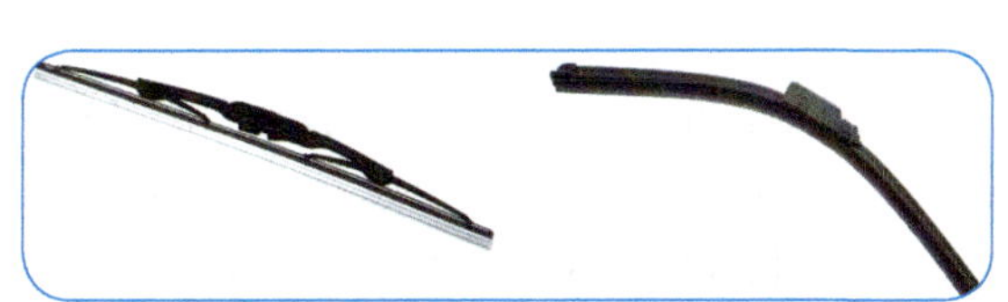

（a）有骨刮水片 （b）无骨刮水片

图 8-17 刮水片

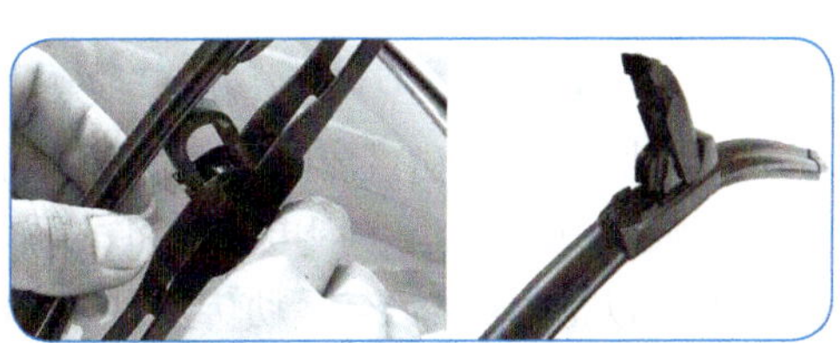

（a）有骨刮水片的更换 （b）无骨刮水片的更换

图 8-18 刮水片的更换

更换刮水片时，拆下刮水片（见图 8-19）后，一定要轻轻地将刮水臂放下，最好在风窗玻璃上垫上一块毛巾，以防将风窗玻璃打坏，如图 8-20 所示。

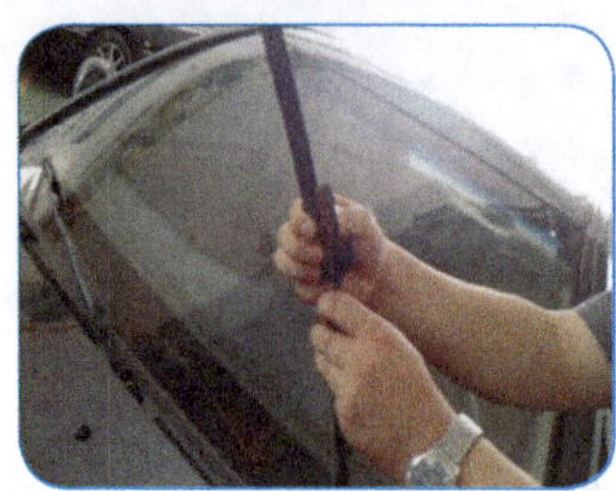

图 8-19　拆下刮水片

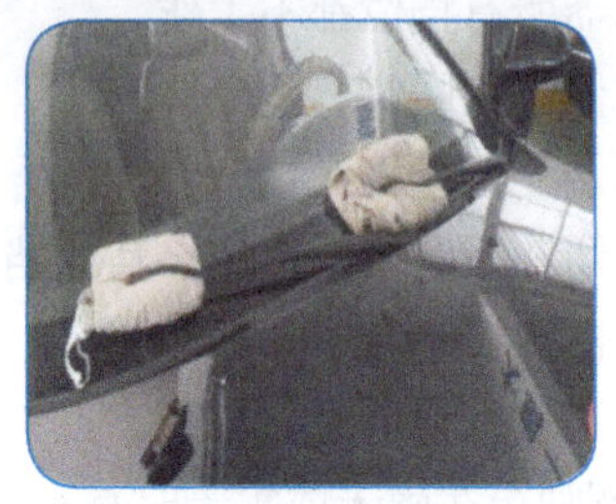

图 8-20　在风窗玻璃间垫上毛巾

3. 洗涤液的选用及喷水角度的调整

汽车上用来清洗风窗玻璃的洗涤液，俗称玻璃水，玻璃水一般由水或水与适量的添加剂组成，添加剂有助于清洁或降低冰点。例如，在水中加入 5% 的氯化钠可提高洗涤液的清洁能力。在寒冷地区，必须使用防冻的玻璃水，以防止玻璃水结冰，如图 8-21 所示。

图 8-21　添加玻璃水

一般情况下是不可以使用自来水来代替玻璃水的，这是由于自来水不具备润滑功能，清洗时雨刮片与玻璃之间会产生较大的摩擦，这不单单会加快雨刮片的摩损，还很有可能会刮花玻璃。

二、电动刮水器的结构及工作原理

电动刮水器主要由直流电动机、蜗轮蜗杆减速机构、曲柄、连杆、摆杆、摆臂、刮水片等组成，如图 8-22 所示。一般电动机和蜗杆箱结合成一体组成刮水器电机总成。曲柄、连杆和摆杆等杆件可以把蜗轮的旋转运动转变为摆臂的往复摆动，使摆臂上的刮水片实现刮水动作。

1. 刮水器直流电动机

刮水器直流电动机是电动刮水器的动力源。刮水器直流电动机的外形如图 8-23 所示。

刮水器直流电动机主要由电动机外壳及磁铁总成、转子绕组、电刷安装板、输出齿轮及蜗轮、输出臂等组成，如图 8-24 所示。通电时电枢转动，经蜗轮和输出齿轮及输出轴后，把动力传给输出臂。为了满足实际使用的需要，刮水电动机有低速刮水和高速刮水两个挡位，且在任意时刻刮水结束后，刮水片应能自动回到风窗玻璃最下端。

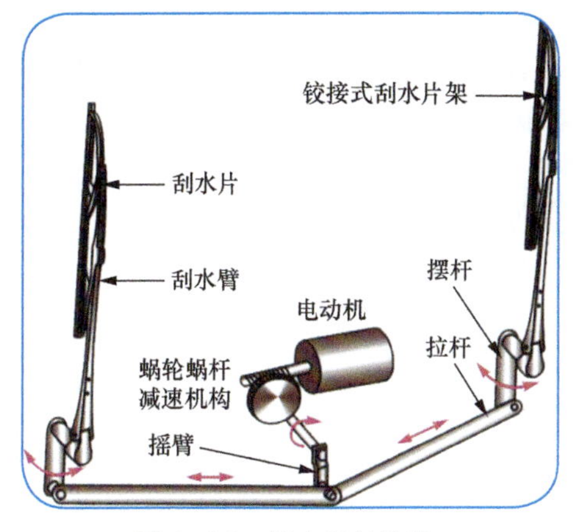

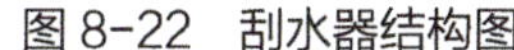
图 8-22 刮水器结构图

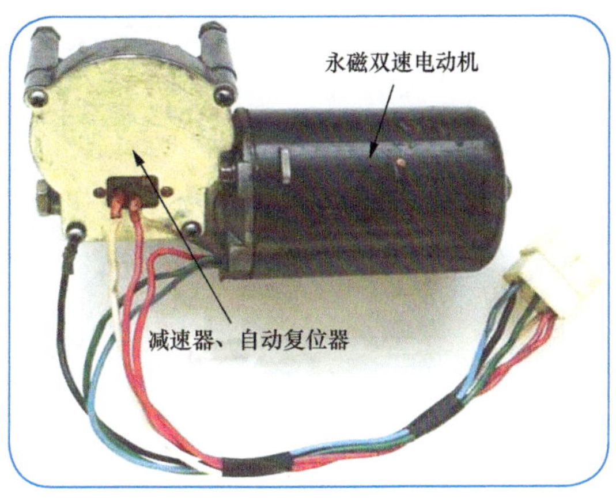

图 8-23 刮水器直流电动机

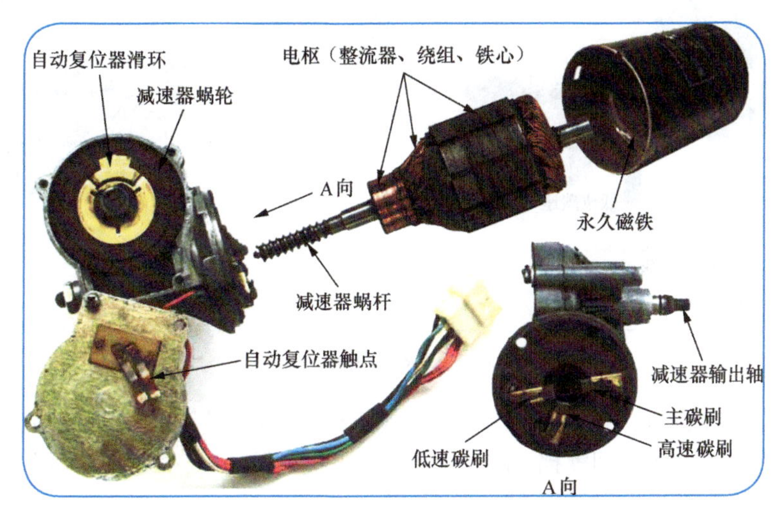

图 8-24 刮水器直流电动机结构图

如图 8-25 所示，使用三个碳刷的直流电机，它可以通过不同的供电方式来完成电机的高低速运转。当从 B 向转子供电时，碳刷两侧的磁场一样强，转子会匀速转动，当从 B1 向转子供电时，由于两对碳刷的供电方位不同，在转子两侧产生的磁场也不一样强，但永久磁场的强度没有变，此时，两个磁场相互扭转，从而提高了电机转子的转速。

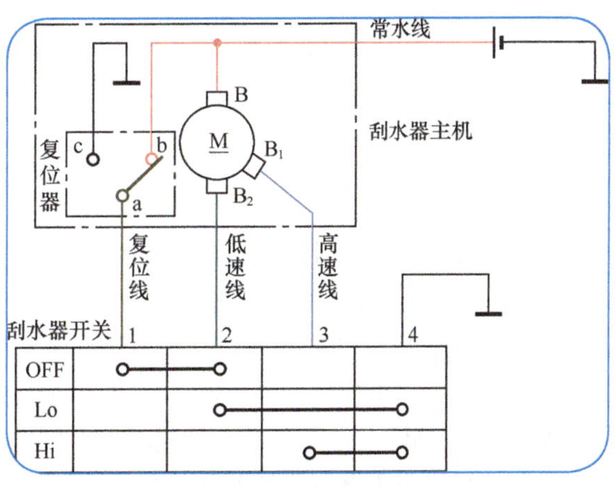

图 8-25 刮水直流电动机的转速控制原理

2. 刮水器直流电动机的自动复位和间歇控制

如图 8-26 所示，当刮水器停止工作时，为了避免刮水片停在风窗玻璃中间，影响驾驶员视线，汽车上电动刮水器都设有自动复位装置，它由减速轮上的回位盘和开关共同完成。其功能是在切断刮水器开关时，刮水片能自动停在驾驶员视野以外的位置。

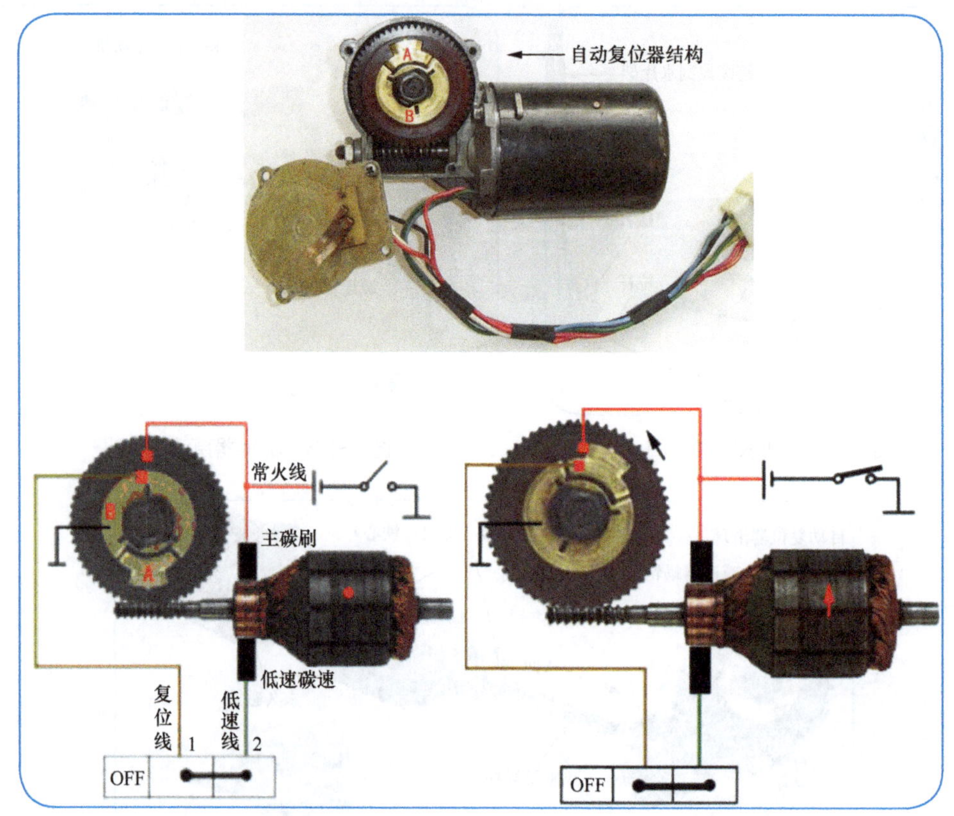

图 8-26　刮水器自动复位装置

刮水器电子间歇控制：当雨大时让刮水器高速运转，雨小时让刮水器低速运转，当下零星细雨时，就要用到刮水器的间歇挡。即，让刮水器电机每间隔 7 ～ 10s 工作两圈，满足零星细雨时的要求，避免频繁操作刮水开关带来的不便。

提示

有的汽车带有刮水器间歇时间调整按钮，可使间歇时间为 2 ～ 12s

如图 8-27 所示，刮水开关打到间歇挡，蓄电池正极→R→C→a→c→搭铁，T 导通，J 通电，Y 和 X 断开，Z 和 X 闭合，接通雨刷电机低速电路，电机转动。约 3s 后，雨刷刮了四次，C 电充满后，电位升高，T 功率管断电，继电器张开，Y 和 X 闭合，Z 和 X 断开，接通电机回位电路，电机自动停止转动。10s 后重复上述过程，从而完成了雨刷的间歇工作。

如果间歇挡位工作不正常，首先应检查间歇继电器的搭铁是否良好。如果搭铁正常，则利用欧姆表检查继电器到雨刮器开关之间的电路；如果连接线路也是良好的，则应更换间歇继电器。

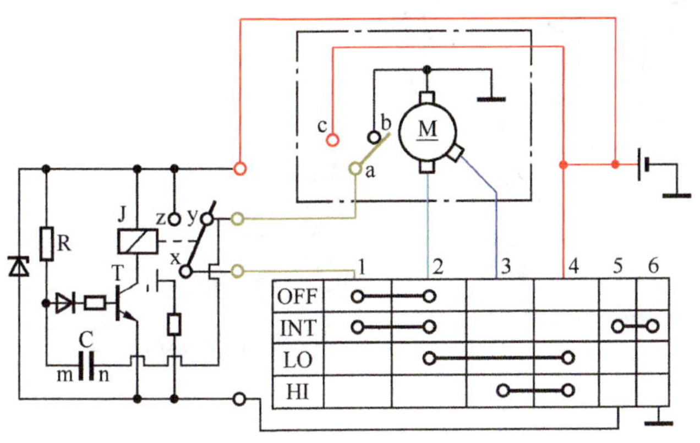

图 8-27　刮水器间歇控制原理及间歇继电器

还有一些间歇控制电路通过车上的信息和时间控制系统（ETACS 控制模块），并结合车速来控制间歇时间，例如，北京现代索纳塔的刮水器间歇时间控制就通过该模块来实现。

三、风窗玻璃洗涤系统的结构和工作原理

风窗洗涤器主要由储液罐、洗涤泵、输液软管、喷嘴等组成，结构如图 8-28 所示。储液箱由塑料制成，内装有洗涤液。洗涤泵俗称喷水电动机，由直流电动机和离心泵组成，其作用是将清洗液加压，通过输液软管和喷嘴喷洒到风窗玻璃表面，当风窗玻璃上有灰尘或污物时，先开动洗涤泵，将洗涤液喷到刮水片的上部，湿润玻璃。然后再开动刮水器，将玻璃上的灰尘或污物刮掉。

四、刮水器及洗涤系统的故障检修

汽车刮水器系统常见的故障有刮水器不工作、刮水器速度不够、刮水器的速度转换不正常等。导致刮水器系统发生故障的部位大多在刮水器电动机、刮水器开关、间歇刮水继电器、电压继电器的线路或熔丝上。

1. 刮水器系统检修

（1）如果刮水器不工作，首先检查保险是否烧断，如图 8-29（a）所示。

（2）如图 8-29（b）所示，直接给雨刮电机供电，观察刮水器电机高、低速运转是否正常。若不正常可能是电机内部短路或烧损，需更换刮水器电机。

（3）如果刮水器间歇刮水不正常则检查间歇继电器是否损坏或线路是否有故障。

（4）如果刮水器速度转换不正常或无法回位，可能是开关接触不良，电机自动回位装故障。检查确认后，再进行更换。

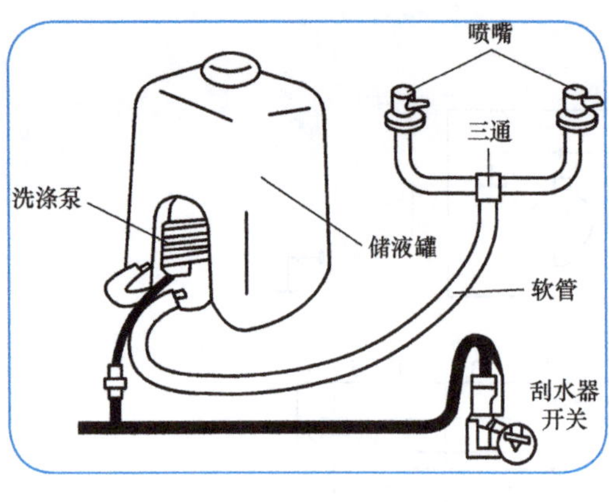

图 8-28　风窗玻璃洗涤器

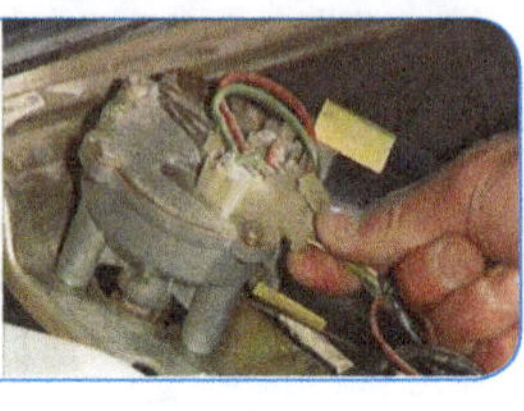

(a)　　(b)

图 8-29　刮水器检修

2. 风窗玻璃洗涤系统的检修

检测电动洗涤器性能好坏时，可向储液罐中充入洗涤剂，合上开关，观察喷嘴喷出的液流是否有力，喷射方向是否适当，电动液泵的接线是否正常。如果不正常，则应检测电动机、喷嘴、连接管、储液罐及密封装置的技术状况。

刮水器刮水不净的处理方法

车窗冻霜的处理方法

冬季使用洗涤器时，应添加防冻洗涤液，防止电机、管路冻裂。

(1) 电动机不转。原因可能为电动机及泵不良；洗涤器开关失灵；熔丝熔断；电源或线路有故障。可通过修复线路或更换、修理损坏的元器件解除该故障，如图 8-30 (a) 所示。

(2) 喷嘴工作异常 (见图 8-30 (b))。原因可能为洗涤液导管压扁、弯折或接头泄漏；喷嘴阻塞；电动机及泵有故障。可通过校正、平直或更换压扁变形的洗涤液导管，紧固导管接头，使之无泄漏现象。对已阻塞的喷嘴应清除阻塞物；对有故障的电动机及泵应修理或更换，解决故障，最后用大头针调整喷淋角度。

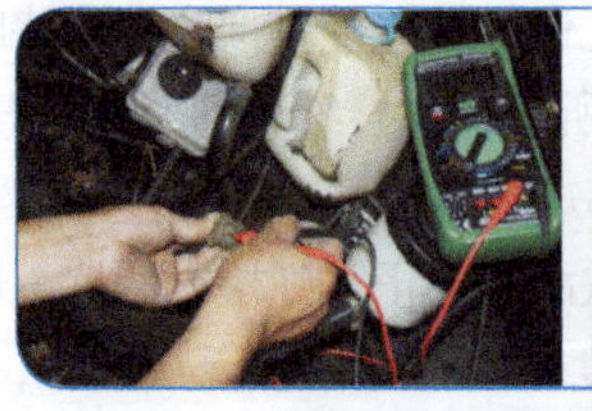

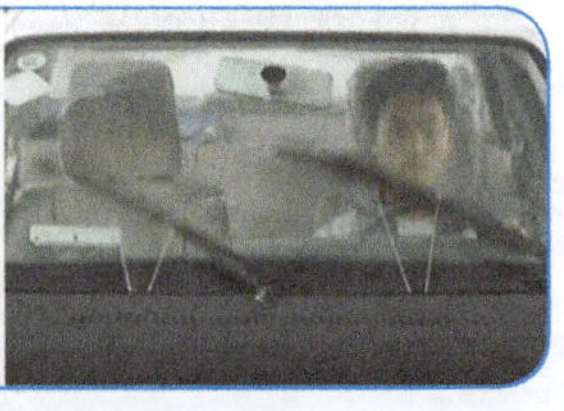

(a)　　(b)

图 8-30　洗涤器检修

任务实施

通过以上学习，掌握了有关汽车电动刮水器相关知识，下面通过分步演示，来体会一下更换刮水器电机的工作过程。

步骤一：关闭点火开关，拆下蓄电池负极

步骤二：按下插接器锁扣，拔下刮水器电机插头

步骤三：用一字螺丝刀将曲柄中的球头，从球碗中脱出

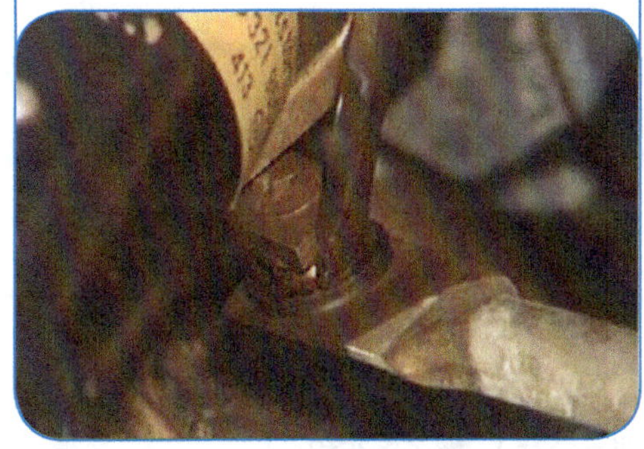

步骤四：拧下刮水器电机的三个固定螺栓

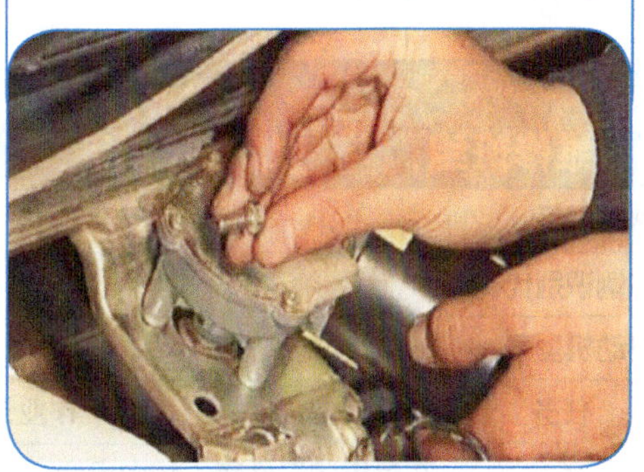

步骤五：从刮水器电机架上取下刮水器电机

步骤六：按拆卸相反顺序，将新的刮水器装上，并打开刮水器开关测试

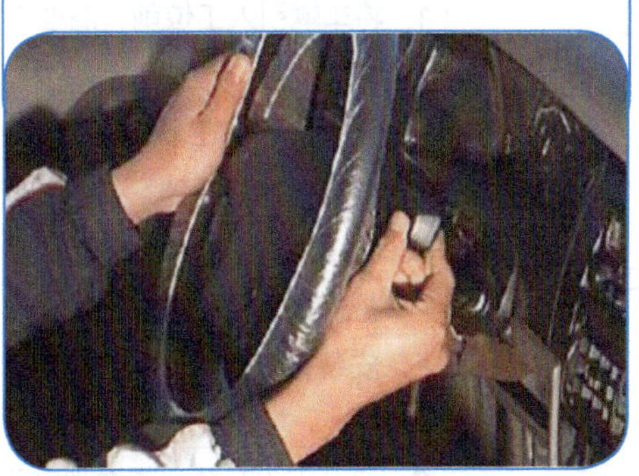

在拆卸安装刮水器系统时，应关闭点火开关，禁止点火开关处于“ON”挡时作业，以防夹手造成人身损伤。

（1）严格按照操作规程进行，注意用电安全。
（2）注意拆卸卡扣时，不要用力过大，以防损坏卡扣。
（3）使用万用表进行检测时，注意挡位的选择。

实操任务单

<table>
<tr><th colspan="3">刮水器的检查与更换作业工单
维修班组：______维修技师甲：______维修技师乙：______质检员：______</th></tr>
<tr><td>整车型号</td><td colspan="2"></td></tr>
<tr><td>车辆识别代码</td><td colspan="2"></td></tr>
<tr><td>发动机型号</td><td colspan="2"></td></tr>
<tr><td>任务</td><td>作业记录内容</td><td>备注</td></tr>
<tr><td>一、前期准备</td><td>正确组装三件套（转向盘套、座套、换挡手柄套）、翼子板布和前格栅布。□
工位卫生清理干净。□</td><td></td></tr>
<tr><td>二、操作步骤</td><td>1. 将车辆引入工位前，清理工位卫生排除障物，准备好相关工具物品。
2. 将车辆停驻在举升机平台的位置。
3. 拉紧驻车制动器，并将变速器置____于或____挡位置，打开发动机舱盖。
4. 把护裙粘贴在汽车翼子板上，要求护裙把翼子板全覆盖。
5. 安装转向盘套、档杆手柄套、座套、铺设地板垫。其主要作用是______________________________。
6. 打开点火开关，查看刮水器工作状态是否正常。如果不工作应检查。</td><td></td></tr>
</table>

续表

任务	作业记录内容	备注
二、操作步骤	7. 拔下刮水器继电器，检查继电器线圈是否导通，否则应更换。 8. 拔下刮水器电机供电插头测试是否正常供电___V 电源，若供电良好，应检修或更换刮水器电机。 9. 选择工具规范拆卸刮水器拦截螺丝，并取下刮水器刮片架。 10. 拆下刮水器电机的固定螺栓并取出。 11. 用万用表______挡位检测刮水器电机线圈是否正常导通，否则应更换刮水器电机。 12. 安装刮水器电机总成（注意）：在装配电机时，应检查刮水器的动力传递机构是否存在卡滞现象，若存在故障，应及时维修或更换。 13. 装配刮水片，调试最佳位置（注意）：在装配刮水片时，应取下刮水片上的保护膜。 14. 作业完毕，打开刮水开关，测试工作性能。	
三、竣工检查	将工具及物品摆放归位。□ 汽车整体检查（复检）。□ 整个过程按 6S 管理要求实施。□	
工单记录员：__________ 车间主任：______________ 客户签字：__________ 维修时间：______________		

任务四　电动车窗的检修

学习目标

能对电动车窗的故障进行排除，并能熟练更换电动车窗。

相关知识

目前，小轿车普遍配有电动车窗。驾驶员坐在驾驶席上，即可利用控制开关或遥控开关使所有全部车门玻璃自动升降，操作简便且有利于行车安全。

电动车门窗升降器常见故障有：

① 玻璃升降器不工作。

② 电动机正常，升降器不工作。

③ 玻璃升降器工作时发卡、有异响。

一、电动车窗的组成与功能

电动车窗控制系统主要由车窗玻璃、电动玻璃升降器、电动机、控制开关等组成，如

图 8-31 所示。其中电动机一般采用双向转动永磁电动机，通过控制电流方向，使其正反向转动，达到车窗升降功能。

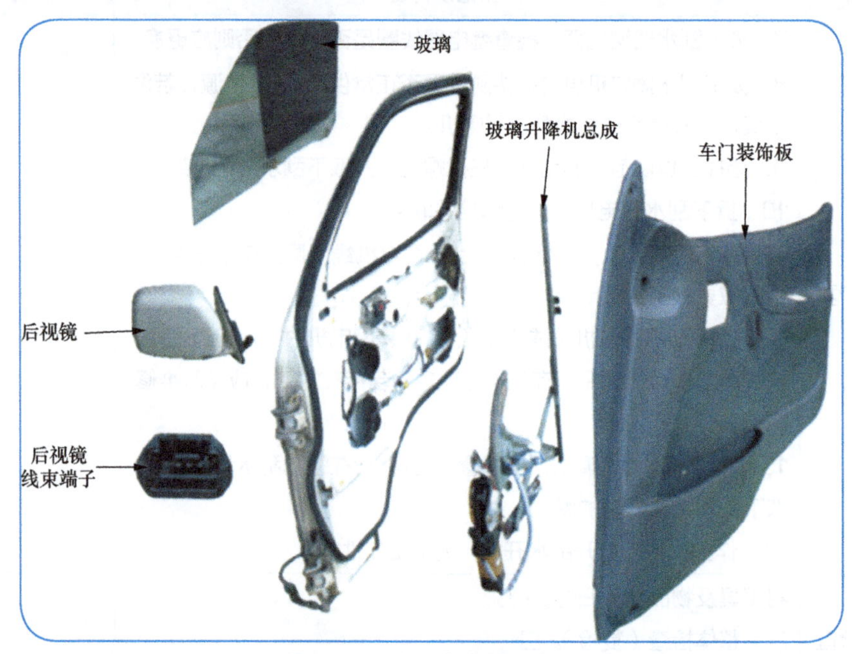

图 8-31　电动车窗的结构图

二、电动车窗的分类及工作原理

电动车窗最主要的组成是车窗升降器，目前使用的有齿轮齿扇式玻璃升降器、蜗轮蜗杆式玻璃升降器和齿轮齿条式玻璃升降器等几种。

（1）齿轮齿扇式玻璃升降器（见图 8-32）是通过齿扇来实现换向作用。齿扇上安有螺旋弹簧，当车窗下降时，连接在扇形齿轮上的螺旋弹簧卷起，储存一定的能量；当车窗升高时，弹簧展开，释放能量，从而使车窗无论是上升还是下降，电动机承受相同的负荷。

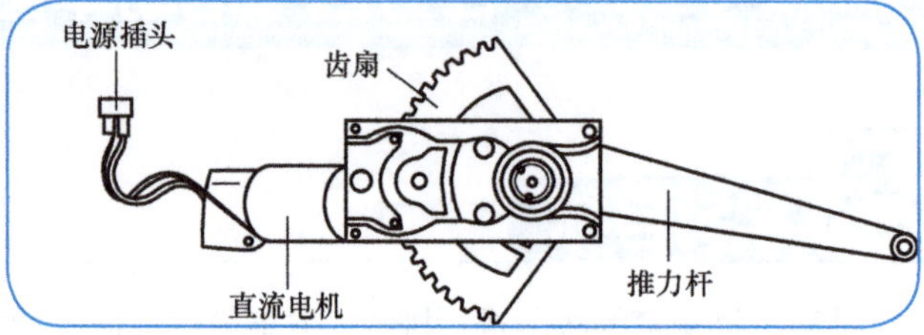

图 8-32　齿扇式玻璃升降器

（2）蜗轮蜗杆式玻璃升降器（见图 8-33）居多，机械部分主要由蜗轮、蜗杆、绕线轮、钢丝绳、导轨、滑动支架等组成。当电动车窗玻璃升降器中直流永磁电动机电路接通后，转轴输出转矩，经蜗轮蜗杆减速后，再由缓冲联轴器传递到转丝筒，带动转丝筒旋转，使钢丝绳拉动安装在玻璃支架上的滑动支架在导轨中上下运动，达到车窗玻璃升降的目的。

（3）齿轮齿条式玻璃升降器（见图 8-34）是使用柔性齿条和小齿轮，车窗连在齿条的一端，电动机带动轴端小齿轮转动，使齿条移动，带动车窗升降。

三、电动车窗的控制电路

电动车窗控制电路主要由电源、易熔线、断路器、主继电器、开关、电动机和指示灯组成。接通点火开关后，电动车窗继电器通电，继电器触点闭合，电动车窗控制电路电源接通，进入工作状态。主开关上的窗锁开关闭合后，所有车窗都可进行电动开关车窗操作；窗锁开关断时，则只有驾驶员侧车窗可进行开关操作。驾驶员侧车窗由点触式电路控制，若驾驶员要降下车窗，点触下降开关车窗就会自动下降到底，若要使车窗停在中间的某个位置，只要再点触一下开关，车窗就会立刻停止。

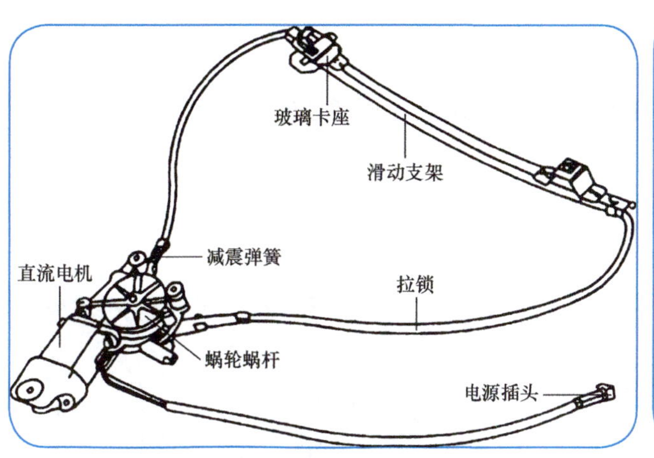

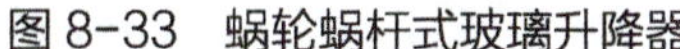

图 8-33 蜗轮蜗杆式玻璃升降器

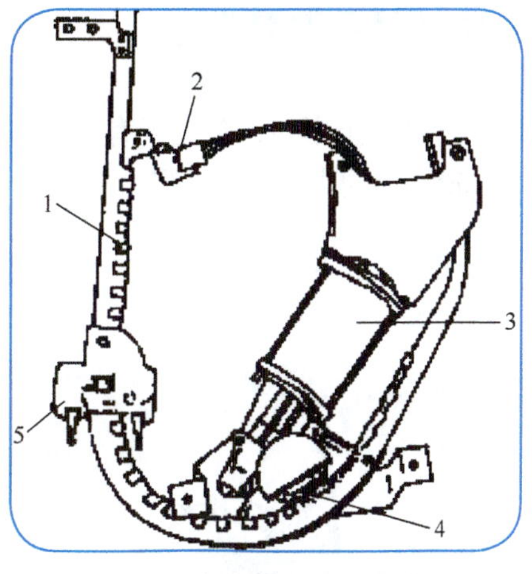

图 8-34 齿轮齿条式玻璃升降器

1—齿条；2—电缆接头；3—电动机；4—小齿轮廓；5—定位架

电动车窗系统使用永磁电动机。通过改变电动机上的两根导线的极性，使永磁电动机可以双向旋转。电动机不直接与车身接地，经开关后集中接地，一般在主控制开关处接地。

为了防止电流过载，在电路或电动机内装有一个或多个断路器，用以控制电动机中的电流。若车窗玻璃因某种原因被卡住（如密封条老化）即使操纵开关没有断开，断路器也会因电流过大而自动断路，避免电动机因通电时间过长而烧坏。

四、电动车窗常见故障的检修

电动车窗常见的故障有所有车窗均不能升降、部分车窗不能升降或只能向一个方向运动等。

若所有车窗均不能升降则故障的原因可能是熔丝断路，线路断路接触不良，主控开关损坏，直流电动机损坏，搭铁点锈蚀、松动等。首先检查熔丝是否断路。若熔断丝良好，则应将点火开关接通，检查点火开关接线柱上的电压是否正常，如果电压为零，则应检查电源线路；如果电压正常，则应检查搭铁线是否良好。若搭铁不良时，应清洁、紧固搭铁线；若搭铁良好，应对主控开关、直流电动机进行检查。

部分车窗不能升降或只能向一个方向运动，故障原因可能是该车窗按键开关损坏；该车窗电动机损坏；连接导线断路；主控开关损坏等。首先检查电动车窗主开关中的电动车窗锁开关是否正常，该车窗的按键开关工作是否正常，检查该车窗的电动机正反转是否运转稳定，检查连接导线是否断路。若车窗只能向一个方向运动，一般是按键开关故障或部分线路断路或接错，可以先检查线路连接是否正常，再检修开关。

任务实施

通过以上学习，掌握了有关汽车电动车窗相关知识，下面通过分步演示，来体会一下电动车窗更换的真实工作过程。

步骤一：拆下内饰板，降下车窗玻璃至三分之二处，断开蓄电池负极

步骤二：松开玻璃紧固螺栓，提升并取出玻璃

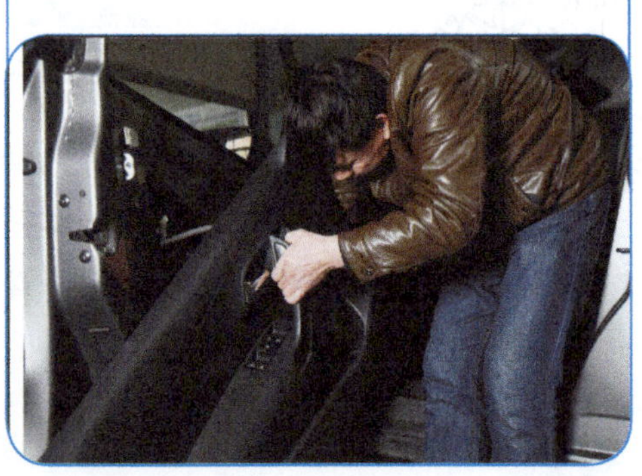

步骤三：松开玻璃升降器紧固螺栓，并取下升降器

步骤四：安装玻璃，注意卡槽，以防玻璃损坏

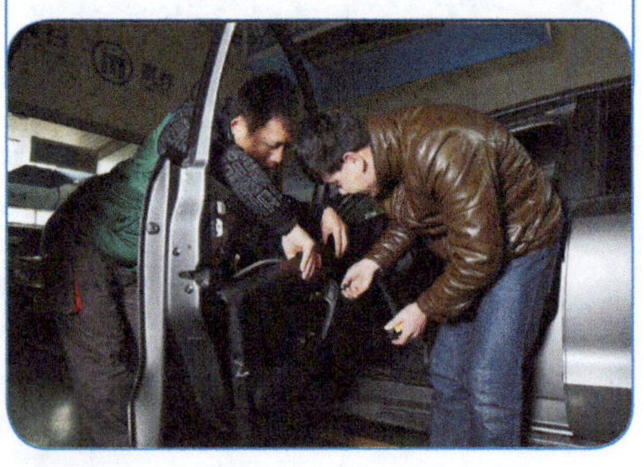

步骤五：安装时按照相反顺序进行

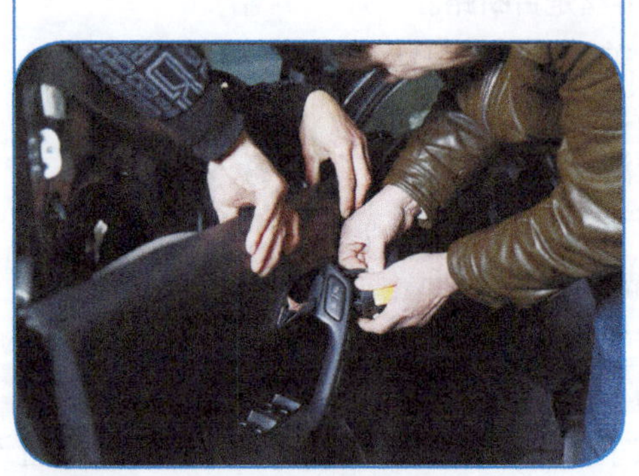

步骤六：装上内饰板，按动主控开关和分控开关，车窗能正常工作

在拆卸安装车窗内饰板时。注意卡子必须保证全部拆卸完毕后在拿个内饰板，不可生拉硬拽，以防损坏内饰板。

（1）拆装电动车窗时一定要注意正确的安装位置，其所有的螺栓连接孔为椭圆孔，车窗升降时保证不发生干涉。

（2）车门的尺寸精度严重影响电动机的使用寿命，因为导槽安装在车门上，升降器又在导槽内运动。

（3）车门的密封和防尘尤为重要，车门内板有一层塑料防护层，其破损后导致灰尘进入车门内，影响玻璃升降器的运动。

实操任务单

电动车窗的线路检查作业工单 维修班组：______维修技师甲：______维修技师乙：______质检员：______		
整车型号		
车辆识别代码		
发动机型号		
任务	作业记录内容	备注
一、前期准备	正确组装三件套（转向盘套、座套、换挡手柄套）、翼子板布和前格栅布。□ 工位卫生清理干净。□	

续表

任务	作业记录内容	备注
二、操作步骤	1. 将车辆引入工位前，清理工位卫生排除障物，准备好相关工具物品。 2. 将车辆停驻在举升机平台的位置。 3. 拉紧驻车制动器，并将变速器置于____或____挡位置。 4. 安装转向盘套、挡杆手柄套、座套、铺设地板垫。其主要作用是____________________。 5. 打开车窗开关，查看车窗工作状态是否正常。如果不工作应检查。 6. 拔下车窗继电器，检查继电器线圈是否导通，否则应更换。 7. 车窗电动机线路的通断检测（如电动机短路或断路，应更换）。 8. 车窗开关线路的电压检测以及开关触点是否正常的导通（如果开关自身损坏，应更换）。 9. 用万用表检测车窗的总线路（如果有损坏维修或更换）。	
三、竣工检查	将工具及物品摆放归位。□ 汽车整体检查（复检）。□ 整个过程按6S管理要求实施。□	
工单记录员：__________ 车间主任：__________ 客户签字：__________ 维修时间：__________		

项目九 汽车空调的维护与检修

项目引入

随着夏天的到来，这两天舅舅家修理厂要求更换空调滤芯、清洁冷凝器以及检查空调系统的车辆越来越多。听舅舅说，挣钱的买卖要来了。

任务一　汽车空调的基础知识

学习目标

（1）了解制冷系统的作用、组成和工作原理。
（2）了解暖风系统的作用、组成和工作原理。
（3）掌握空调控制系统作用、组成和工作原理。

相关知识

一、汽车空调的定义

空调是空气调节器的简称。如图 9-1 所示，汽车空调系统可用来实现对车内空气换气、净化、制冷、供暖以及对车窗玻璃除霜、除雾等工作，使车内空气清新并保持适宜的温度和湿度，使车窗玻璃洁净、明亮给驾驶员和乘车人员一个舒适的乘车环境。空调装置已成为衡量汽车功能是否齐全的标志之一。

汽车空调技术在汽车上不仅得到广泛的应用，而且它的技术水平发展很快，在实际维修工作中，我们接触最多的主要是制冷和供暖系统的故障。

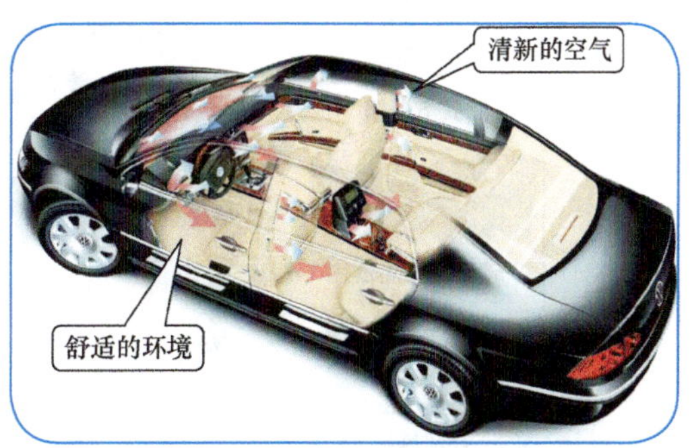

图 9-1　汽车空调系统

二、汽车空调组成

汽车空调按其功能分可分为制冷系统、暖风系统、通风系统、空气净化系统和控制操纵系统五个部分。

1. 制冷系统

如图 9-2 所示，制冷系统对车内空气或由外部进入车内的新鲜空气进行冷却，来实现降低车内温度的目的。此外制冷系统还具有除湿和净化空气的作用。

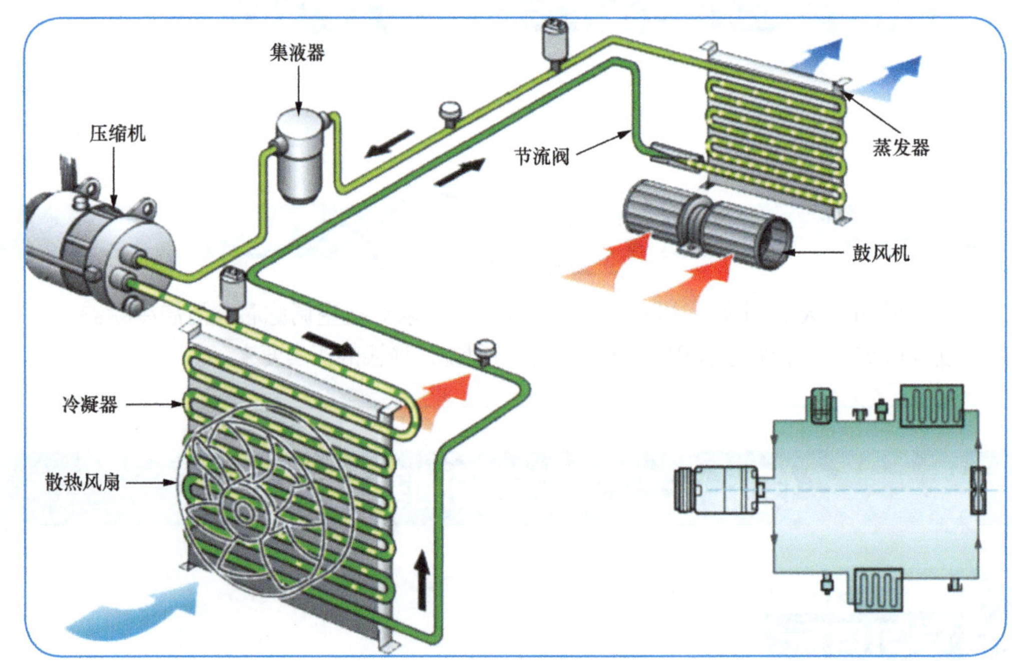

图 9-2　制冷系统示意图

2. 暖风系统

如图 9-3 所示，轿车的暖风系统一般利用发动机冷却液的热量，将发动机的冷却液引入车室内的暖风加热器中，通过鼓风机将被加热的空气吹入车内，以提高车内空气的温度，同时暖风系统还可以对前风窗玻璃进行除霜、除雾。

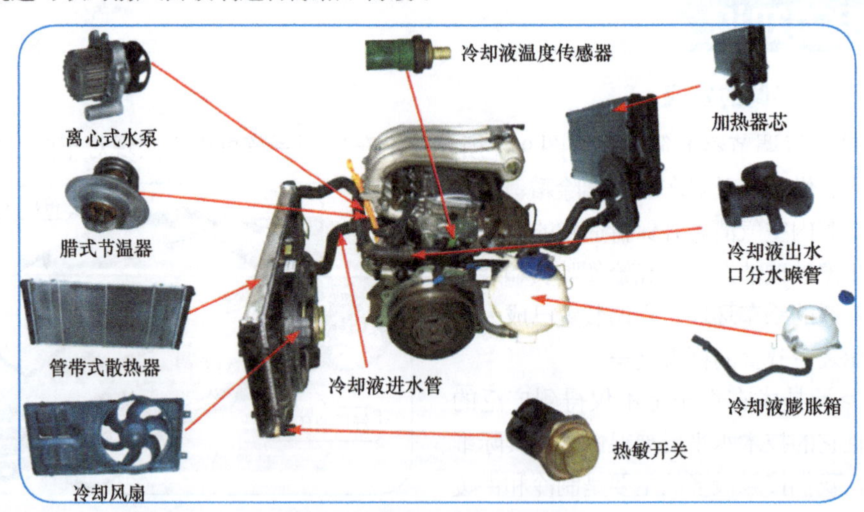

图 9-3　暖风系统示意图

3. 通风系统

如图 9–4 所示，通风系统的作用是用以调节车内气流和换气。通风分为自然通风和强制通风，自然通风是利用汽车行驶时，根据车外所产生的风压，在适当的地方开设进风口和出风口来实现通风换气；强制通风是采用鼓风机强制外部空气进入的方式。这种方式在汽车行驶时，常与自然通风一起工作。

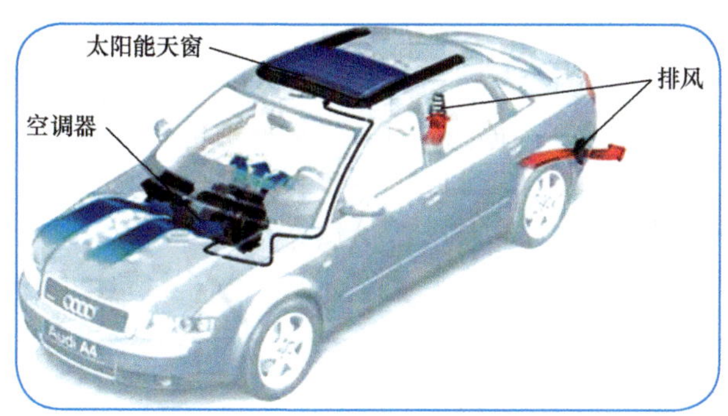

图 9–4　通风系统示意图

4. 空气净化系统

如图 9–5 所示，空气净化系统一般由空气过滤器、出风口等组成，用以对进入的空气进行过滤及对空气进行消毒处理，不断除去车内灰尘，保持车内空气清新，多在高级轿车上采用。

提示

有些车辆的空气净化系统在滤清器中加入了活性炭，可以吸收空气中的异味；有些车辆在净化系统中设有香烟传感器，当检测到车内存在烟气时，便通过放大器自动使鼓风机以高速挡运转，排出车内烟气。

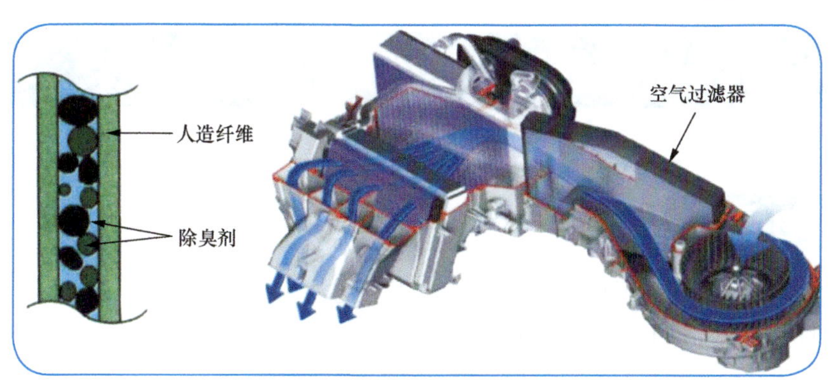

图 9–5　空气净化系统示意图

5. 控制操纵系统

如图 9–6 所示，控制操纵系统的功用是控制空调系统工作，实现制冷、采暖和通风。控制操纵系统主要由电器元件、真空管路、操纵机构、控制开关等组成。控制操纵系统一方面对制冷和暖风系统的温度、压力进行控制；另一方面对车室内空气的温度、风量、流向进行操纵控制，从而完善了空调系统的各项功能，保证了系统的正常工作。空调系统控制操纵有手动控制和自动控制之分。手动空调需要驾驶员通过旋钮或拨杆对控制对象进行调节，如图 9-7 所示。自动空调只需驾驶员输入目标温度，空调系统便可按照驾驶员的设定自动进行调节，如图 9-8 所示。

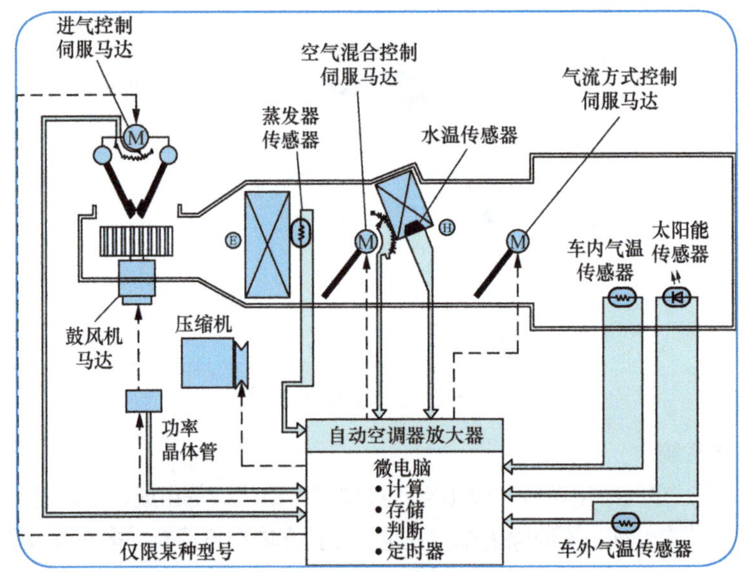

图 9-6　微电脑控制型自动空调控制示意图

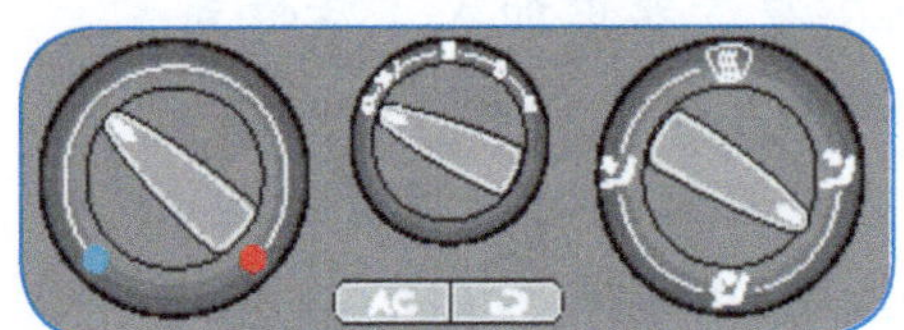

图 9-7　手动空调控制面板

图 9-8　自动空调控制面板

任务二　压缩机的更换

学习目标

（1）掌握判断压缩机损坏的原因和更换压缩机的方法。

（2）掌握判断压缩机不工作的原因和维修方法。

相关知识

一般情况下，对汽车空调系统的保养只需更换空调滤芯，清理冷凝器、蒸发箱和出风口的灰尘及杂物，检查压缩机皮带，测量一下出风口温度即可。

如果出风口温度不够低或压缩机有异响，说明空调制冷系统出现故障了，首先检查系统制冷剂是否充足，如果有缺失，则需对系统进行泄漏维修，然后进行抽真空、加制冷剂。

压缩机有异响，说明压缩机内部磨损严重，造成间隙过大，需更换压缩机，同时更换相应部件，并对系统进行全面清洗，才能彻底解决问题，如图 9-9 所示。

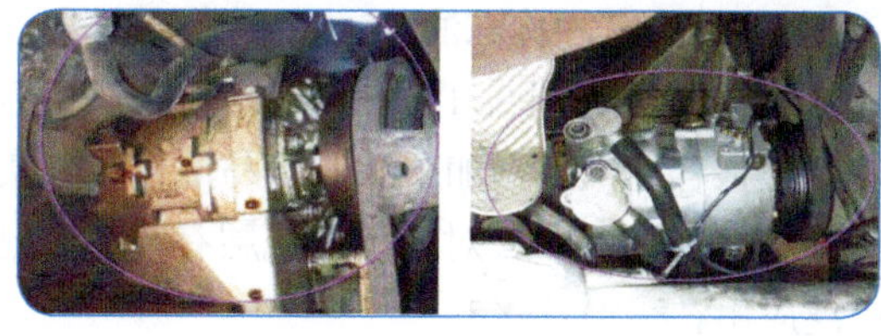

图 9-9　压缩机更换

提示

人在游完泳时会有冷的感觉，这是因为液体的蒸发带走了热量。这也就给我们一个启发，利用液体蒸发可以吸收周围环境的热量。

制冷系统的作用是将车内的热量通过制冷剂在循环系统中循环转移到车外，实现车内降温。制冷系统主要包括制冷循环系统和控制系统等部分。目前各种车辆的制冷循环系统无多大区别，而控制系统在各车型中差别较大。

一、制冷系统的组成

汽车空调制冷系统由压缩机、冷凝器、储液干燥器、膨胀阀、蒸发器、鼓风机等组成，如图 9-10 所示。各部件之间采用铝管和高压橡胶管连接成一个密闭的制冷循环系统。在这个制冷系统中，压缩机是动力源。

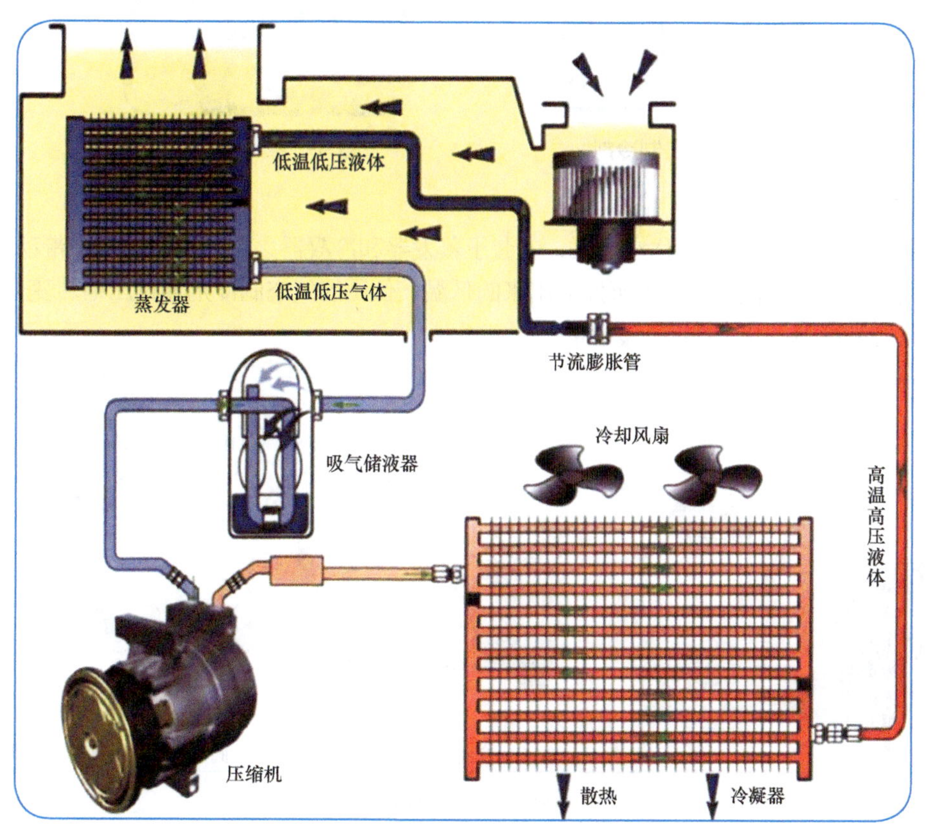

图 9-10　膨胀阀式空调制冷系统

1. 制冷剂和冷冻油

制冷剂（见图 9-11）俗称冷媒。它通过状态变化吸收和放出热量，因此要求制冷剂在常温下很容易汽化，加压后很容易液化，来实现制冷循环。车用空调的制冷剂主要是 R-12，R-134a。由于 R-12 对地球臭氧层有害，现已基本禁止使用；R-134a 是环保制冷剂，得到了广泛应用。

冷冻油（见图 9-12）也称压缩机油，它是一种在高、低温工况下均能正常工作的特殊润滑油。其作用是润滑压缩机运动部件及整个系统的密封件，保证膨胀阀的适当开启，能及时带走运动表面摩擦产生的热量，防止压缩机温度过高或烧坏。在制冷系统中润滑油还有特殊要求，就是要与制冷剂相容，并且随着制冷剂一起循环。

（1）R-12 和 R-134a 两种制冷剂不可以互换使用。
（2）一定要正确选用冷冻润滑油的型号，切不可乱用，否则将造成严重后果。

图 9-11　制冷剂

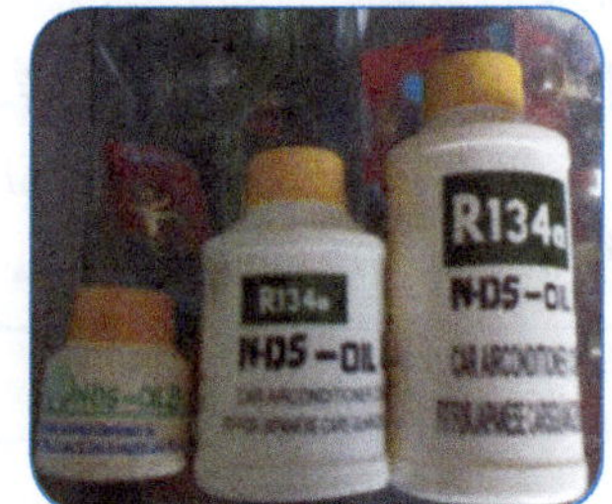

图 9-12　冷冻油

2. 压缩机

压缩机（见图 9-13）俗称空调泵，安装于蒸发器和冷凝器之间，由曲轴皮带带动，其作用是驱动制冷剂循环流动，吸入蒸发器出来的低温、低压的气态制冷剂通过压缩转变为高温、高压的气态制冷剂，并将其送入冷凝器。

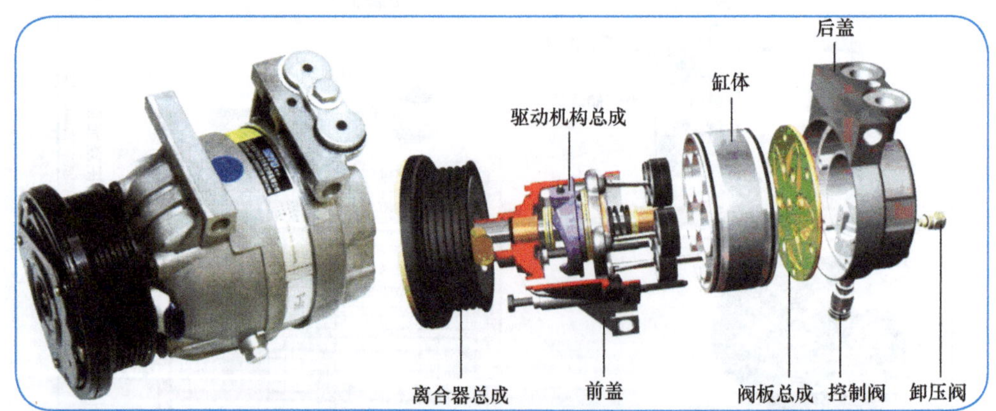

图 9-13　压缩机

压缩机按其运动方式可分为往复式和旋转式两类。曲轴连杆式、旋转斜盘式、摇板式均属于往复式压缩机，叶片式、涡旋式等属于旋转式压缩机。

3. 冷凝器

冷凝器的作用是将压缩机排出的高温、高压制冷剂蒸气进行冷却，使其凝结为高温、高压制冷剂液体再进入储液干燥器。冷凝器一般安装在发动机冷却系统散热器之前，利用发动机冷却风扇吹来的新鲜空气和行驶中迎面吹来的空气流进行冷却。

冷凝器（见图 9-14）是一种由管子与散热片组合起来的热交换器，有一个制冷剂进口和一个出口，冷凝器的管片材料现在大部分是全铝的。按散热片结构不同，冷凝器可分为管片式和管带式两种。

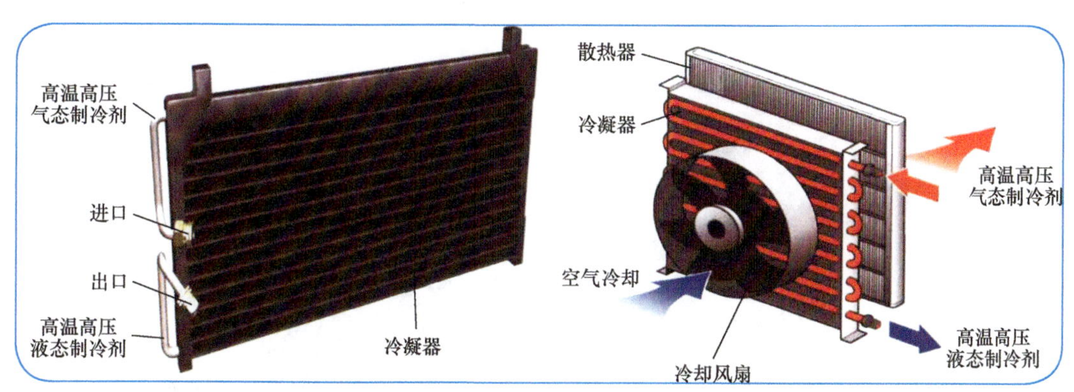

（a）管片式　　（b）管带式

图 9-14　冷凝器

4. 储液干燥器和集液器

（1）储液干燥器（见图 9-15）简称储液器，用于膨胀阀式的制冷循环中，安装在冷凝器和膨胀阀之间，储液干燥器的位置和设计结构可防止气态的制冷剂进入蒸发器。储液干燥器可以暂时储存一部分制冷剂以保证系统内制冷剂流动的连续性和稳定性，同时还可以吸收制冷剂中的水分，防止制冷系统发生冰塞。储液干燥器主要由干燥剂、罐体、高低压开关、观察窗、易熔塞、制冷剂入口、制冷剂出口等组成。

易熔塞是一个设有轴向通孔的螺塞，孔内充有易熔材料，并借螺塞的螺纹安装在储液干燥器上，易熔塞的作用是当储液干燥器内部制冷剂温度达到一定值时，易熔塞中的易熔材料熔化，将制冷剂通过易熔塞散发到大气中，避免高温、高压导致制冷部件损坏。

（2）集液器（见图 9-16）用于膨胀管式的制冷系统中，是一个位于蒸发器出口处的罐状容器，由于膨胀管无法调节制冷剂的流量，因此蒸发器出来的制冷剂不一定全部是气体，可能有部分液体。为防止压缩机损坏，在蒸发器出口处安装一个集液器，一方面将制冷剂进行气液分离，另一方面起到与储液干燥器相同的作用。

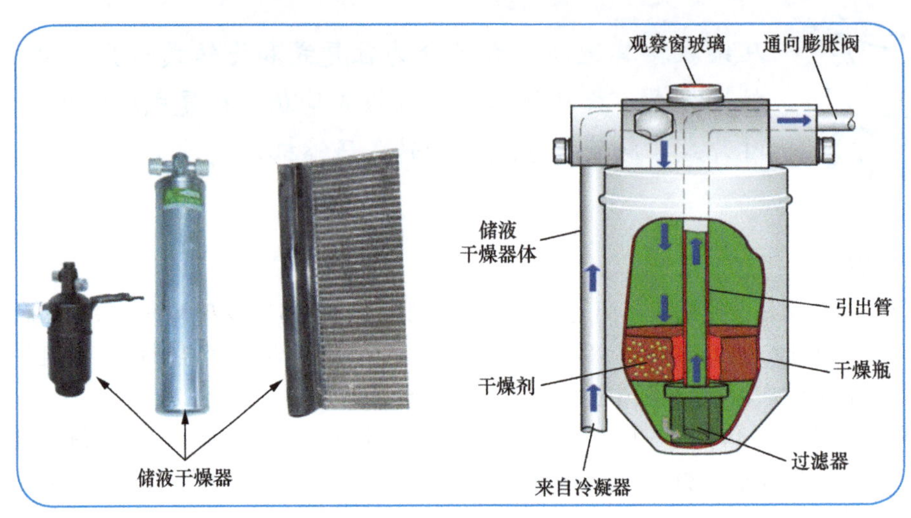

图 9-15　储液干燥器

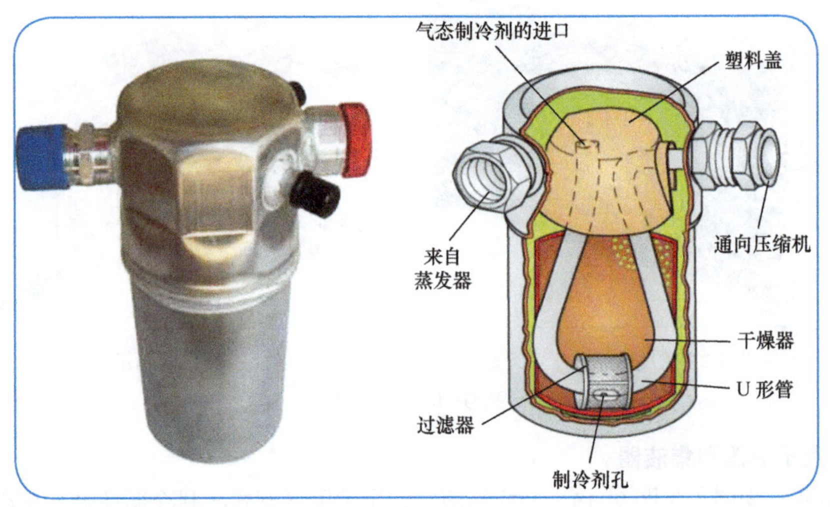

图 9-16　集液器

使用 R-134a 制冷剂的制冷系统的储液干燥器不能与使用 R-12 的储液干燥器互换，因为两种储液干燥器中的干燥剂不同。

5. 膨胀阀和膨胀管

（1）膨胀阀。膨胀阀的功能有两方面：一方面是节流降压，它把来自储液干燥器的高压液态制冷剂从膨胀阀的小孔喷出，使其降压，体积膨胀，转化为雾状制冷剂，在蒸发器内吸热变为气态制冷剂；另一方面是调节流量，它根据制冷负荷的大小调节制冷剂流量，确保蒸发器出口处的制冷剂全部转化为气体。

膨胀阀分为内平衡式膨胀阀、外平衡式膨胀阀、H 形膨胀阀 3 种，如图 9-17 所示。

（2）膨胀管。膨胀管（见图 9-18）与膨胀阀的作用基本相同，它只是将调解制冷剂流量的功能取消了，膨胀管是固定孔口节流装置，两端都装有滤网，以防止系统堵塞。由于节流膨胀管没有运动部件，所以结构简单，不易损坏，唯有滤网会发生堵塞，这时只需拆下节流膨胀管，换上一个新的即可。

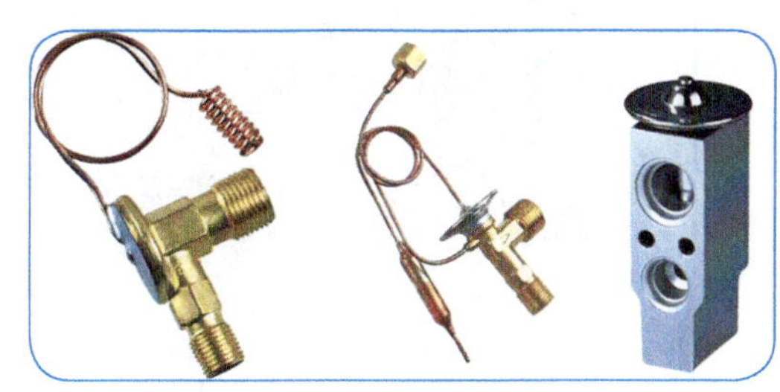

（a）内平衡式　（b）外平衡式　（c）H 形膨胀阀

图 9-17　膨胀阀

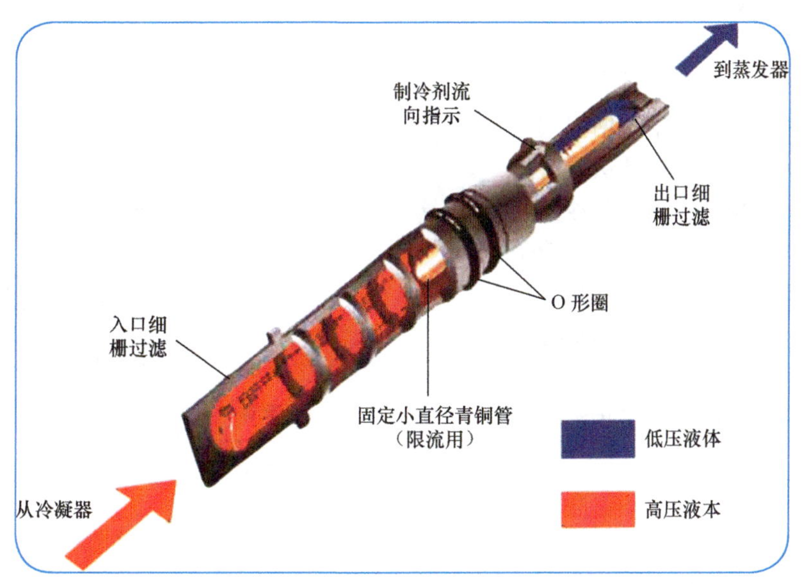

图 9-18　膨胀管

节流膨胀管不能调解制冷剂流量，液态制冷剂有可能流出蒸发器出口。因此装有节流膨胀管的系统，必须同时在蒸发器出口和压缩机进口之间，安装一个集液器，实现气液分离，以防压缩机液击。

6. 蒸发器

蒸发器的功能是产生冷气，降温除湿。蒸发器也是一个热交换器，膨胀阀喷出的雾状制冷剂在蒸发器中蒸发，吸收蒸发器空气中的热量，使其降温，达到制冷目的。

在降温同时，溶解在空气中的水分也会由于温度降低凝结出来，蒸发器还要将凝结的水分排出车外，蒸发器安装在驾驶仪表台后面，其主要有管路和散热片组成，在蒸发器的下方还有接水盘和排水管。

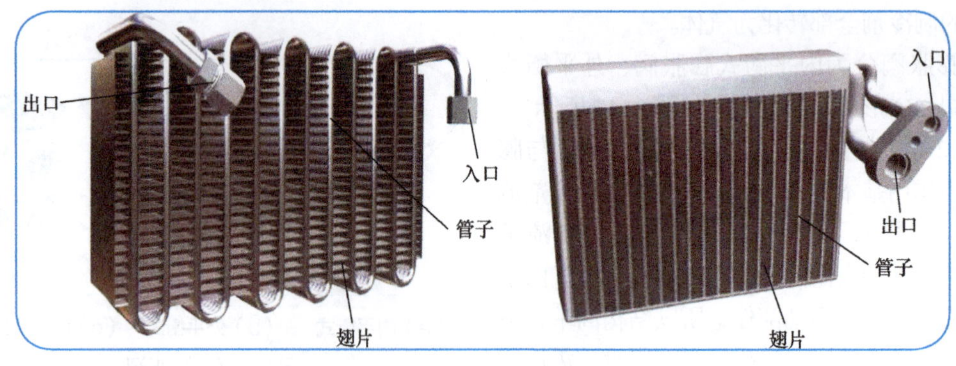

图 9-19　蒸发器

7. 导管与软管

导管用于不移动的部分，软管用于适应发动机震动而要求具有柔性的部位，由内外橡胶层和中间增强层组成。软管输送制冷剂，使其从系统的一个部件到另一部件，由于制冷剂的性质及系统内的高压，只有这种管子能够使用。管子可以由铜或铝制成，供货要求标注工作压力在 2 760kPa 或更高，就像系统中的其他部件一样，不同部位的每根软管或管子均被冠以各自名称，如图 9-20 所示。

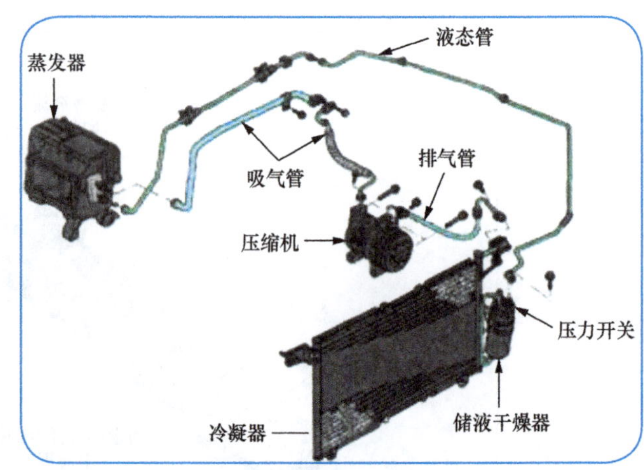

图 9-20　空调管路

在一标准大气压下，水的沸点是 100℃，如果水的压强增大 88kPa，那就要到 118℃才会沸腾；如果将水的压强减小到低于大气压 39kPa，温度在 84℃水就沸腾了。

二、制冷系统工作原理和制冷循环的分类

1. 制冷系统工作原理

制冷系统工作原理如图 9-21 所示。

（1）压缩过程：压缩机将蒸发器低压侧的低温（约 0℃）、低压（约 0.15MPa）气态制冷剂压缩成为高温（70℃～ 80℃）、高压（约 1.5MPa）气态制冷剂。

（2）冷凝过程：送往冷凝器过热气态制冷剂，在温度高于外部温度很多时，向外散热进行热交换，制冷剂被冷凝成高温（约 55℃）、高压（约 1.5MPa）的液态制冷剂。

（3）膨胀过程：冷凝后的液态制冷剂经过膨胀阀时，使制冷剂流过空间体积增大，其压力和温度急剧下降，变成低温（约零下 5℃）、低压（约 0.15MPa）的湿蒸气，以便进入蒸发器中迅速吸热蒸发。

（4）蒸发过程：液态制冷剂通过膨胀阀变为低温、低压的湿蒸气，流经蒸发器不断吸热汽

化转变成低温（约 0℃）、低压（约 0.15MPa）气态制冷剂，吸收车内空气热量。

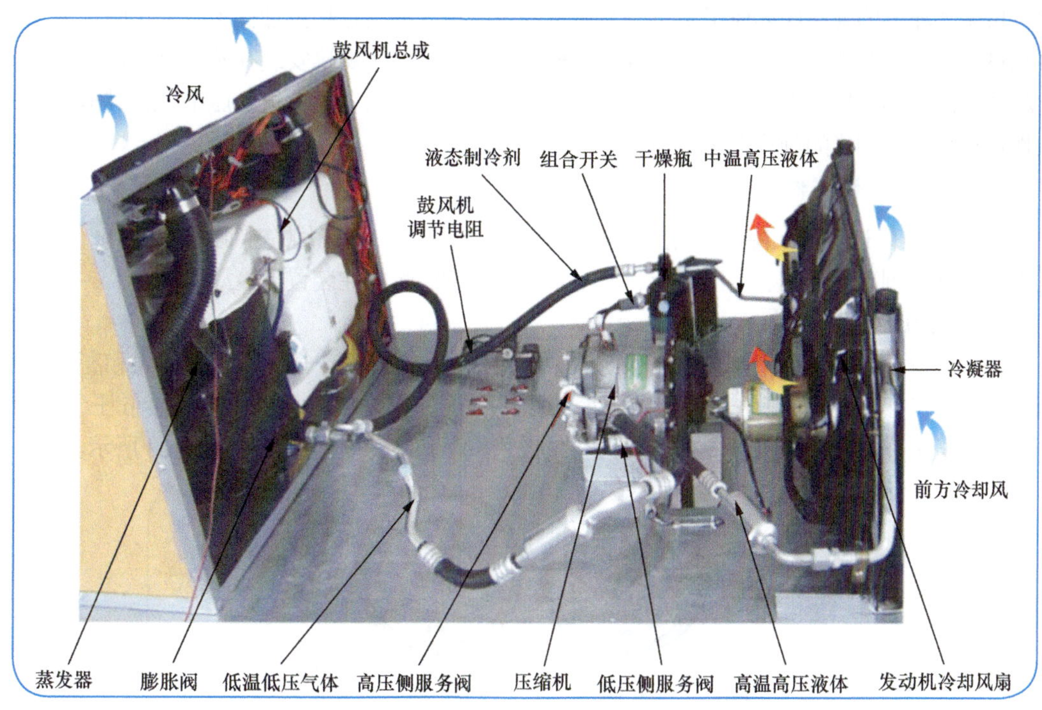

图 9-21　空调原理

从蒸发器流出的气态制冷剂又被吸入压缩机，增压后泵入冷凝器冷凝，进行制冷循环。制冷循环就是利用有限的制冷剂在封闭的制冷系统中，反复地将制冷剂压缩、冷凝、膨胀、蒸发，不断在蒸发器中吸热汽化，对车内空气进行制冷降温。

2. 制冷循环的分类

从前述的制冷原理我们已经知道，通过制冷循环可以将车内的热量转移到车外，根据目前车辆采用的循环系统，大致可分为膨胀阀式和膨胀管式两种循环方式，如图 9-22 和图 9-23 所示。

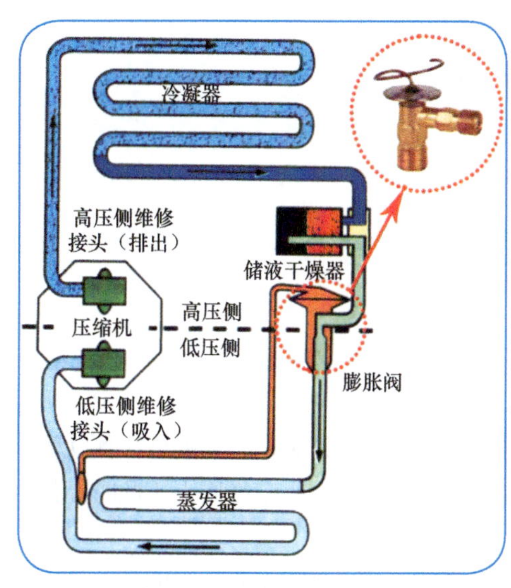

图 9-22　膨胀阀式

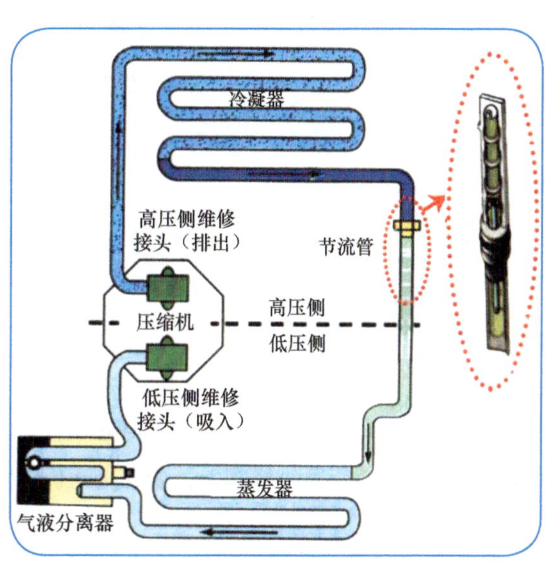

图 9-23　膨胀管式

从工作原理来看膨胀管式的制冷循环系统，与膨胀阀式制冷循环系统无本质区别，只不过将可调节流量的膨胀阀换成了不可调节流量的膨胀管，使其结构更加简单。为了防止液态制冷剂进入压缩机而造成压缩机损坏，故这种循环系统将储液干燥罐安装在蒸发器的出口并按照它起的作用更名为集液器，同时进行气液分离，液体留在罐内，气体进入压缩机，其他部分的工作过程与膨胀阀式的制冷循环相同。

三、汽车空调维修工具的使用

空调的维修过程中，除了常用的工具之外，还要用到一些专用的空调维修工具，如歧管压力表、制冷剂罐注入阀、温湿度计、真空泵、制冷剂回收加注装置、检漏仪等。

1. 歧管压力表

（1）歧管压力表是专门检查空调系统压力的专用工具，由两个压力表（低压表和高压表）、两个手动阀（低压手动阀（LO）和高压手动阀（HI））、三个软管接头（一个接低压工作阀、一个接高压工作阀和一个接制冷剂罐或真空泵吸入口）和歧管座组成，如图 9-24 所示。

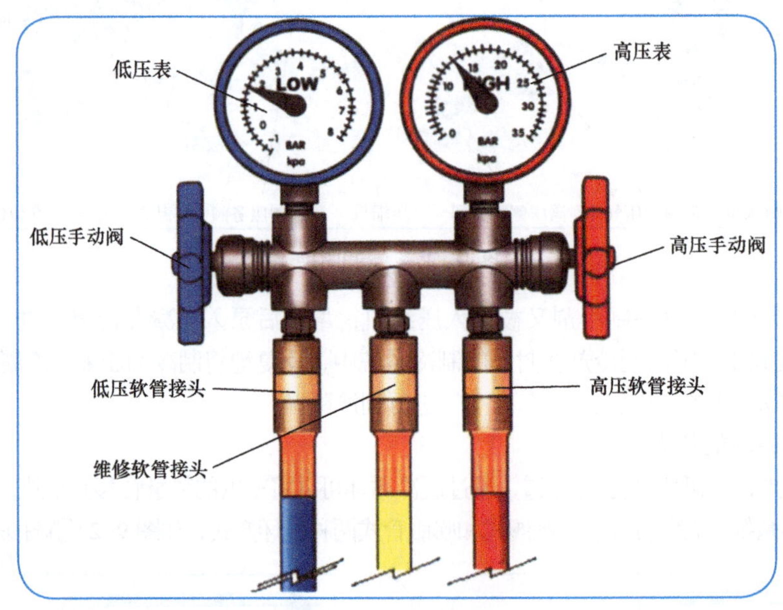

图 9-24　歧管压力表

需要注意的是，用于 R-134a 系统的压力表不能用于 R-12 制冷系统。

（2）歧管压力表的使用方法。在检测空调故障时，先将空调系统关闭，表的低压侧软管接到空调系统的低压管路维修阀上，表的高压侧软管接到空调系统的高压维修阀上（此时高低压手动阀门关闭）。

打开空调系统，工作 5 ~ 10min 后，将发动机的转速提高到 2 000r/min，读取高、低压表的压力值，根据压力值判断空调系统的故障。

（3）歧管压力表的工作状态。

① 两只手动阀均关闭：制冷系统高、低压侧分别与各自的压力表相同，高、低压力表彼此互不相同。通过高、低压侧压力表可以分别测出制冷系统高、低侧的压力。

② 低压阀打开，高压阀关闭：制冷系统低压侧接口与中间软管接通，中间软管的压力为低压侧压力。高压表因高压阀关闭仍保持制冷系统高压侧压力。

③ 低压阀关闭，高压阀打开：制冷系统高压侧接口与中间软管街头接通，中间软管的压力为高压侧压力，低压侧因关闭仍保持低压侧压力。

④ 两只手动阀均打开：高低压侧接口均与中间接通，表上的指示无意义，这时中间软管为混合压力。

2. 真空泵

真空泵是汽车空调制冷系统安装、维修后抽真空不可缺少的设备，以去除系统内的空气和水分等物质。使用真空泵时，首先取下进气帽，连接被抽容器。取下排气帽，打开电源开关，真空泵开始起动运行。真空泵使用结束后，关闭真空泵和被抽容器间的阀门。关闭真空泵上的电源开关，拆除连接管道，最后盖紧进气帽及排气帽。真空泵的连接如图 9–25 所示。

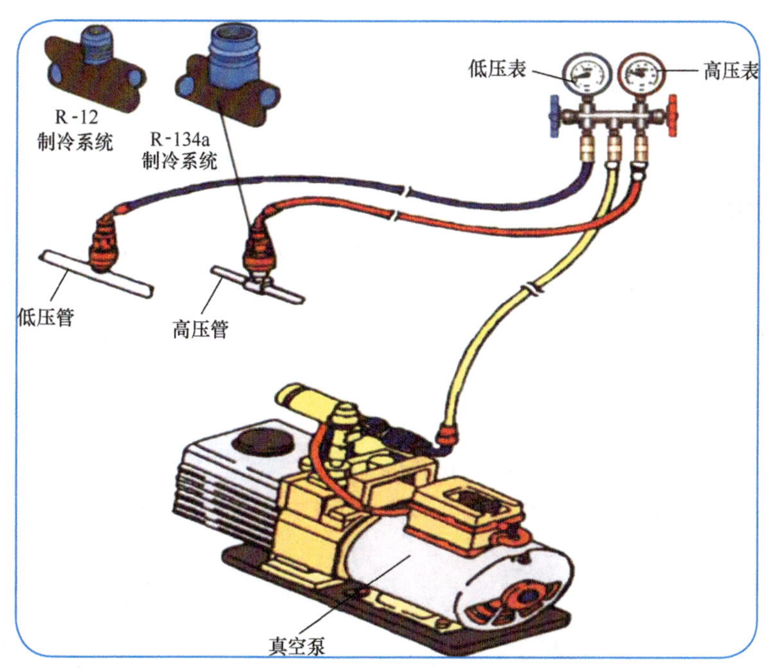

图 9–25　真空泵的连接

真空泵在使用过程中要注意油位的变化，当油窗内油位降至单线油位线以下 5mm 或双线油位线下限以下时，请及时补加真空泵油。

3. 制冷剂罐注入阀

制冷剂罐注入阀是打开小容量制冷剂罐（400g 左右）的专用工具，它利用蝶形手柄前部

的针阀刺破制冷剂罐，通过螺纹接头把制冷剂引入歧管压力表，如图 9-26 所示。

（1）在制冷剂罐上安装制冷剂罐注入阀之前，应按逆时针方向转动蝶形手柄、使其前端的针阀完全缩回；再逆时针转动盘形锁紧螺母，使其升高到最高位置。

（2）把注入阀装到制冷剂罐顶部的螺纹槽内，顺时针旋下盘形锁紧螺母，并充分拧紧，使注入阀固定牢靠，把注入阀接头与歧管压力表上的中间软管接头连接起来（歧管压力表事先与空调系统连接好）。

（3）确认歧管压力计上的两个手动阀均处于关闭状态。顺时针转动蝶形手柄，用针阀在制冷剂罐上刺一小孔。如果此时需要加注制冷剂，应逆时针转动蝶形手柄，使针阀收回，按下歧管压力表的空气驱除阀放出空气，直到制冷剂从阀门释出。然后打开歧管压力表的相应手动阀，让制冷剂注入汽车空调制冷系统。

（4）如果要停止充注制冷剂，应顺时针转动蝶形手柄，使针阀下落到制冷剂罐上刚开的小孔上，使小孔封闭而且同时关闭歧管压力计的相应手动阀。

小心

如果用手按下气体驱除阀，释放出的空调气体就会沾到手上，从而冻伤，因此要用螺丝刀等去按阀门。

4. 温湿度计

温湿度计（见图 9-27）是用来测量温度和湿度的仪器。湿度是用来表示空气干湿程度，空气是由不含水蒸气的干燥空气和含水蒸气的空气组成，这两种空气混合在一起，其中水蒸气量的多少就用湿度来表示。通常在湿度高时，人们感到不舒适，湿度低时感到清爽怡人。

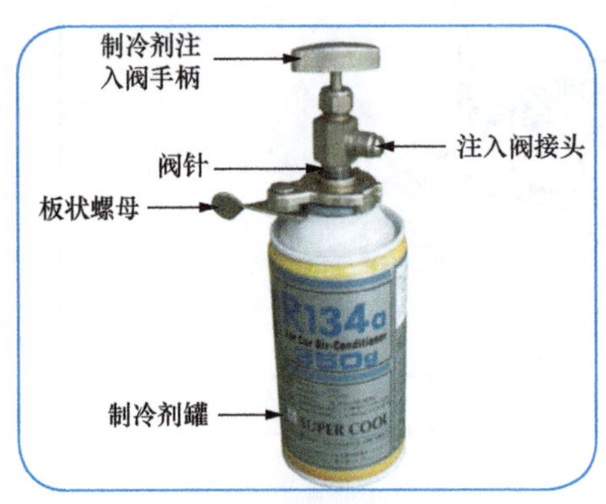

图 9-26　制冷剂罐注入阀

图 9-27　温湿度计

常用的湿度测量是测相对湿度。相对湿度是空气在某一已知温度实际含有水蒸气的量与空气在该温度所能含有水蒸气量之比。例如，相对湿度是 50%，则空气中所能含有的水蒸气是在该温度实际含有水蒸气的两倍。

5. 测漏仪

检测空调系统泄漏的方法很多，简单的方法是利用肥皂液即可，复杂的方法则需利用电子空调检漏仪等工具。

（1）气泡检查法（见图 9-28（a））：这是一种在被怀疑渗漏地点外表面涂抹溶液的检查方

法。如果有渗漏发生就会产生气泡和泡沫。常用的肥皂水的检查效果就很好。

（2）染料溶液：这是一种可以放入空调制冷系统内的有色溶液，在渗漏处染料会显示而且零件会着色，染料溶液可以围绕泄漏点着上一层有色薄膜染料，就可显示出准确的泄漏位置。

（3）荧光检漏仪（见图 9-28（b））：这种检漏仪将定量的紫外线敏感染料引入系统，空调运行几分钟就能使染料在系统内流通，然后用一台紫外线灯照出泄漏的精确位置。

（4）电子检漏仪（见图 9-28（c））：这种检漏仪可以通过探针吸收任何漏出的制冷剂。这种检漏仪发现制冷剂时，即发出声响报警或发出闪烁光。这是所使用的密封检漏仪中灵敏度最好的检漏仪。

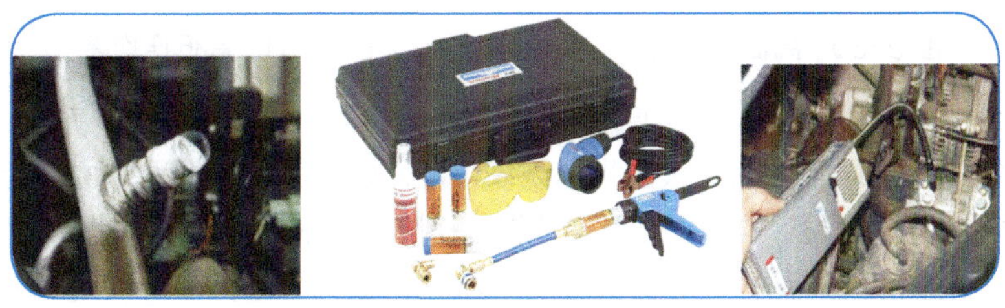

（a）肥皂泡沫检漏法　（b）荧光检漏设备　（c）电子检漏仪

图 9-28　空调检漏方法

6. 制冷剂回收加注装置

制冷剂回收加注装置（见图 9-29）具有回收制冷剂、对系统抽真空、给系统加注制冷剂等功能。它可清除混入制冷剂中的杂质、空气、冷冻油，确保制冷剂的纯净，使其可重复使用。它具有精确控制回收加注量、完毕后自动停机等特点。

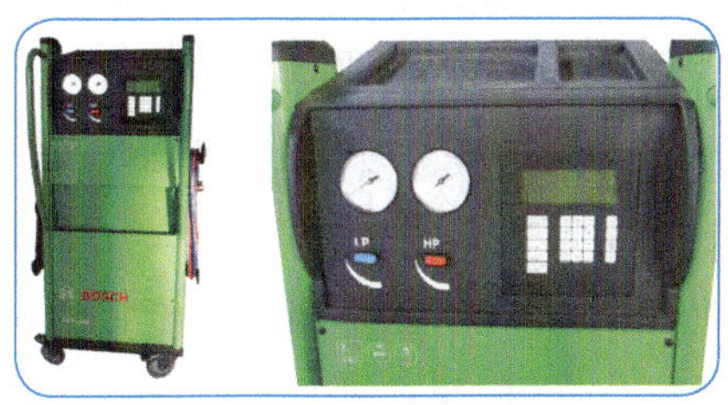

图 9-29　制冷剂回收、加注一体机

四、利用歧管压力表诊断制冷循环系统故障

在系统无泄漏及压缩机电磁离合器能够吸合的情况下，将歧管压力表按前述的方法与制冷系统的维修阀连接，起动发动机，运转空调系统，检查系统高压和低压侧压力。系统正常情况下，高压侧压力应为 1.4 ～ 1.6MPa；低压侧的压力为 0.15 ～ 0.25MPa。

使用歧管压力表所示压力随外部空气温度而有轻微的变化。

（1）如果空调制冷不足，歧管压力表高、低压指示均低（见图 9-30），同时视液镜中可以看到大量气泡，这说明系统中制冷剂不足。此时，检查系统是否有泄漏的地方，排除故障后，将制冷剂补足。

歧管压力表的高、低压指示均高（见图 9-31），视液镜中看不到气泡，甚至在低转速下也看不到气泡，造成这种现象的原因是系统中制冷剂过量或制冷剂不足。排除故障时，要将制冷剂调整合适，清洁冷凝器，同时还要检查车辆冷却系统。

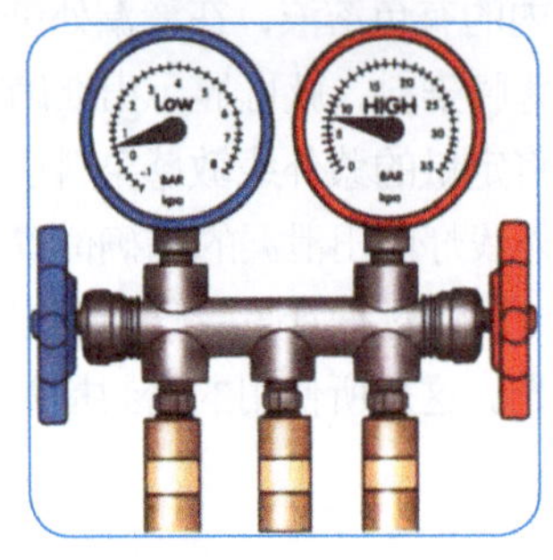

图 9-30 高低压均低

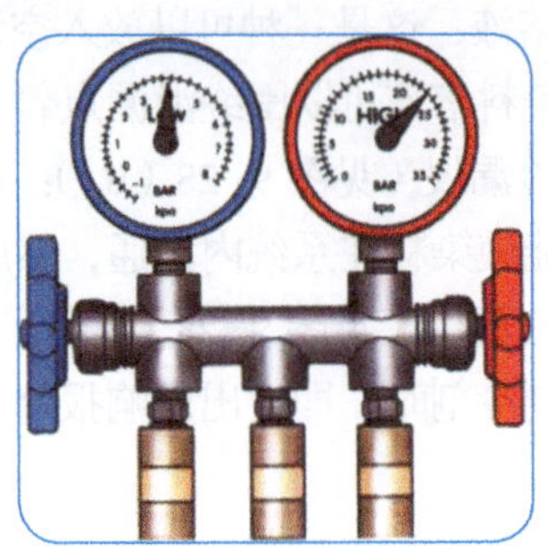

图 9-31 高低压均高

（2）制冷时有时无，压力表在空调起动时正常，过一段时间低压表指示真空，高压表的压力也降低很多，过几秒到几分钟，表的指示恢复正常，如此循环，如图 9-32 所示。造成这种现象的原因是系统中有水分，当系统正常制冷温度下降时，水分在膨胀阀处结冰造成冰堵，制冷循环不能进行；温度上升后，冰融化使得循环又正常进行，温度下降后有造成冰堵，如此反复，遇到这种情况应更换储液干燥器，系统抽真空后重新加入制冷剂。

如图 9-33 所示，如果高压表指示过低，低压表指示过高，关闭空调后高低压表指示很快趋于一致，触摸压缩机，压缩机温度不高，这说明压缩机效率不高，此时应更换压缩机。

如果制冷系统内制冷剂不能循环，低压表可指示真空，高压表的压力也比正常的低，造成这种情况的主要原因是制冷循环系统内有堵塞情况。排除时要查明堵塞原因，更换堵塞部件，彻底清理制冷循环管路。

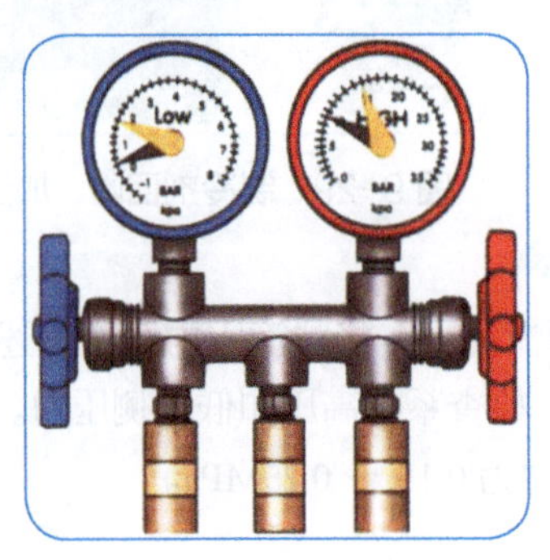

图 9-32 系统中有水或堵塞

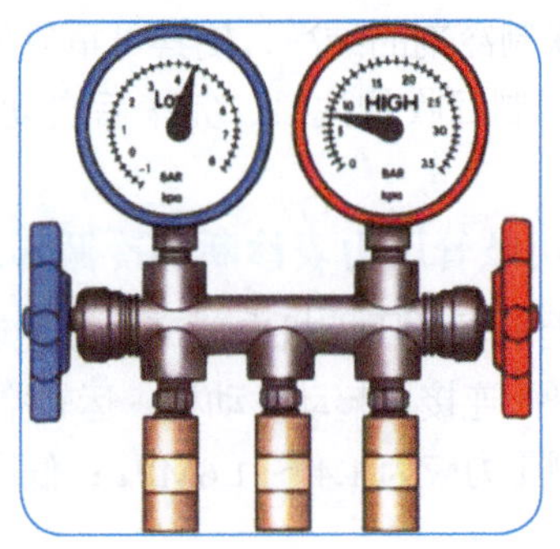

图 9-33 压缩机效率不高

（3）在制冷剂数量正常情况下，如果高、低压表的压力均指示高于正常值，说明制冷循环系统中有空气进入，其表现通常为低压指示越高，制冷效果越差。出现这种情况时，应更换制冷剂并对系统进行抽真空，排除系统中空气。

如果低压表指示过高，高压表指示正常，低压管路结霜且制冷效果下降，这种情况往往是由于膨胀阀开度过大造成的，维修时应重点检查膨胀阀热敏管安装情况，或更换膨胀阀。

五、空调制冷系统检修的基本操作

汽车空调制冷系统检修的基本操作一般包括制冷系统工作压力的检测从制冷系统内放出制冷剂、制冷系统的检漏、抽真空、加注和补充制冷剂、加注和补充冷冻油等。

1. **制冷系统工作压力的检测**

（1）关闭歧管压力表上的两个手动阀，将歧管压力表正确连接到制冷系统相应的检修阀上，如图 9-34 所示。

（2）用手拧松歧管压力表上高、低压注入软管的连接螺母，让系统内的制冷剂将高、低压注入软管内的空气排出，然后再将连接螺母拧紧。

（3）起动发动机并使发动机转速保持在 1 000 ～ 1 500r/min，然后打开空调 A/C 开关和鼓风机开关，设置到空调最大制冷状态，鼓风机高速运转，温度调节在最冷。

（4）关闭车门、车窗和舱盖，发动机预热。把温度计插进中间出风口并观察空气温度，在外界温度为 27℃时、运行 5min 后出风温度应接近于 7℃。

（5）如图 9-35 所示，观察高、低压侧压力，压缩机的吸气压力应为 0.15 ～ 0.25MPa，排气压力应为 1.4 ～ 1.6MPa。

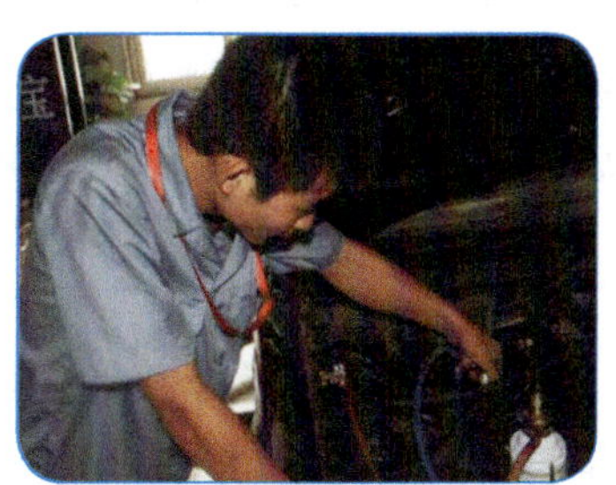

图 9-34　连接歧管压力表

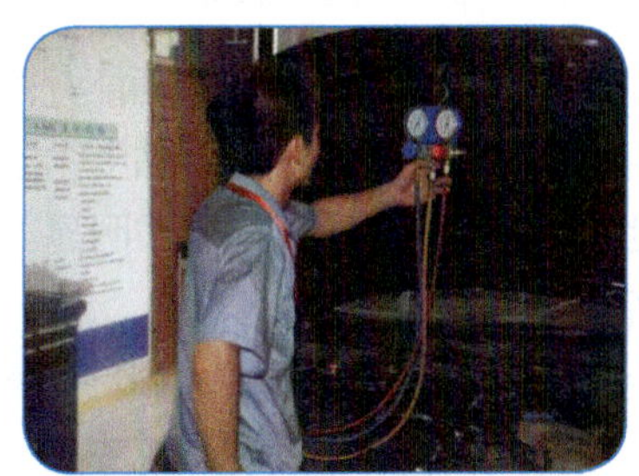

图 9-35　检测空调系统高低压力

使用给制冷系统进行压力测试时，不允许打开歧管压力表上的高压手动阀，否则高压制冷剂将通过高压表而冲击制冷剂罐，有造成制冷剂罐爆裂的危险。

2. **从制冷系统内放出制冷剂**

（1）关闭歧管压力表上的手动高、低压阀，并将高、低压软管分别接在压缩机高、低压检修阀上，将中间软管的出口用布包起来。

（2）如图 9-36 所示，慢慢打开手动高压阀，让制冷剂从中间软管布上排出，阀门不能开得太大，否则压缩机内的冷冻油会随制冷剂流出。

（3）当压力表读数降到 0.35MPa 以下时，再慢慢打开手动低压阀，使制冷剂从高、低压两侧同时排出。观察压力表读数，随着压力下降，逐渐开大手动高、低压阀，直至低压表的读数指到零为止。

3. **制冷系统的检漏**

据统计，汽车空调不制冷或制冷不足故障中，70%～ 80%都是由系统泄漏所造成的，因此制冷系统的检漏作业在汽车空调维修作业中是一个十分重要的环节。制冷系统更换过零部件后，需要对系统的密闭性进行检测。

（1）真空保压：在抽真空作业完成之后，不要急于加注制冷剂，而是保持系统真空状态一定的时间（一般数十分钟至数小时）后，观察歧管压力计上的低压表真空度是否发生变化。如果是真空指示没有变化，则说明系统无泄漏；如果是真空指示回升，则说明系统有泄漏。这种方法只能判断系统有无泄漏、而无法具体指示泄漏部位，因此只用于加注制冷剂前的初步检漏，如图 9-37 所示。

图 9-36　释放制冷剂

图 9-37　制冷系统检漏

（2）油迹检漏：制冷剂与冷冻油能互溶，如果因密封不良而使制冷剂泄漏时，便会带出少量的冷冻油，使泄漏处形成油斑，粘上尘土便形成油泥。根据这种现象就能找到泄漏部位，不过只有在泄漏量较大时，这种现象才明显。

4. 抽真空

汽车空调制冷系统修理之后，由于接触了空气，必须用真空泵抽真空，排除制冷系统内的水分和空气，以维护空调制冷系统的正常工作，抽真空并不能直接把水分抽出制冷系统，而是产生真空后降低了水的沸点，水以蒸汽的形式被抽出制冷系统。

（1）将歧管压力表与制冷系统和真空泵连接好，接通真空泵电源线，起动真空泵，如图 9-38 所示。

（2）打开歧管压力计的高、低压手动阀，观察低压表指针，应有真空显示。

（3）如图 9-39 所示，抽真空总的时间不少于 30min 以上，然后关闭高、低压侧手动阀门，关闭真空泵。

（4）进行保压，如果现实压力不再增加，就可以向系统中充注冷冻油、加制冷剂了。

一般在机器铭牌上都标明了所用制冷剂种类及充注量。若制冷剂的种类不清，可根据发动机罩上的说明辨认或根据连接管头形状、维修加液阀尺寸及形状辨认。

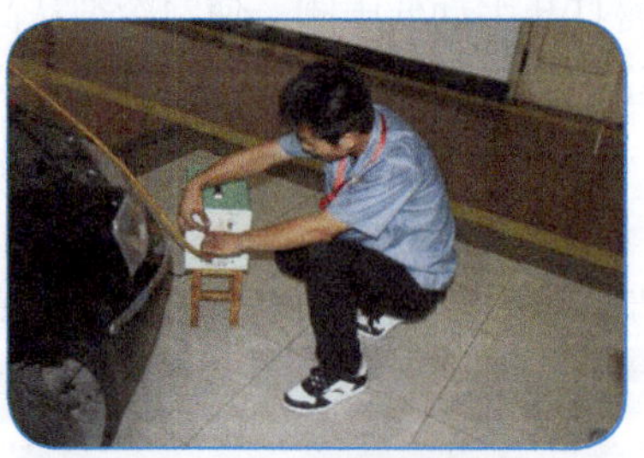

图 9-38　接真空泵

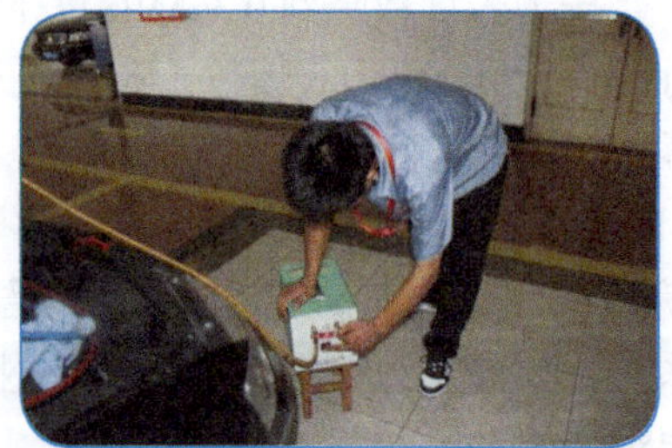

图 9-39　抽真空

5. 加注冷冻油

制冷系统如果制冷剂泄漏速度很慢，对冷冻油泄漏影响不大。制冷剂如果泄漏速度很快，冷冻油也会很快随之泄漏。添加冷冻油时一定要保证是同一牌号的冷冻油，因为不同牌号的冷冻油会生成沉淀物。

添加冷冻油可用两种方法：一种是直接加入法，将冷冻油按标准称好或用洁净的量杯量好，直接倒入压缩机内，这种方法只有在更换蒸发器、冷凝器和储液干燥器时可以采用。另一种是真空吸入法，利用抽真空加注冷冻润滑油，具体操作程序如下：

（1）先将系统抽真空到 98kPa，用带有刻度的量杯倒入比需要补充量还要多一些的冷冻油（见图 9-40）。

（2）如图 9-41 所示，关闭低压侧手动阀，关闭压缩机上的检修阀，把低压侧软管从歧管压力表上卸下，插到冷冻油的杯里。打开检修阀，把冷冻油从油杯吸入系统。吸油完毕时，要注意立即关闭检修阀，以免吸入空气。

（3）把低压侧软管接头拧在歧管压表计上，打开低压侧手动阀，开动真空泵，先为低压侧软管抽真空。然后再打开检修阀，为系统抽真空，以便排除随油进入系统里的空气。

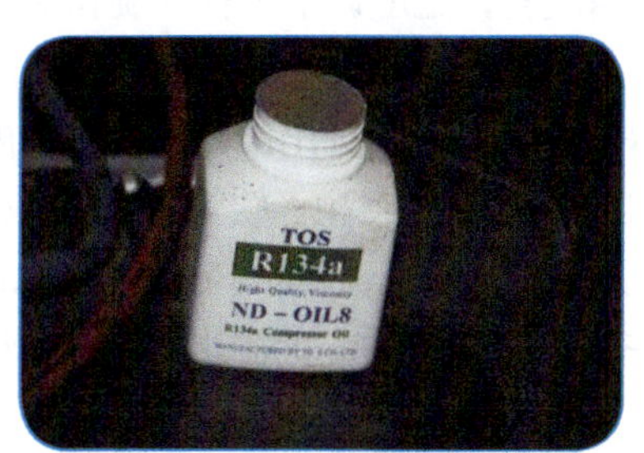

图 9-40　准备冷冻油

图 9-41　加入冷冻油

小心

冷冻油的吸收潮气的能力极强，因此，在充注或更换冷冻油时，操作必须迅速，以免潮气侵入制冷系统而影响制冷效果。

6. 加注制冷剂

制冷剂加注工作分为两种：一种是制冷系统内部制冷剂不足，需要进行补充；另一种是制冷系统内部无制冷剂，需要重新加注。如果制冷剂不足，需检查是否有泄漏的地方，在确认系统无泄漏的地方，可进行补充。如果空调系统更换了零件或因其他原因制冷剂全部漏光，则需重新加注，重新加注制冷剂时应先对系统进行抽真空作业，以抽取制冷系统的水分，防止因水结冰堵塞制冷系统的管路。下面介绍两种制冷剂加注方法。

（1）从高压侧注入液态制冷剂。抽真空作业完成后，将中间注入软管从真空泵上卸下，改接到制冷剂注入阀接口上，装好制冷剂罐并用注入阀打开制冷剂罐，然后将与歧管压力表相连接的中间软管接头稍微松开一些，直到听到嘶嘶声后再拧紧，以排出中间注入软管内的空气，如图 9-42 所示。

如图9-43所示，打开歧管压力表高压侧手动阀，制冷剂便经高压侧注入软管进入系统高压侧，可将制冷剂罐倒立，使制冷剂呈液态进入系统。注入一定量的制冷剂后，关闭高压侧手动阀和注入阀后，即可进行检漏或试运行。

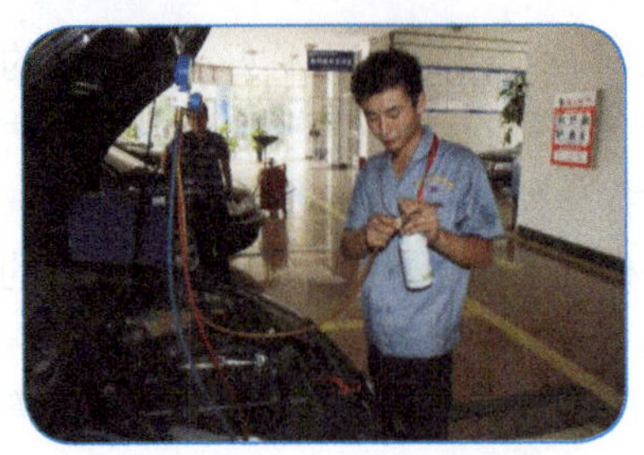
图9-42　装好制冷剂罐

图9-43　打开高压侧手动阀

（2）从低压侧注入气态制冷剂。将歧管压力表连接于制冷系统检修阀上，中间注入软管与制冷剂注入阀和制冷剂罐连接好。起动发动机并使之保持在1 500～2 000r/min转速下运转，接通空调A/C开关使压缩机工作，鼓风机以高速旋转，温度调节推杆或旋钮调至最大冷却位置。

如图9-44所示，用注入阀打开制冷剂罐，并保持罐体直立，排出中间注入软管内的空气后，缓慢打开歧管压力表低压手动阀，气态制冷剂便由制冷剂罐经注入软管、低压侧检修阀被压缩机吸入制冷系统低压侧，同时调节低压侧手动阀开度，使低压表读数不超过411.6kPa，如图9-45所示。为加快充注速度，可将制冷剂罐直立放在温度为40℃左右的温水中，以保证制冷剂罐内的液态制冷剂具有一定的蒸发速度。

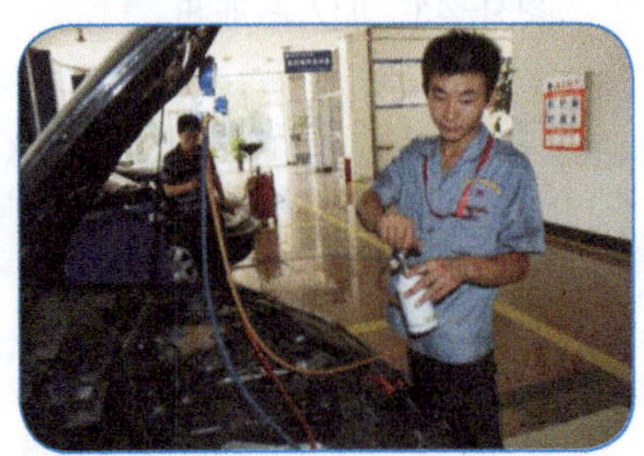
图9-44　打开低压侧手动阀

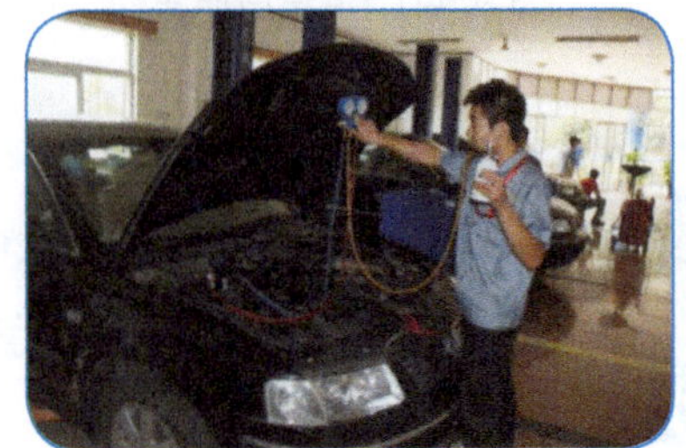
图9-45　注入制冷剂

若使用的是小容量罐，在加注一罐后仍需加注时，可关闭歧管压力表上的低压侧手动阀，从空罐上卸下注入阀，把它装到待用的制冷剂罐上，排出中间注入软管内的空气后，再继续加注到适量为止。充注完毕后，关闭歧管压力表低压侧手动阀，关闭注入阀，关闭空调A/C开关和鼓风机开关，让发动机熄火，卸下歧管压力表即可。

低压侧加注制冷剂时制冷剂灌倒置将使制冷剂以液态进入压缩机，压缩液体将损坏压缩机；不要加注过量，否则将导致制冷不足。

7. 空调系统的定性检查

起动发动机，开启风量开关置于最高挡，温度调节至最低温度挡，按下 A/C 开关，运转 2 ～ 3min 后按以下方法进行定性检查。

（1）压缩机吸入管有冰手的感觉，而排出管有烫手的感觉，两管之间有明显的温差，如图 9-46 所示。

（2）在储液干燥器检视窗观察，通过观察可知，90%和 100%的储液干燥器内是透明的，而且用手感可感觉到进出口管道的温度均匀一致。

（3）用手感比较冷凝器流入管和流出管温度，流入管的温度较流出管的温度高。

（4）用手感膨胀阀前后应有明显的温度差，前热后冷，如图 9-47 所示。

图 9-46 感觉出风口温度

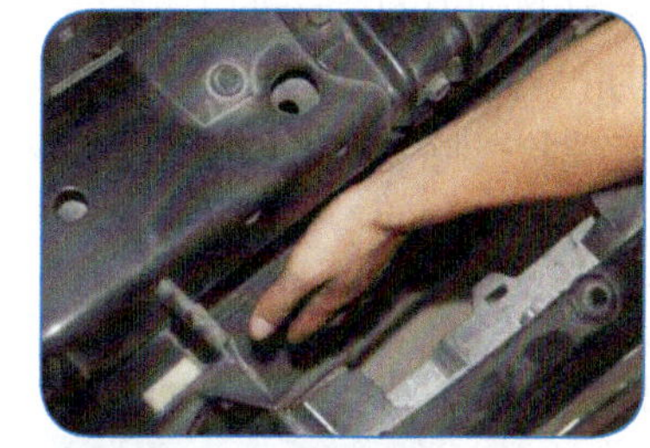
图 9-47 感觉冷凝器温度

（5）用手感冷凝器流出管至膨胀阀输入端之间的高压管道及部件温度，应均匀一致。

（6）用手感膨胀阀流出口到压缩机吸入口的管道应有冰手而不结霜的感觉，即使结霜也随即融化。用目测只能看到化霜后的小水珠。冷气出口有冰凉的感觉。

如果检查结果符合以上条件，那么这套汽车空调系统从定性上就可判别工作是正常的。

8. 空调系统的定量检测

如图 9-48 所示，在环境温度为 20℃～ 35℃条件下，起动发动机，按下 A/C 开关，风量开关置于最高挡，温度开关置于最低温度位置，打开车门，使发动机在 2 000r/min 左右运转 15 ～ 20min 后，用高、低压力表组检测，其高、低压力应符合规定的范围。压力表的指示压力随环境温度变化、例如在环境温度为 30℃时，压力表的指示压力为：

高压侧压力值：1.376 ～ 1.47MPa（12 ～ 15kgf/cm^2）。

低压侧压力值：0.196 ～ 0.294MPa（2 ～ 3kgf/cm^2）

如图 9-49 所示，中央出风口的温度也应在规定的范围内。例如，蒸发器入风口温度为 24℃，中央出风口吹风温度应为 12℃。

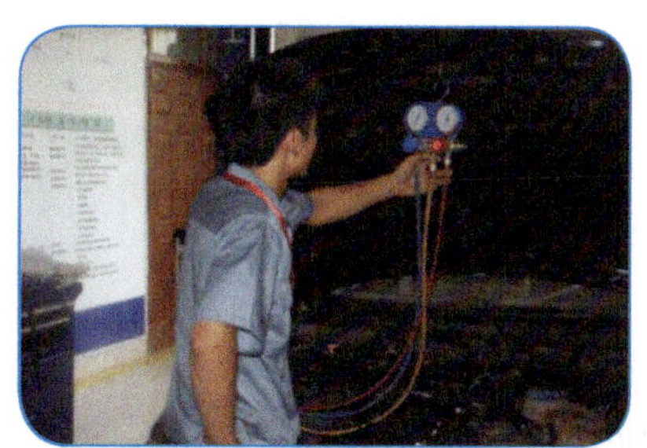
图 9-48 测量压力

图 9-49 测量温度

必须指出，由于每一种车所用的压缩机不同、冷凝器的布置位置不同等因素的影响，系统高、低压力可能相差较大，并且由于系统中蒸发器、冷凝器的匹配参数不同，每种车出风口温度也相差较大。

9. 空调系统的日常维护

（1）保持冷凝器的清洁。

（2）保持送风通道的空气进口滤清器的清洁，如图 9-50 所示。

（3）定期检查制冷压缩机的驱动皮带使用情况和松紧程度，如图 9-51 所示。

（4）应经常检查制冷系统的各管道接头和连接部位是否有松动，与周围机件是否有磨碰现象。

（5）在不使用冷气的季节里，每半个月开启压缩机一次，每次 10min，这样可以防止系统管路中各密封圈、压缩机轴封因缺油干燥引起密封不良，导致制冷剂泄漏。

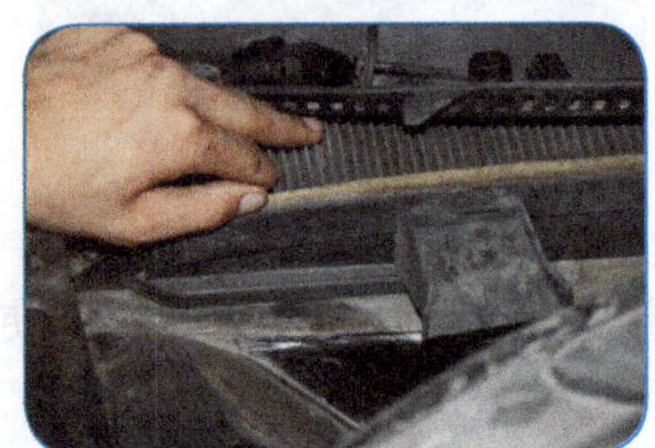

图 9-50　更换空调滤芯

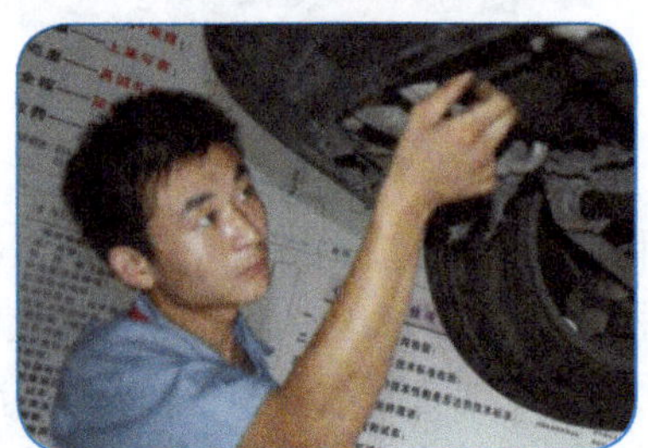

图 9-51　检查皮带

只有在所有车门关闭时，空调系统调节的冷气或暖气效果才会显著。当汽车停靠在太阳光下、车内温度较高时应打开车窗，放出车内热气。

六、压缩机更换

1. 压缩机需更换的几种情况

（1）压缩机密封件老化，出现制冷剂泄漏现象。

（2）事故车辆导致压缩机机械破损。

（3）压缩机内部运动部件有异响，发出明显金属敲击声。

（4）压缩机制冷效率下降，系统压力出现低压高和高压低的情况。

2. 制冷系统部件更换原则

汽车空调制冷系统的部件由于异常磨损、配件质量问题或使用超过年限交通事故造成部件的损坏等，需要对部件进行更换（具体操作参照相应车型的维修手册）。

（1）压缩机由于磨损不能使系统建立正常的压力或者产生异响的必须更换，同时储液干燥器、集液器、节流管等要一同更换，并且对整个系统的其他管路及部件要进行彻底清洗，保证绝对的清洁。

（2）蒸发箱、冷凝器和管路等大部分都是由于泄漏而无法维修，必须更换；储液干燥器、集液器是由于超过使用年限或者是脏、堵等原因无法使用，必须更换；膨胀阀、节流管一般是由于脏、堵或本身失效，需要更换。

（3）在更换制冷系统的任何部件后，连接部位的密封圈必须更换（R−134a 系统和 R−12 系统中的密封圈不能互换）。

（4）压缩机上的电磁离合器由于线圈短路或断路造成离合器不能正常工作，需要更换，更换时要十分注意电磁离合器的压盘、转子和线圈之间的间隙。

3. 制冷系统及压缩机的拆卸

在拆卸空调系统前，一定要先将系统制冷剂排空，这一点千万不可马虎。同时，拆卸下来的每个部件及其相连接的管道口应及时塞住，以防潮气进入系统。拆卸时应按下述步骤进行。

（1）拆下蓄电池的搭铁线，或关闭车辆电源的总开关。

（2）用专用的仪器排除制冷剂。

（3）拆卸各管路接头，一定要在两管头上用两个扳手同时进行操作。

（4）管子拆下后，应立即在各管口处堵上塞子，以保证管路的清洁，如图 9−52 所示。

（5）清洁管道时，不能用水或压缩空气清洗内部，而要用氮气或制冷剂进行清洗，如图 9−53 所示。

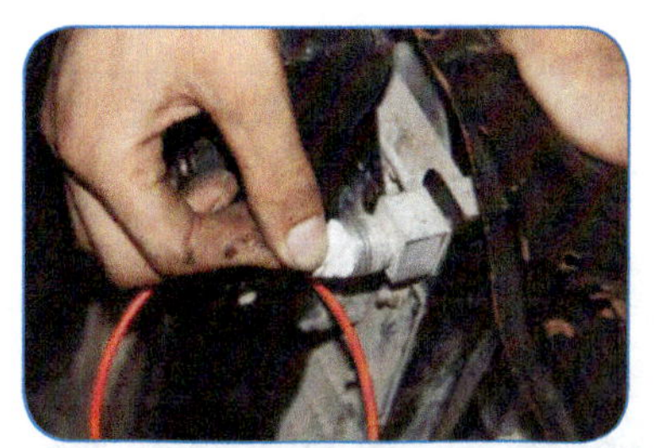

图 9−52　堵塞子

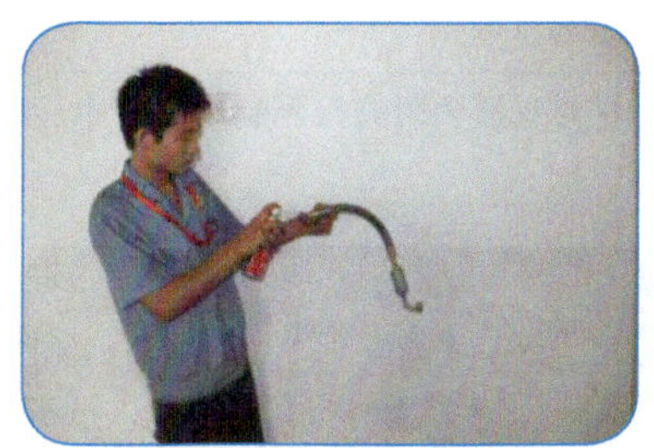

图 9−53　清洁管道

4. 制冷系统及压缩机的装配

制冷系统及压缩机的安装与拆卸顺序正好相反。在每个管接头处清洗干净后，有 O 形密封圈的，要换上新的 O 形密封圈，如图 9−54 所示。安装时应在每个密封表面涂上一点规定的冷冻油，以提高其密封性能。

装配时还应注意以下几点：

（1）使用两个开口扳手紧固螺母，防止管路扭曲，如图 9−55 所示。

（2）按要求安装各管路的接头和各固定螺栓，并按规定的扭矩拧紧。

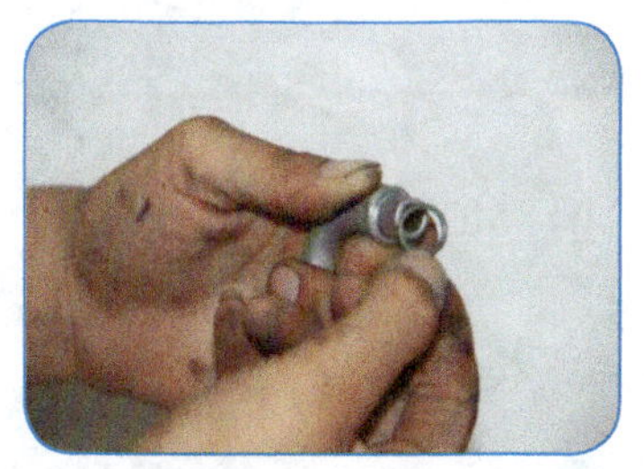

图 9−54　更换密封圈

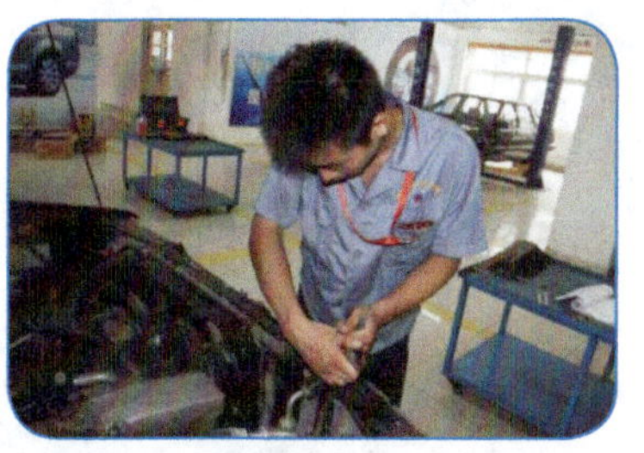

图 9−55　拆装空调管

（3）检查所有零部件，保证无损坏，且各相邻的零部件之间互不干涉，如图 9-56 所示。

（4）压缩机的吸气管与排气管接头要连接可靠，并进行泄漏检查。

（5）进行泄漏检验，确保各连接部位没有泄漏现象，如图 9-57 所示。

（6）对压缩机驱动皮带的松紧要按规定进行调整。

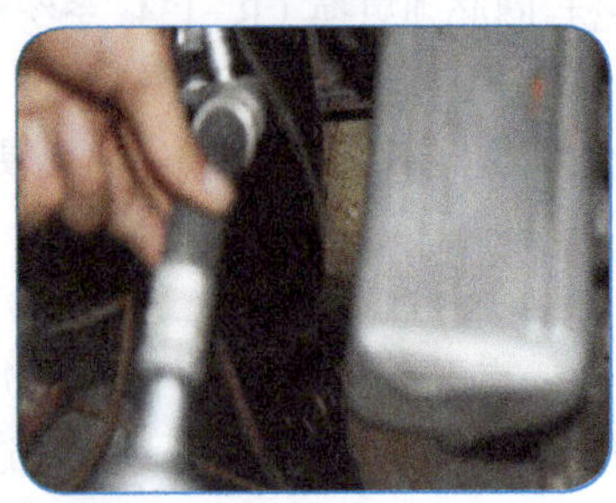

图 9-56　部件无干涉

图 9-57　泄漏检验

任务实施

通过以上学习，掌握了有关压缩机更换相关知识，下面通过分步演示，来体会一下真实工作过程。

步骤一：把歧管压力表连接到制冷系统中

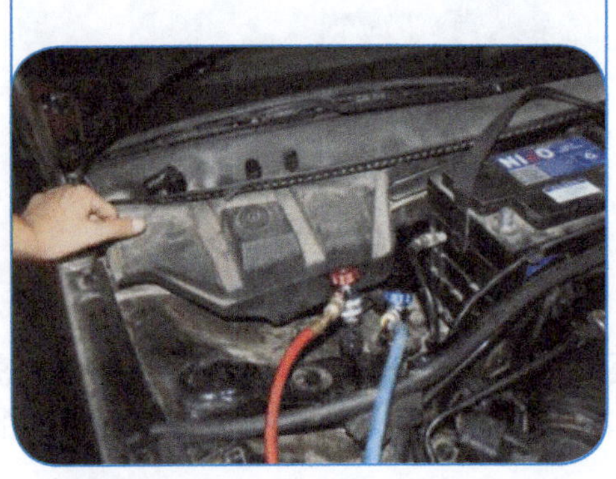

步骤二：用歧管压力表放出制冷系统中的制冷剂

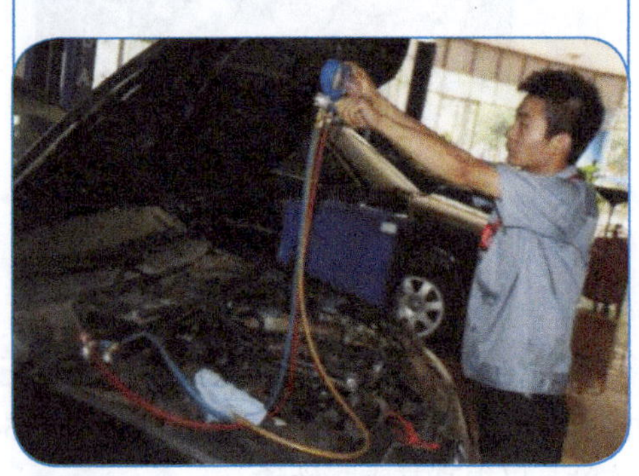

步骤三：拆卸压缩机皮带，拔开离合器线束插头

步骤四：从压缩机吸、排气口卸下高、低压软管，并给吸、排气口加盖

步骤五：从托架上卸下压缩机固定螺栓和取下压缩机

步骤六：从制冷系统中拆卸膨胀阀和储液干燥器

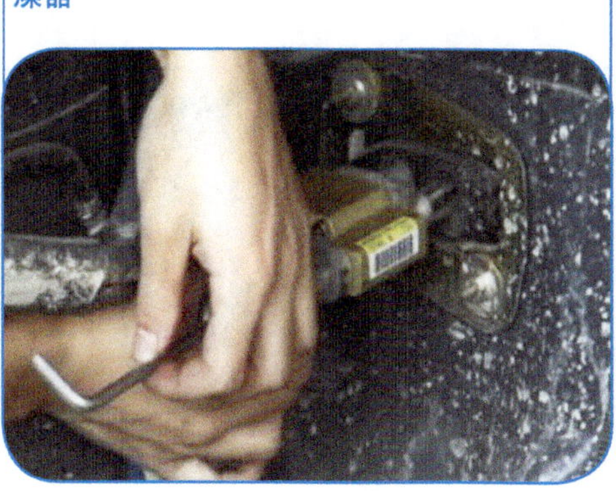

步骤七：用清洗剂对制冷系统内部进行清洗，并用氮气吹干

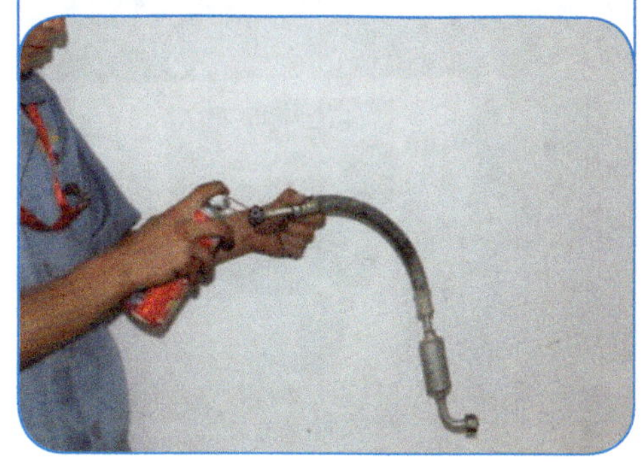

步骤八：向压缩机内加入适量的压缩机油

步骤九：安装上新的压缩机、膨胀阀和储液干燥器

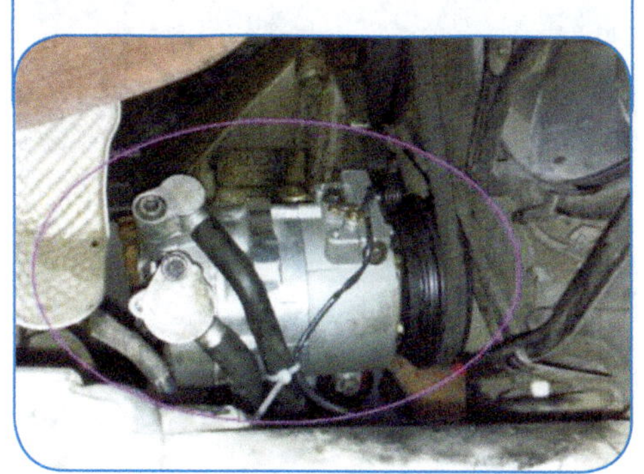

步骤十：安装高低压软管、驱动皮带和线束插头

步骤十一：给系统充氮气打压，测量密封性

步骤十二：给系统抽真空，去除系统内空气和水分

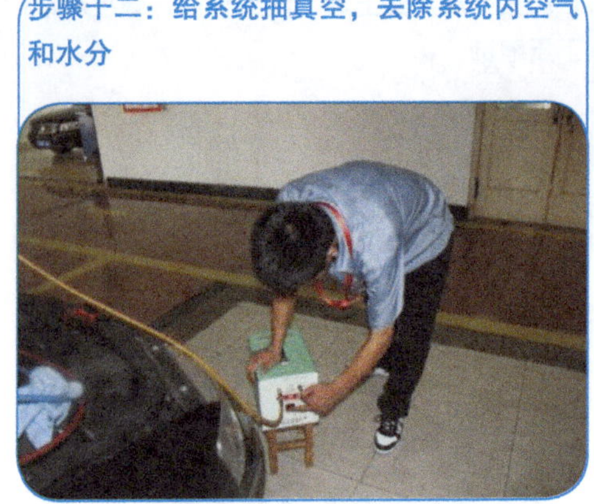

步骤十三：从高压处加入液态制冷剂

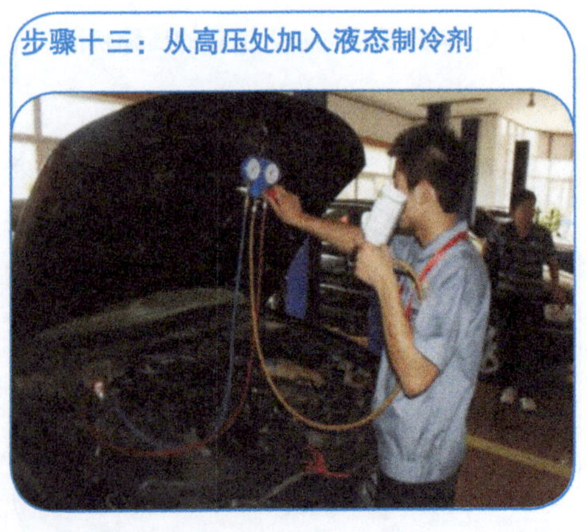

步骤十四：运行发动机，打开空调系统

步骤十五：从低压侧注入气态制冷剂

步骤十六：制冷剂加入量应符合系统要求

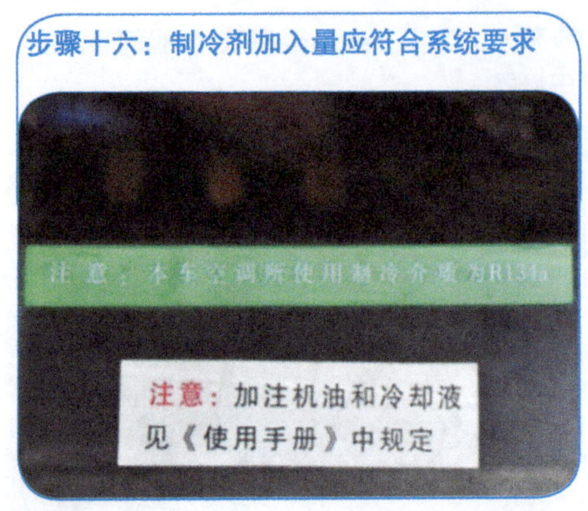

步骤十七：观察歧管压力表压力是否符合规定

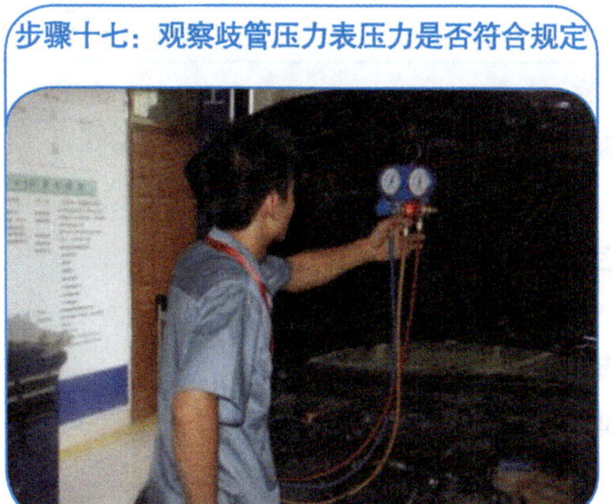

步骤十八：测量出风口温度是否达到系统要求

安全操作

（1）维护空调系统和加注制冷剂时要戴防护镜。

（2）皮肤接触制冷剂会引起冻伤，因此工作时，应穿劳保服来保护皮肤和衣服。

（3）放出制冷剂时，周围环境一定要通风良好，不能接近明火，否则将产生有毒的气体。

（4）不要将制冷剂罐底对着人，有些制冷剂罐底有紧急放气装置。

（5）不要将制冷剂罐直接放在温度高于40℃的热水中。

（6）如果液体制冷剂进入眼睛或碰到皮肤，不要揉，要立即用大量的冷水冲洗，并立即到医院找医生进行专业处理，不要试图自己处理。

实操任务单

<table>
<tr><th colspan="3">压缩机的检查与更换作业工单
维修班组：______ 维修技师甲：______ 维修技师乙：______ 质检员：______</th></tr>
<tr><td>整车型号</td><td colspan="2"></td></tr>
<tr><td>车辆识别代码</td><td colspan="2"></td></tr>
<tr><td>发动机型号</td><td colspan="2"></td></tr>
<tr><td>任务</td><td>作业记录内容</td><td>备注</td></tr>
<tr><td>一、前期准备</td><td>正确组装三件套（转向盘套、座套、换挡手柄套）、翼子板布和前格栅布。□
工位卫生清理干净。□</td><td></td></tr>
</table>

续表

任务	作业记录内容	备注
二、操作步骤	1. 将车辆引入工位前，清理工位卫生排除障物，准备好相关工具物品。 2. 将车辆停驻在举升机平台的位置。 3. 拉紧驻车制动器，并将变速器置于空挡或 P 挡位置，打开发动机舱盖。 4. 把护裙粘贴在汽车翼子板上，要求护裙把翼子板全覆盖。 5. 安装转向盘套、挡杆手柄套、座套、铺设地板垫。其主要作用是_______________________________________。 6. 连接制冷压力表检测高低压侧压力，在着车前两侧压力都保持在__________kPa，但在着车后高压侧上升到__________kPa，低压侧下降到__________kPa 为正常。 7. 如果压力过低，则检查空调管路制冷剂量是否合适，当制冷剂适量时，需检修压缩机。 8. 当压缩机由于磨损过大，工作性能下降，无法保证空调系统建立正常的压力值，在工作期间还产生异响，则必须更换压缩机。 9. 释放空调高、低压管路中的制冷剂。 10. 拔下电磁离合器插头，松开高、低压管。在拆卸管路后，保证管路接头螺纹，用毛巾将管口堵住密封，防止空气进入。 11. 松开压缩机传动皮带张紧螺栓，取下皮带，然后再松开固定螺栓，取下压缩机。 12. 用抹布擦拭压缩机，并加入冷冻油。 13. 安装压缩机并紧固，在安装高、低压软管时，接口处使用的____________必须更换成新品，防止出现______________。 14. 安装压缩机皮带，调整张紧度螺栓。 15. 安装电磁离合器插头。 16. 重新抽真空，检测有无泄漏，加注适量制冷剂，测试空调制冷效果。	
三、竣工检查	将工具及物品摆放归位。□ 汽车整体检查（复检）。□ 整个过程按 6S 管理要求实施。□	
工单记录员：__________ 车间主任：__________ 客户签字：__________ 维修时间：__________		

任务三 压缩机不工作故障的检修

掌握判断压缩机不工作的故障原因和维修方法。

相关知识

压缩机离合器不工作是空调系统出现故障的主要表现形式，一般导致的原因有制冷剂不足、控制电路故障、压缩机工作条件不具备、控制电路被切断等。遇到这类故障，通常的做法是测量压缩机离合器线路插接器处是否有 12V 电压，然后通电确认压缩机离合器工作是否正常，如图 9-58 所示。如果这一切都没问题，那就要控制电路的问题了。

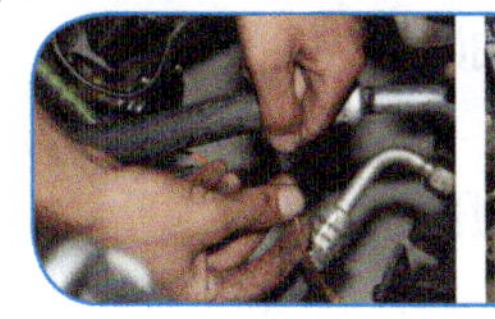

（a）　　（b）

图 9-58　压缩机线路检测

空调控制系统的功能是保证空调制冷系统正常运转，同时也保证空调系统工作时发动机正常运转。空调控制系统主要是通过控制压缩机电磁离合器的结合与分离实现温度控制与系统保护，通过对鼓风机的转速控制调解制冷负荷。

一、空调控制系统电气部件

1. 电磁离合器

在汽车空调制冷系统中，压缩机是由汽车发动机驱动的。为了使空调系统的开、停不影响发动机的工作，压缩机的主轴不是与发动机曲轴直接相连，而是通过电磁离合器，把动力传递给压缩机的。电磁离合器（见图 9-59（a））是发动机和压缩机之间的一个动力传递机构，受空调 A/C 开关、温控器、空调放大器、压力开关等控制，在需要时接通或切断发动机与压缩机之间的动力传递。另外，当压缩机过载时，它还能起到一定的保护作用。因此通过控制电磁离合器的结合与分离，就可接通与断开压缩机

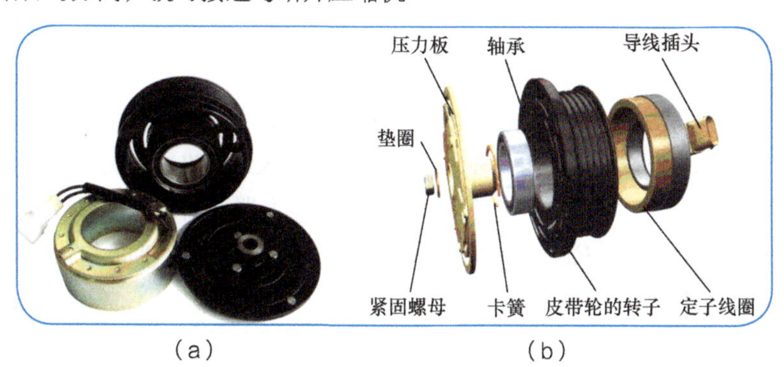

（a）　　（b）

图 9-59　电磁离合器

电磁离合器的结构如图 9-59（b）所示，它主要由压力板、皮带轮、定子线圈等主要部件组成，压力板与压缩机轴相连，皮带轮通过轴承安装在压缩机壳上，皮带轮通过皮带由发动机驱动，定子线圈也安装在压缩机的壳体上。

当励磁线圈中没有电流通过时，离合器上没有磁力作用，压力板与皮带轮分离，此时皮带轮通过轴承在压缩机的壳体上空转，压缩机停止工作。

当恒温器或开关闭合时，励磁线圈有电流通过，产生磁力，将压力板吸向皮带轮，使两者结合在一起，发动机的动力便通过皮带轮传递到压力板，带动压缩机运转。

当恒温器或开关被打开时，流向励磁线圈的电流被切断，压力板与皮带轮脱开，皮带轮继续转动，而压力板停止转动。直到再有电流通过离合器励磁线圈之前，压缩机停止运转。

2. 压力开关

压力开关（见图 9-60）安装在空调系统的高压管路上。如果高压管路的压力低于规定值，低压开关将切断压缩机的电路使压缩机停止工作。如果高压管路的压力高于规定值，处理方法是接通冷凝器风扇高速挡或切断离合器控制电路。从而防止制冷系统压力过高或过低而损坏压缩机或制冷部件。

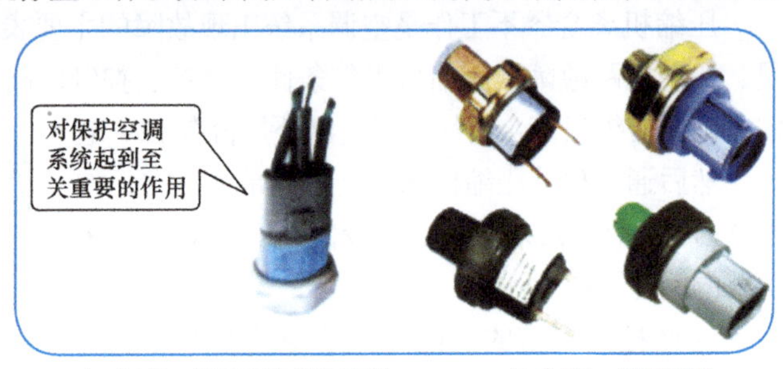

（a）高、低压双向组合开关　　（b）高、低压开关

图 9-60　压力开关

压力开关分低压开关、高压开关和高、低压双向组合开关三种。低压开关又称制冷剂泄漏开关，其触点为常闭触点，并与压缩机电磁离合器线圈电路串联。高压开关又分为触点常闭型和触点常开型两种，触点常闭型高压开关触点的断开和恢复压力因车而异，作用是切断电磁离合器线圈电路。触点常开型高压开关的作用是接通冷凝器风扇高速挡。

高、低压双向组合开关可实现低压切断离合器控制电路，高压接通冷凝器风扇或切断离合器控制电路的双重功能。

提示

通常，低压切断离合器电路的压力约为 0.2MPa，高压接通冷凝器风扇高速挡的压力约为 1.6MPa，高压切断离合器的压力约为 3.2MPa。

3. 温度开关

温度开关（见图 9-61）分为环境温度开关和恒温开关两种，恒温开关又称除霜开关，分电子式和机械式。环境温度开关（桑塔纳车型）安装在刮水电机附近进风口处，当外界温度小于 5℃，环境温度开关切断空调系统。除霜开关安装在蒸发器上面，其作用是根据蒸发器表面温度的高低接通和切断空调压缩机电磁离合器线圈电路，使蒸发器表面温度保持在规定的（一般为 1℃～ 4℃）范围内。

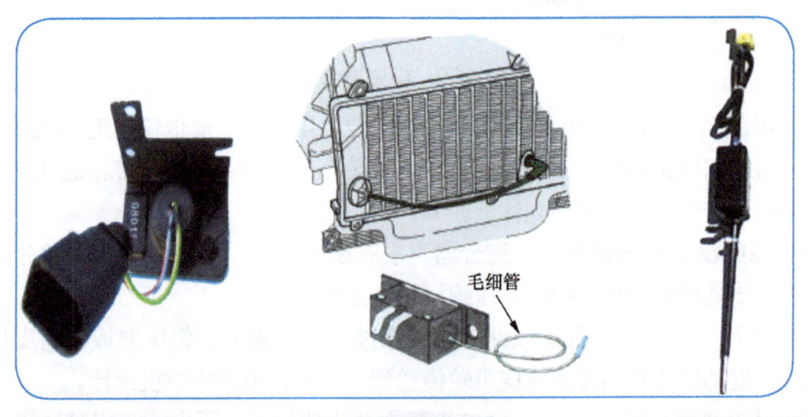

（a）环境温度开关　　（b）除霜机械开关　　（c）除霜电子开关

图 9-61　温度开关

提示

蒸发器温度控制的目的是防止蒸发器结霜。如果蒸发器的温度低于0℃，凝结在蒸发器表面的水分就会结霜或结冰，严重时将会堵塞蒸发器的空气通路，导致系统制冷效果大大降低。

4. 怠速提升装置

怠速提升装置（见图9-62）的作用是在空调开启以后提高发动机的转速，以克服开空调后给发动机带来的额外负荷，保持发动机的稳定运转，提速一般在100～200r/min。

在一部分车型中，空调开启后，通过空调提速电磁阀打开一条通入节气门后方的专用气道，使进气量增加，来提高发动机的转速；节气门直动式电喷车型是通过节气门控制单元打开节气门的角度提高发动机的转速；在目前部分车型是通过怠速马达提高发动机的转速。

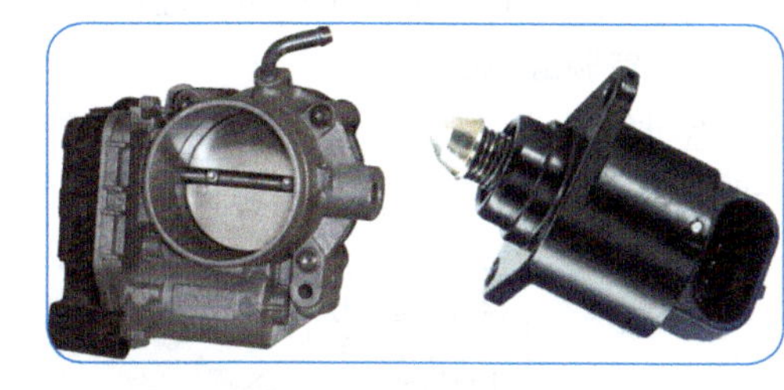

图9-62　怠速提升装置

5. 电动风扇

电动风扇（见图9-63）属于轴流式风机，它的空气流向与风机主轴平行，其特点是风量大、风压小、耗电省、噪声大。现在有很多车辆的冷却系统采用电风扇冷却，同时空调制冷系统的冷凝器也采用同一风扇进行冷却。当冷却液温度较低时，风扇不工作；当冷却液温度升高到某一规定值时，风扇以低速运转；当温度升高到另一个设定值时，风扇则以高速运转；当空调系统开始工作时，不管冷却液温度高低，风扇都运转；当制冷系统压力高过一定值时，风扇则高速运转。

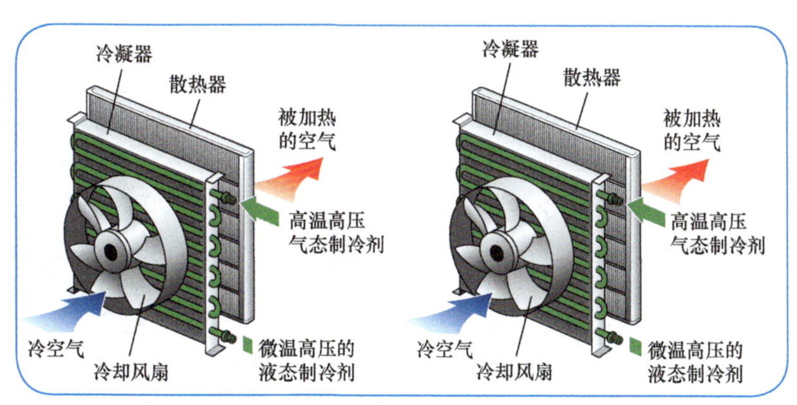

图9-63　电动风扇

提示

风扇转速控制有两种：一种是用一个风扇串连一个电阻方式调解风扇的转速；另一种是利用两个电子扇串联和并联的方式调解风扇的转速。

6. 鼓风机

鼓风机（见图 9-64）是空气通过蒸发箱和暖风水箱的动力之源，同时还有保障室内空气正常循环的功能。鼓风机是离心式风机，它的空气流向与风机主轴呈 90° ，其特点是风压高、噪声小。蒸发器采用这种风机是因为风压高可将冷空气吹到车厢内每个乘员身上，使乘员有冷风感，同时车厢内噪声小，乘员不至于感到不适而过早疲劳。

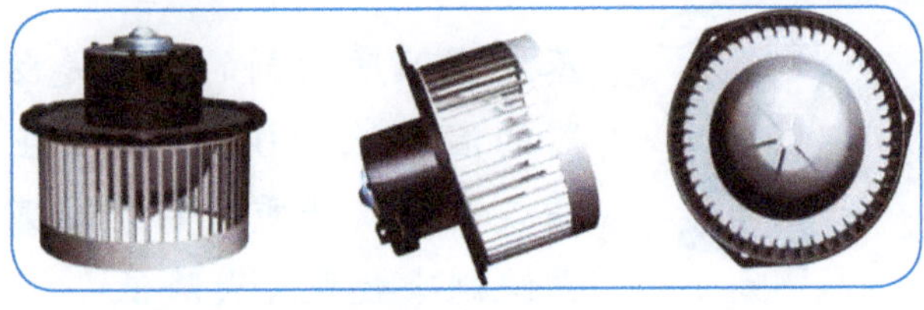

图 9-64　鼓风机

鼓风机由可调节速度的直流电动机和鼠笼式风扇组成，其作用是将空气吹过蒸发器、加热器芯后送入车内，调节电动机的速度，就可以调节对车厢内的送风量。

7. 空调继电器

空调继电器（见图 9-65）主要用来控制大功率、大负荷的用电设备，如压缩机的电磁离合器、冷却风扇、鼓风机等。

图 9-65　空调继电器

8. 空调放大器

现代汽车将几种控制器做成了一体，成为空调放大器，即空调控制器，如图 9-66 所示。它在一些普通轿车和小客车上广泛应用。

空调放大器的作用主要是将空调系统及发动机系统运转的各种信号进行分析处理，然后做出正确的执行命令，从而保障空调系统和发动机系统的正常工作，此类型的放大器主要用于日韩车系。另外，在大众车系中，一部分手动和自动空调中，空调的一部分功能（压缩机的电磁离合器、冷却风扇）是由空调控制器控制的。

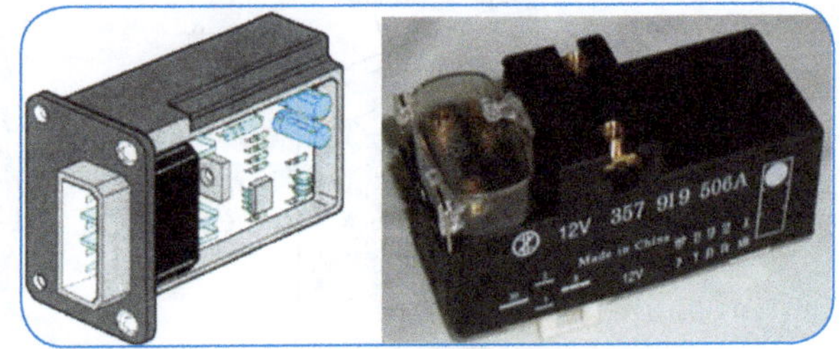

图 9-66　空调放大器

二、真空执行元件

由于汽油发动机的进气歧管能够产生足够的真空度，所以很多汽车的空调都利用这一真空源来控制空调的配气，例如，一汽捷达以及上海别克新世纪的手动空调就采用了这种控制形式。功能键调节在不同位置时，通过真空管路，驱动真空马达工作，从而改变伺服阀门的位置，实现调节风速、风向等空调功能，如图 9-67 所示。

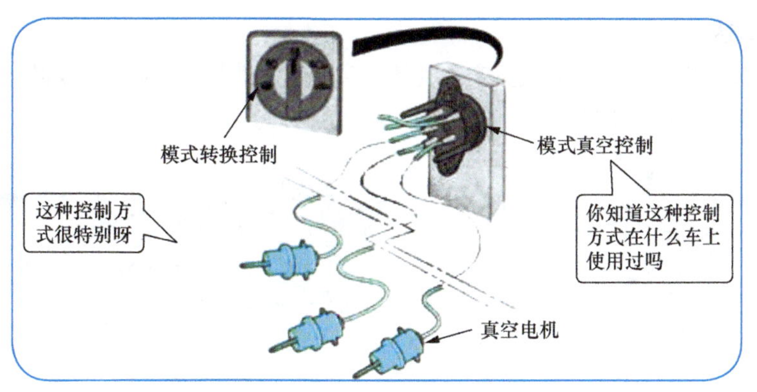

图 9-67　真空执行元件

我们以上海别克手动空调的真空控制（见图 9-68）为例说明真空控制的原理，当空调的功能选择键处于各种不同的位置时，通过一条或几条真空管路，驱动一个或几个真空马达（即真空执行器）工作，从而改变一个或几个风门的位置，使空调产生相应的功能。

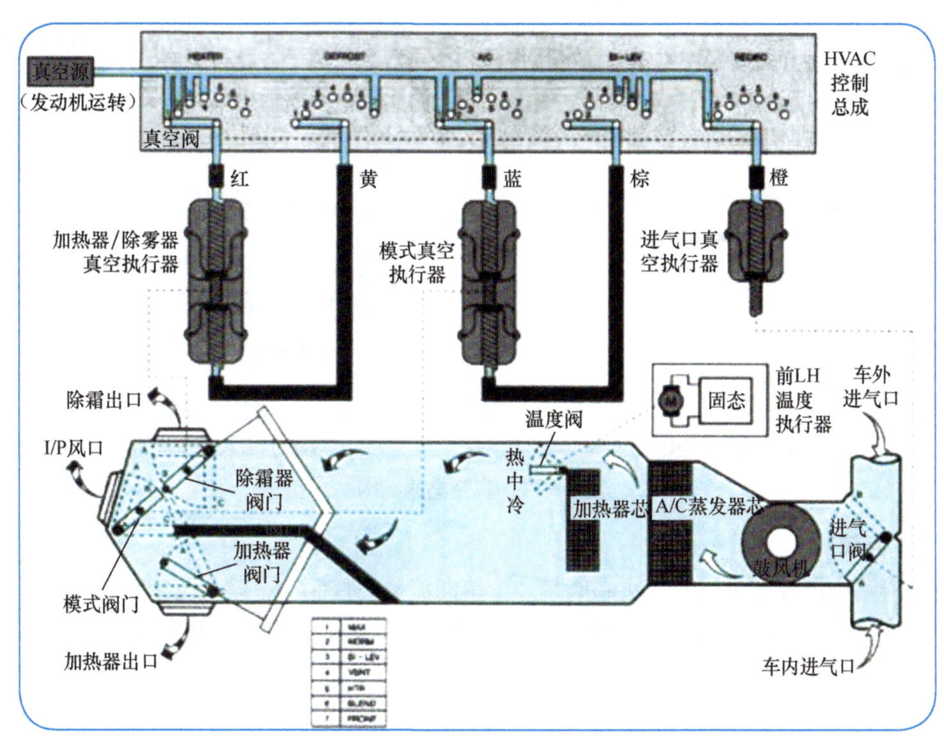

图 9-68　上海别克手动空调的真空控制

各类轿车的真空回路都大同小异，真空管路一般采用真空橡胶管，不同功能的真空管路采用不同颜色的橡胶管加以区分。一般情况下，白色橡胶管连接进气门，蓝色橡胶管连接进气风门和除霜门，红色橡胶管用于全真空管路，黄色橡胶管连接中风门和除霜门。

1. 真空罐

真空系统的真空源是由发动机的进气歧管产生，进气歧管的真空度随发动机的工况变化，因而真空罐（见图 9-69）的作用就是向系统提供稳定的真空压力，其次是储存真空，使真空系统在发动机停机时仍能保持一定的真空度。

2. 真空马达

真空马达又称作真空执行器或真空驱动器，实际上它就是一个膜盒，如图9-70所示。其作用是将真空信号转变为机械动作，用来启闭风门或阀门。

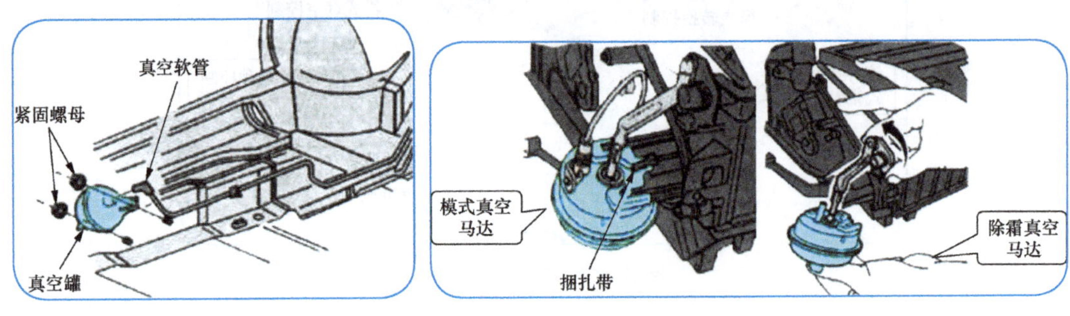

图9-69　真空罐　　　图9-70　真空马达位置

真空马达可分为单膜片真空马达和双膜片真空马达，如图9-71所示。单膜片真空马达的真空接口通过胶管引进真空源，连杆则控制风门，它通常控制只有全开或全闭两种位置的风门。而双膜片真空马达是两个单膜片真空马达装在一个壳体内，它所控制的风门有三个位置：全开、全闭和半开。它也可以同时控制两个风门一个开一个关，或者两个同时半开。

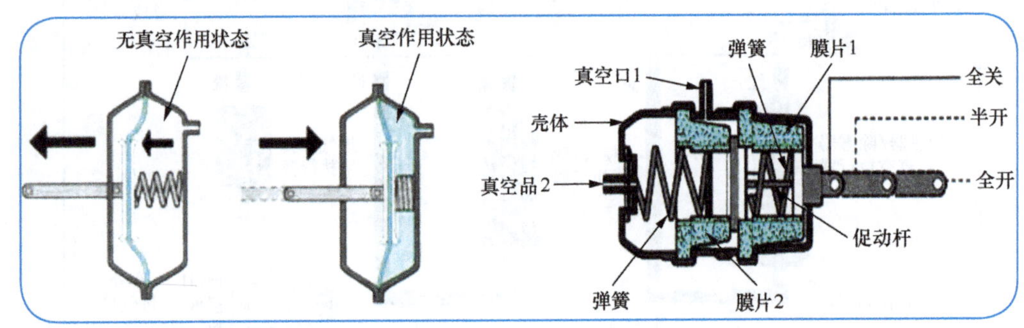

（a）单膜片式真空电机　　（b）双膜片式真空电机

图9-71　真空马达结构

3. 止回阀

真空管路中还设有止回阀。止回阀是一个单向流量的控制阀，装于真空罐与发动机之间，如果进气歧管内的绝对压力低于真空储存器的绝对压力，止回阀开启；真空储存器中的真空度增加到规定极限时，阀门关闭。

三、空调控制面板

目前，部分中级轿车采用手动调节的汽车空调系统。该系统是依靠驾驶员拨动控制面板上的各种功能键实现对中控台中间、出风口位置、鼓风机风速、空气内外循环等的调解。空调控制面板安装在驾驶室中控台中间，由驾驶员操纵，一般有旋钮式和拨杆式两种。

1. 旋钮式手动空调的控制面板

（1）温度调节旋钮：如图9-72所示，该旋钮控制调温风口的开关和热水控制阀的位置，蓝色区域表示制冷区域，红色区域表示制热区域，温度调节旋钮每转动一个位置，相应的调温风门有一个确定的位置。热水控制阀也有一个相应的开度。

（2）鼓风机速度选择旋钮：该旋钮控制鼓风机的风速，鼓风机的转速通过在鼓风机电路中串入不同的电阻来实现，在鼓风机电路中串入3个电阻，通过开关控制，实现4个转速挡。如果将电阻改为电子控制，则可实现无级调速。

（3）气流模式选择旋钮：该旋钮选择空调送风的模式，旋钮顺时针转动，分别表示空调风吹向面部、脚部、面部及脚部、脚部和除霜和前风窗玻璃除霜等位置。

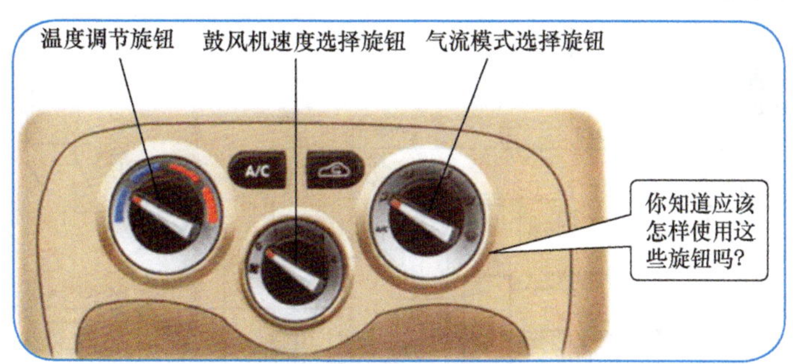

图 9-72　旋钮式控制面板

（4）进气选择按钮：该按钮可以选择进入车内空气是外部的新鲜空气还是车内的非新鲜空气。如果选择外部新鲜空气称为外循环，选择车内空气称为内循环。

2. 拨杆式手动空调的控制面板（见图 9-73）

（1）功能选择键：该键用于确定空调系统的功能，即用来选择取暖、制冷、冷暖风或除霜。具体功能键的名称分别是 OFF（关闭）、MAX（最凉）、A/C（空调）、BI-LEV（取暖或除霜）、VENT（通风）、HEATER（地板暖风）以及 DEF（除霜）。

（2）温度控制键：该键是控制调温风门的开关和热水控制阀的位置，由 COLD（冷）和 HOT（暖）构成一个温度范围，调温键在该范围内自由移动，每移动一个位置相应的调温风门也有一个确定的位置，热水控制阀也有一个相应的开度。

（3）鼓风机速度选择键：该键控制鼓风机的风速，共有 2 个速度挡位，HI 为高速、LO 为低速。

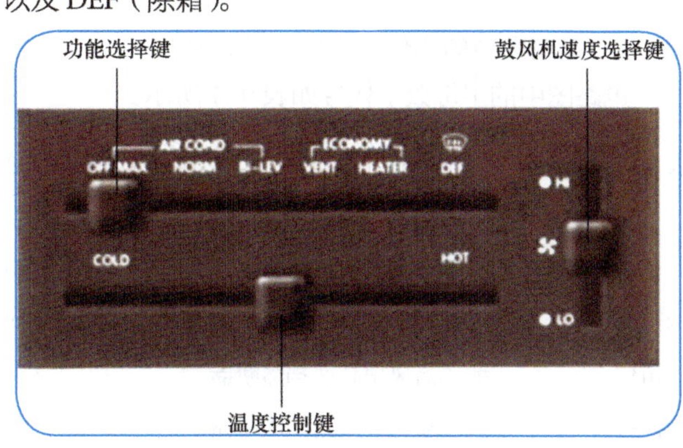

图 9-73　拨杆型控制面板

四、空调系统控制电路的故障诊断

汽车空调制冷系统电路控制部分因车型不同，其电路原理及组成也不相同。因此在检修汽车空调电路时，应首先理解空调的电路原理，之后才可动手检查修理，另外，在检修汽车空调电路时，还应结合制冷系统综合考虑。

汽车空调的控制电路的故障主要表现为系统不工作或系统中某一部分不工作。在检查时首先要研读空调控制电路的电路图，再根据电路图用万用表或试灯等工具检查电路，找出故障所在，下面以桑塔纳 2000 车型空调控制电路为例说明控制电路的检查方法。

桑塔纳轿车空调工作的基本条件是环境温度高于 10℃，位于新鲜空气入口处的环境温度开关 F38 接通，制冷系统才能工作。当环境温度低于 1.67℃时，此开关断开，制冷系统不能工作。桑塔纳 2000 轿车不仅具备以上条件，而且发动机必须能正常工作，发动机 ECU（J220）的 T80/8 端子能输出高电平，压缩机切断继电器 J26 才能吸合，制冷系统才能工作。

1. 桑塔纳 2000GSI 轿车空调电路图

桑塔纳 2000GSI 轿车空调电路如图 9-74 所示。

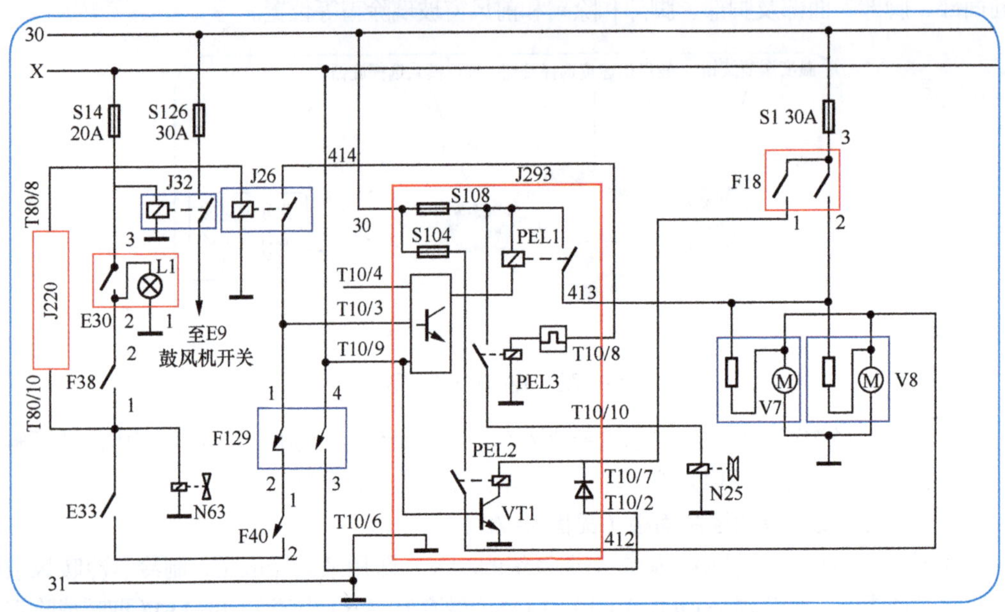

图 9-74　桑塔纳 2000 GSI 轿车空调电路

2. 电路图中的字母数字代号的含义

电路图中的字母数字代号如表 9-1 所示。

表 9-1　电路图中的字母数字代号

代号	含义	代号	含义
S1	散热器风扇熔断器	E33	蒸发器温控开关
S14	空调开关及空调继电器熔断器	F18	散热器风扇温控开关
S104	散热器风扇高速挡熔断器	F38	环境温度开关
S108	散热器风扇低速挡熔断器	F40	空调水温控制开关
S126	鼓风机熔断器	F129	高、低压开关
V7、V8	散热器风扇电动机（左、右）	J26	压缩机切断继电器
N25	压缩机电磁离合器	J32	空调继电器
N63	进风门电磁阀	J293	空调器继电器
E9	鼓风机电磁阀	PEL1-PEL3	继电器
E30	空调开关（A/C 开关）	L1	空调开关指示灯

3. 电路分析

（1）空调指示灯电路：从 X → S14 → E30 → L1 →搭铁。

（2）进风门电磁阀电路：从 X → S14 → E30 → F38 → N63 →搭铁。

（3）J220 输入信号电路：从 X → S14 → E30 → F38 → J220 的 T80/10。

J220 输出信号电路：从 J220 的 T80/10 → J26 线圈→搭铁。

（4）压缩机离合器控制

电路：从 X → S14 → E30 → F38 → E33 → F40 → F129 → J26 → J293 的 T10/8 → PEL3 线圈→搭铁。

压缩机离合器工作电路：从 30 → S108 → PEL3 触点→ N25 →搭铁。

（5）电子扇低速控制电路：从 X → S14 → E30 → F38 → E33 → F40 → F129 → J293 的 T10/3 →通过内部控制器给 PEL1 线圈搭铁。

电子扇低速工作电路：从 30 → S108 → PEL1 触点→ 413 →电阻→ V7，V8。

（6）电子扇高速控制电路：从 X → F129 → J293 的 T10/2 → PEL2 线圈→ VT1 →搭铁。电子扇高速工作电路：从 30 → S104 → PEL2 触点→ 412 → V7，V8 →搭铁。

4. 空调系统中各元件的位置和作用

（1）空调开关 E30：位于空调器控制面板上，如图 9–75（a）所示。如果空调开关内部的触点在闭合时接触不良，便失去了开关作用。

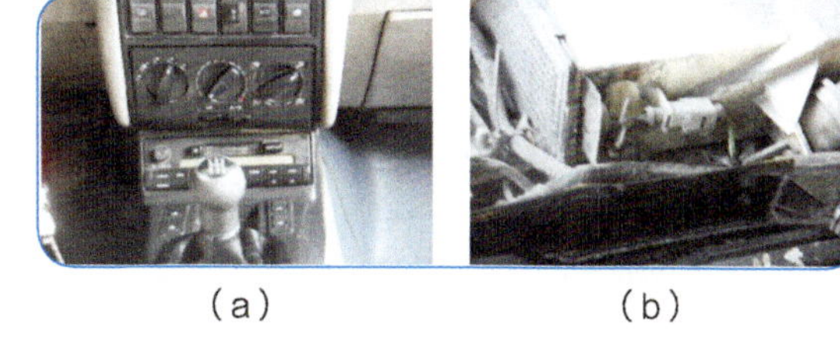

（a）（b）

图 9–75 空调开关、外界温度开关

（2）环境温度开关 F38：位于防水罩下的风道旁，如图 9–75（b）所示。当该开关在外界温度低于 1℃时断开，高于 5℃时闭合，防止压缩机低温启动。

（3）蒸发器温控开关 E33：位于蒸发器上，如图 9–76（a）所示。在蒸发器表面温度低于 1℃时断开，压缩机停止工作，防止蒸发器表面结冰。

（4）空调水温控制开关 F40：位于发动机缸盖后部出水管下方，如图 9–76（b）所示。开关上有一密封圈，并有一 U 形卡子固定。当水温高于 120℃时断开，使压缩机停止工作，以减小发动机负荷，防止发动机温度过高。

（5）高、低压开关 F129：位于干燥瓶上，干燥瓶在蓄电池的下方。当系统压力低于 210kPa 或高于 3 200kPa 时断开，使压缩机停止工作，防止系统压力过低或过高时继续工作而损坏压缩机。双重压力开关又叫压缩机保护开关。

（6）压缩机切断继电器 J26：位于中央电气板上部，外壳上有 147B 标记，如图 9–77（a）所示。该继电器的 4 脚与发动机控制单元 J220 的 T80/8 脚相连。J220 的 10 脚收到空调开关的请求信号后，如果检测到发动机处于全负荷或发动机处于应急运转模式时，发动机控制单元 J220 将控制继电器 J26，切断空调器风扇控制器 J293 的 T10/8 脚的电压，压缩机将停止工作，因为只有 J293 的 T10/3 与 T10/8 脚同时正常供电的条件均满足时，压缩机才能正常工作。

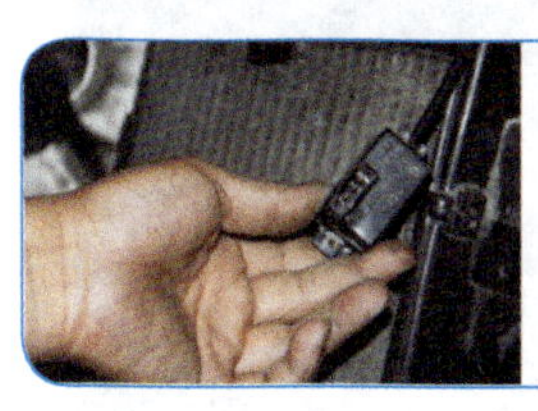

（a）（b）

图 9–76 恒温开关、压力开关

（a）（b）

图 9–77 切断继电器、空调控制器

（7）空调器继电器 J293：位于蓄电池旁边，如图 9–77（b）所示。该控制器内封装有 3 个继电器，分别控制散热风扇低速挡、高速挡和空调压缩机。其内还有一块双面走线的电路板，上面焊有集成电路等一些电子元件。在控制器J293和T10/9和30脚供电正常、T10/6脚接地良好的情况下，如果T10/3、T10/8脚同时得到12V电压，其内部电路便会控制继电器动作，通过T10/10脚给压缩机电磁离合器N25供电，使压缩机正常工作。同时也会根据具体情况通过其412或413脚使散热器风扇以低速挡或高速挡运转。

任务实施

通过以上学习，掌握了压缩机控制线路相关知识，下面通过分步演示，来体会一下压缩机不工作故障的真实检修过程。

提示

此操作项目不是以线路图的逻辑关系推导出的，是以操作的难易程度，和出现故障机率大小为顺序，进行演示的。

步骤一：检查制冷系统压力情况

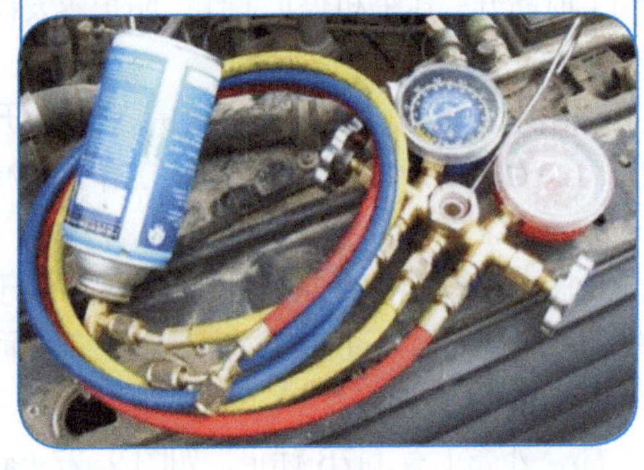

步骤二：测量压缩机离合器线束插头是否有电

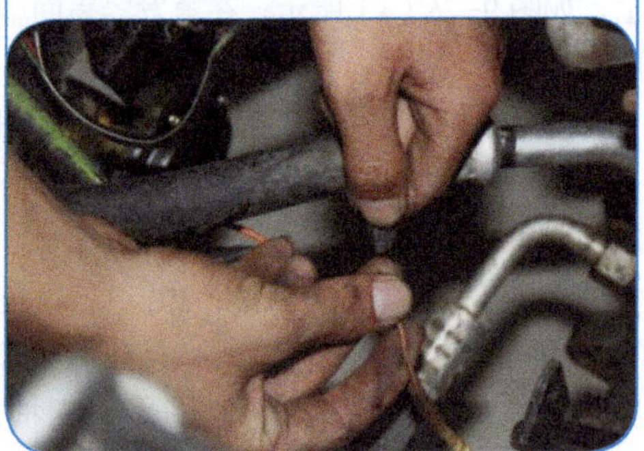

步骤三：检查相关保险是否正常

步骤四：检查蒸发器温控开关工作情况

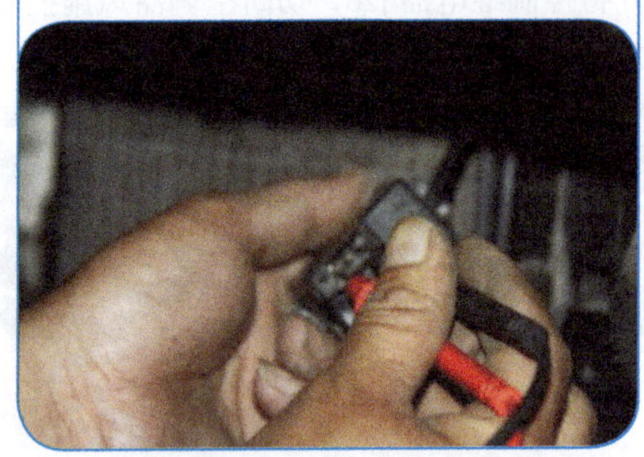

步骤五：看电动风扇是否正常工作

步骤六：测量空调控制器电源、接地、输入、输出情况

步骤七：测量发动机电脑空调信号输入、输出情况

步骤八：测量空调切断继电器工作情况

步骤九：测量压力开关，水温开关工作情况

步骤十：测量空调开关，环境温度开关工作情况

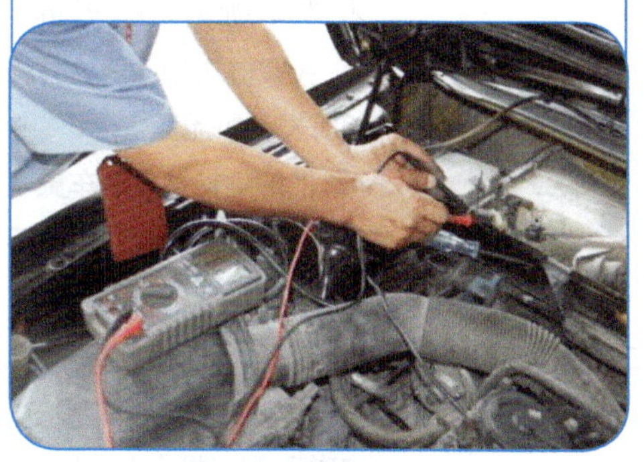

总结

汽车空调系统的基本控制电路一般包括电源电路、鼓风机控制电路、电磁离合器控制电路和冷凝器风扇控制电路。

（1）不要用试灯去测量电子设备，应使用数字万用表。

（2）带电进行测量操作时应小心谨慎，防止由于误操作造成线路短路。

（3）插拔线束插头时用力要柔和，避免造成不必要的损伤。

实操任务单

压缩机不工作的检查作业工单 维修班组：______ 维修技师甲：______ 维修技师乙：______ 质检员：______		
整车型号		
车辆识别代码		
发动机型号		
任务	作业记录内容	备注
一、前期准备	正确组装三件套（转向盘套、座套、换挡手柄套）、翼子板布和前格栅布。□ 工位卫生清理干净。□	
二、操作步骤	1. 将车辆引入工位前，清理工位卫生排除障物，准备好相关工具物品。 2. 将车辆停驻在举升机平台的位置。 3. 拉紧驻车制动器，并将变速器置于____或____挡位置，打开发动机舱盖。 4. 把护裙粘贴在汽车翼子板上，要求护裙把翼子板全覆盖。 5. 安装转向盘套、挡杆手柄套、座套、铺设地板垫。其主要作用是____________________。 6. 拔下压缩机电磁离合器插头，打开空调开关测电压值为____V，如果无电，则检查供电控制电路；如果有电，则再测电磁离合器线圈是否断路；如果短路，则应更换电磁离合器。 7. 检查压缩机保险丝有无断路。□ 8. 检查压缩机继电器线圈是否断路。□ 9. 检测空调系统压力为____kPa，检查高低压保护开关是否断开。 10. 蒸发器恒温开关位于上。在蒸发器表面温度低于____时断开，压缩机停止工作，防止蒸发器表面。	

续表

任务	作业记录内容	备注
二、操作步骤	11. 外界温度开关位于下的风道旁。当该开关在外界温度低于______时断开，当温度高于____时闭合，防止压缩机________。 12. 发动机控制单元收到空调开关的请求信号后，如果检测到发动机处于____或发动机处于____运转模式时，发动机控制单元自动切断压缩机控制电路。 13. 作业完毕，打开空调开关，测试工作性能。	
三、竣工检查	将工具及物品摆放归位。□ 汽车整体检查（复检）。□ 整个过程按 6S 管理要求实施。□	
工单记录员：__________ 车间主任：________ 客户签字：__________ 维修时间：________		

空调滤清器的更换方法

任务四　暖风不热故障的检修

学习目标

了解暖风系统作用、组成和工作原理。

相关知识

奥迪轿车属于余热水暖式暖风装置，把发动机冷却液的热量，通过一个小水箱引入到车室内，并通过鼓风机输送到全车各部位。暖风不热首先考虑发动机冷却液是否充分地流经小水箱，这是暖风系统能够很好工作的前提。

遇到此类故障，首先用手触摸一下暖风水箱进出水管，感觉一下温差，如果温差特别大，证明冷却液循环有问题，较典型的故障是暖风水箱堵塞或水泵叶轮丢转。在冬季里，暖风不热是空调系统较普遍故障现象，我们通过这个项目来展开对暖风系统的学习，如图 9-78 所示。

一、暖风系统

汽车暖风系统可以将车内空气或从车外吸入车内的空气加热，提高车内温度。汽车暖风系统有很多类型，按热源不同可分为水暖式暖风系统、燃气式暖风系统、废气式暖风系统等。根据空气循环方式不同可分为内循环式、外循环式、内外混合式。目前小车上主要采用水暖式暖风系统，内外混合式的空气循环方式。

图 9-78　暖风水箱进出水管

1. 水暖式暖风系统

水暖式暖风系统的热源通常采用发动机冷却水，使冷却水流过一个加热芯，使用鼓风机将冷空气吹过加热器芯加热空气，使车内温度升高，这种利用发动机冷却水的热量来实现给车内供暖的系统，称为水暖式暖风系统。此种形式大多用于轿车、大货车及要求不高的大客车使用。

2. 内外混合空气循环方式

内外混合是指既引进车外新鲜空气，又利用部分车内的原有空气，以车内外空气的混合体作为热载体，通过热交换升温，向驾驶室内供暖。从卫生标准与热源消耗看，正好介于内循环式和外循环式之间，这是目前应用最普遍的方式。

除了上述几种取暖系统外，还有采用电作为加热能源的取暖系统，也有采用燃气直接加热空气的取暖系统。

二、水暖式暖风系统的工作原理

水暖式暖风系统实现为车内供暖是通过两部分装置来完成的：一部分是热水循环回路，另一部分是通风装置。

1. 热水循环回路

热水循环回路实际上是发动机冷却系统的一部分，它与发动机的冷却系统相连通，借助于发动机的水泵实现热水循环。来自发动机冷却系统的热水从进水管流经加热器控制阀进入加热器，然后经由出水管回到发动机的冷却系统，实现回路的循环，如图 9-79 所示。

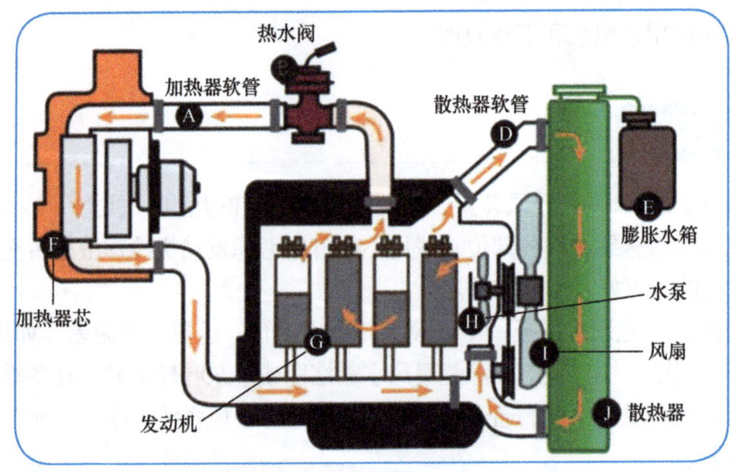

图 9-79　热水循环回路

2. 水暖式暖风流中的通风装置

在通风装置中，由风机强制使空气循环流动。空气经由进风口被吸入，流经加热器时将被加热，并由出风口导出，进入车厢内实现取暖或为风窗玻璃除霜，如图 9-80 所示。

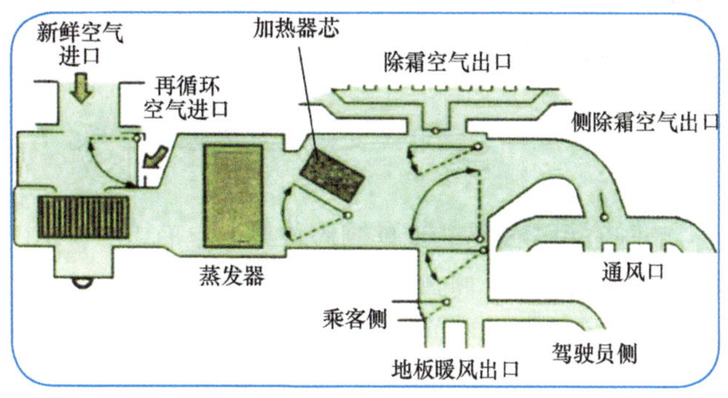

图 9-80　通风装置

三、汽车暖风系统的组成

汽车暖风系统的主要部件有水泵、暖风水管、热水阀、加热器芯、鼓风机、通风装置、控制面板等，如图 9-81 所示。

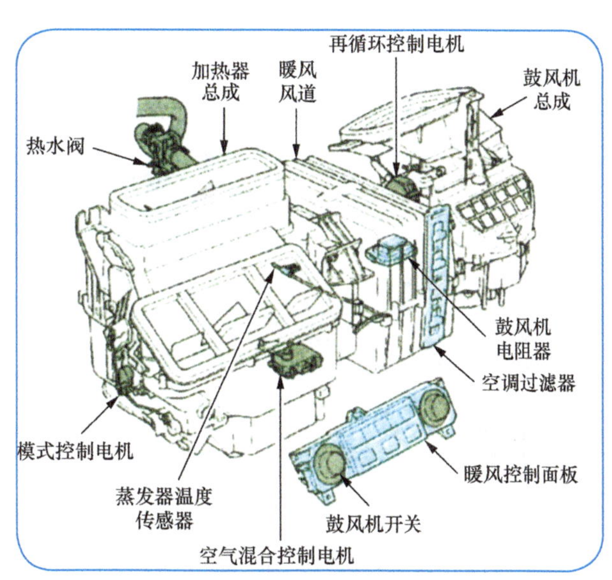

图 9-81　暖风系统组成

1. 热水阀

如图 9-82 所示，热水阀安装在发动机冷却液通道中，用于控制进入加热器芯的发动机冷却液流量，通过移动控制板上的温度调节杆便可操纵热水阀。

2. 加热器芯

如图 9-83 所示，加热器芯由管子和散热片等组成，新式的加热器芯的管道上有凹坑，可改善热量输出性能。加热器芯的形状与散热器相似。如前所述，当热水阀打开时，加热后的发动机冷却液流经加热器芯水管，通过散热器片散热后，再返回发动机冷却系统。

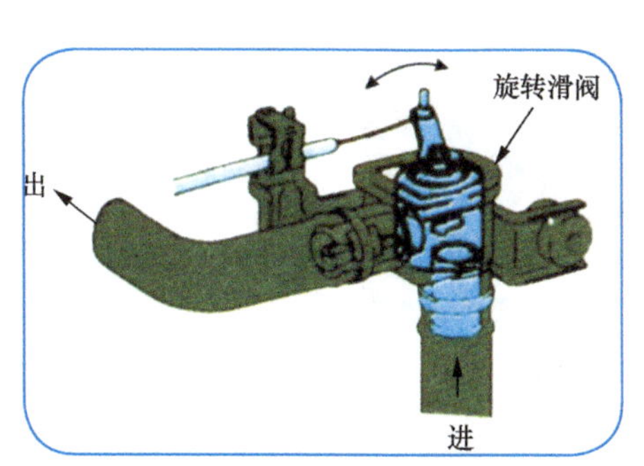

图 9-82　热水阀

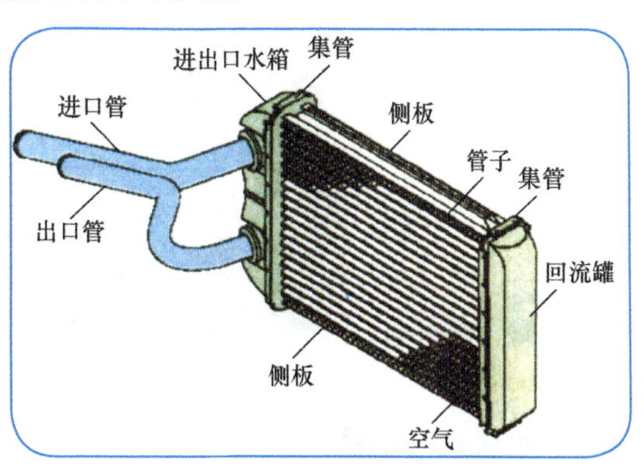

图 9-83　加热器芯

加热器最常见的故障是泄漏，观察到的现象是发动机冷却液的明显消耗，或者副驾驶位置一侧前部的脚垫发现明显浸湿。

3. 通风装置

汽车空调已由单一的制冷和采暖方式发展到冷暖一体化形式，它不仅能够通过通风装置将新鲜空气引入车内，而且能将冷气、暖风、新鲜空气有机地进行配合调节，形成冷暖适宜的气流吹出，如图 9-84 所示。

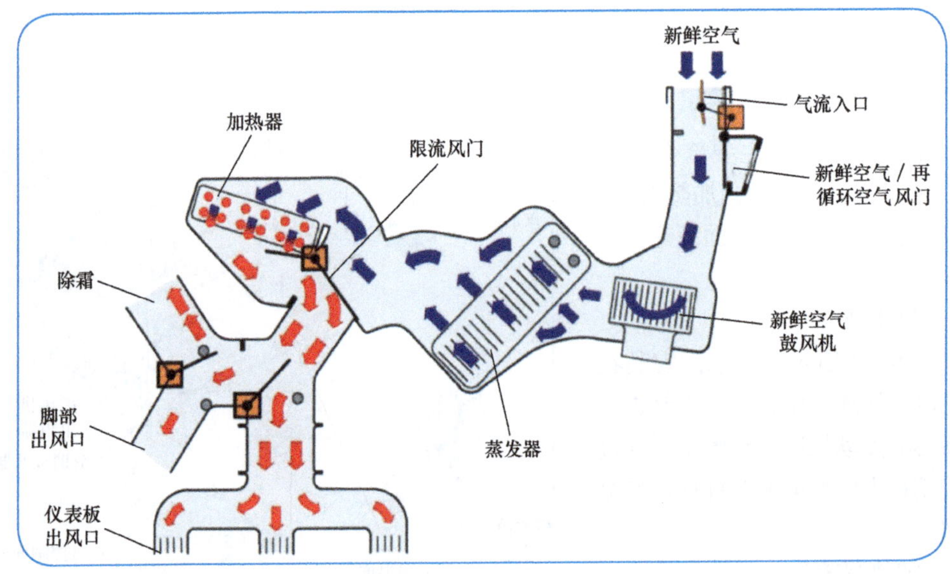

图 9-84　通风装置

通风装置一般由三部分构成：第一部分为空气进入段，主要由气源门和伺服电机组成，用来控制新鲜空气和车内再循环空气的进入；第二部分为空气混合段，主要由蒸发器、加热器和调温门组成，用来调节所需温度的空气；第三部分为空气分配段，主要由各种风门和风道组成，分别使空气吹向面部、脚部和风窗玻璃上，如图 9-85 所示。

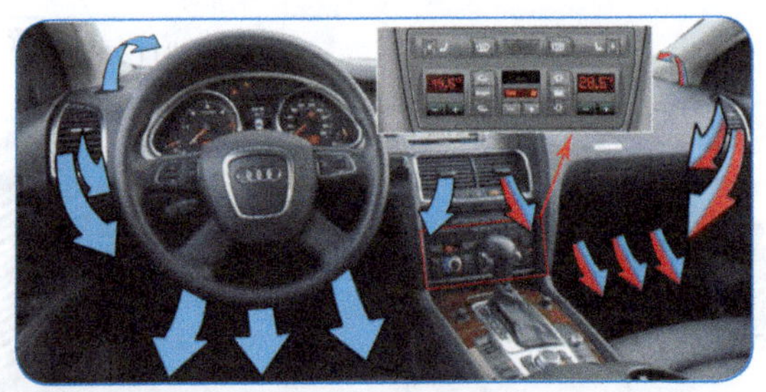

图 9-85　空气分配出风口

四、水暖式暖风系统温度调节

就暖风系统而言，其温度调节方式有两种：一种是空气混合型，另一种是水流调节型。

1. **空气混合型**

这种类型的暖风系统在暖风的气道中安装空气混合风门，这个风门可以控制通过加热器芯的空气和不通过加热器芯的空气比例，实现温度的调节。

2. **水流调节型**

这种暖风系统采用水阀调节流经加热芯的水量，改变加热芯本身的温度，进而调节出风的温度。

在空调制冷系统制冷时，为保证车厢内空气的温度和湿度在一定的范围内，通常开启热水阀，使热的发动机冷却液流至加热器芯，散发的热空气与从蒸发器流出的冷空气混合从而调节温度和湿度。

五、车辆暖风不热的原因

① 节温器常开或节温器开启过早，使冷却系统过早地进行大循环，而外部气温很低，特别是车跑起来时，冷风很快把防冻液冷却，发动机水温上不来，暖风也不会热。

② 水泵叶轮破损或丢转，使流经暖风小水箱的流量不够，热量上不来。

③ 发动机冷却系统有气阻，气阻导致冷却系统循环不良，暖风不热。

④ 暖风小水箱堵塞，导致冷却循环不畅。

⑤ 滤清器脏污堵塞，导致进气不畅。

⑥ 暖风箱冷热风的控制翻板拉线脱落或翻板脱落等。

冬季汽车空调的正确使用方法

六、车辆暖风不热故障的维修方法

车辆暖风系统不热可以分为两方面的原因：一方面是发动机冷却系统造成的，另一方面是暖风的控制机构工作不良导致的。在维修时，我们要先判定是哪一方面原因引起的，再进行相应的维修。判别的方法很简单，看一下暖风小水箱的两个进水管温度，如果两根管都够热，说明是风量控制机构问题，反之，如果两根水管都凉，或者是一根热一根凉，说明是冷却系统问题。

1. **发动机冷却系统造成的**

通过检查发动机上下水管温度情况，可以判定节温器工作好坏。在发动机温度不是很高情况下，通过打开水箱盖，观察水箱内返水情况，来粗略判断水泵工作情况。通过触摸暖风水管发现进水管很热，而出水管较凉，这种情况应是暖风小水箱有堵塞。应更换暖风小水箱。通过拆卸暖风出水管，进行排气，可以解决暖风气阻故障。

2. **暖风的控制机构工作不良导致的**

通过取下空调滤清器，观察出风量变化，来判定滤清器是否堵塞，进行清理，必要时要及时更换。再检查鼓风机的各挡位运转情况，每个挡位都要达到足够的转速。如果旋钮调整到暖风位置，风量够大，风向也正常，吹出来的是凉风，应检查暖风箱冷热风的控制翻板拉线是否脱落，暖风叶轮是否损坏，翻板是否脱落等。

任务实施

通过以上学习，掌握了有关暖风系统维修知识，下面通过分步演示，来体会一下暖风不热故障排除的工作过程。

步骤一：用手感知暖风水管温度，判断故障方向

步骤二：通过拆卸暖风回水管，给暖风水箱排气

步骤三：由于水温低，更换冷却系统节温器

步骤四：由于冷却系统循环无力，更换水泵

步骤五：由于暖风水箱堵塞，更换水箱

步骤六：由于空调滤清器堵塞更换滤清器

步骤七：维修混合风门拉线

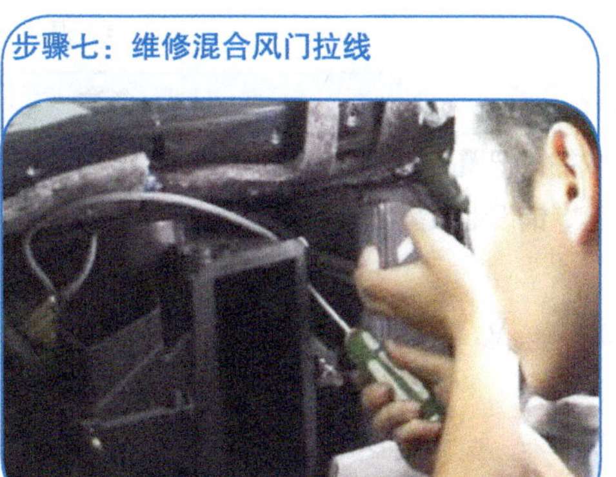

步骤八：维修混合风门翻板

安全操作

（1）维修时，注意发动机温度，小心烫伤。

（2）拆装仪表台部件时，注意安装顺序，以免漏装部件。

（3）拆装仪表台时，勿用尖锐工具，以免划伤仪表台部件。

实操任务单

暖风不热的检查作业工单 维修班组：______ 维修技师甲：______ 维修技师乙：______ 质检员：______		
整车型号		
车辆识别代码		
发动机型号		
任务	作业记录内容	备注
一、前期准备	正确组装三件套（转向盘套、座套、换挡手柄套）、翼子板布和前格栅布。□ 工位卫生清理干净。□	
二、操作步骤	1. 将车辆引入工位前，清理工位卫生排除障物，准备好相关工具物品。 2. 将车辆停驻在举升机平台的位置。 3. 拉紧驻车制动器，并将变速器置于____或____挡位置，打开发动机舱盖。	

续表

<table>
<tr><th>任务</th><th>作业记录内容</th><th>备注</th></tr>
<tr><td>二、操作步骤</td><td>4. 把护裙粘贴在汽车翼子板上，要求护裙把翼子板全覆盖。
5. 安装转向盘套、挡杆手柄套、座套、铺设地板垫。其主要作用是______。
6、检查蓄电池电压是否正常，电压为____V，并拆下蓄电池____电缆线。
7. 检查发动机冷却液面高度，当前水温为____℃，该车型节温器开启温度为____。
注意：若检查为发动机冷却系统不正常时，请 参考《发动机构造与维修》中冷却系统相关知识点。
8. 检查当前空调开关所处位置：冷暖开关、鼓风机风速开关______、内外循环开关、出风口开关、检查时，出风口是否关闭。
9. 检查暖风水阀是否正常：阀门是否正常开启、热水是否能正常循环流动。
10 检查暖风水箱是否堵塞、鼓风机运转是否正常、各风门开启是否正常。
11. 请描述本次检查出现的部位及排除方法。
12. 试车，检查暖风是否正常。</td><td></td></tr>
<tr><td>三、竣工检查</td><td>将工具及物品摆放归位。□
汽车整体检查（复检）。□
整个过程按 6S 管理要求实施。□</td><td></td></tr>
<tr><td colspan="3">工单记录员：__________ 车间主任：__________
客户签字：__________ 维修时间：__________</td></tr>
</table>

项目十 全车电路的识读

项目引入

通过前面几个项目学习，卡卡对汽车的电器有了完整的了解，懂得了要想解决复杂的电器故障，必须通过仔细阅读电路图，并根据其相应功能才能对故障进行分析，准确查出故障部位。该如何利用电路图排除故障呢？

任务一 汽车电路图的基础知识

学习目标

（1）熟悉电路图的表示方法。

（2）学会分析原厂全车电路图。

（3）掌握利用电路图排除故障方法。

（4）能够分析全车电路图。

相关知识

一、汽车电气设备电路的组成

汽车电气系统主要由电源、用电设备和中间装置组成。任何电气设备和电控装置要想获得电源供应，中间装置的连接必不可少。

常见的连接装置有汽车线束、开关装置、保险装置、继电器、连接端子和连接器等，这些中间装置的选用和装配直接影响到用电设备的运行状况。

1. 汽车线束

汽车用电线按承受电压的高低分为高压导线和低压导线。

① 导线截面积的正确选择。根据用电设备的负载电流大小选择导线的截面积。

其一般原则为：长时间工作的电气设备可选用实际载流量 60% 的导线；短时间工作的用

电设备可选用实际载流量 60% ~ 100% 的导线。同时，还应考虑电路中的电压降和导线发热等情况，以免影响用电设备的电气性能和超过导线的允许温度。为保证一定的机械强度，一般低压导线截面积不小于 0.5mm^2。

② 导线的颜色。为便于安装和检修，汽车采用双色导线，主色为基础色，辅色为环布导线的条色带或螺旋色带，且标注时主色在前，辅色在后。以双色为基础选用时，各用电系统的电源线为单色，其余为双色。

为使全车线路规整，安装方便及保护导线的绝缘，汽车上的全车线路除高压线、蓄电池电缆和起动机电缆外，一般将同区域的不同规格的导线用棉纱或薄聚氯乙烯带缠绕包扎成束，称为线束，如图 10-1 所示。

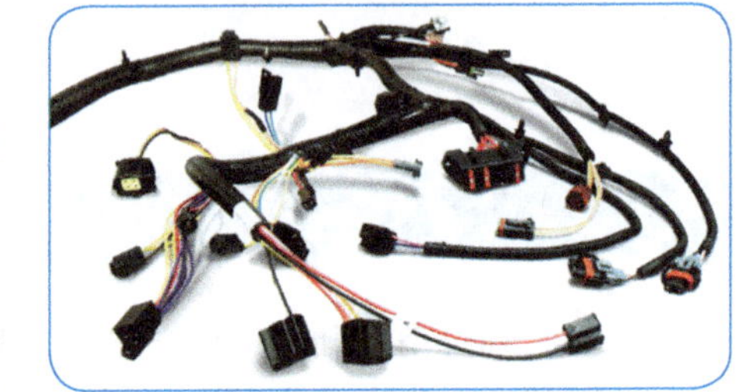

图 10-1　汽车线束总成

2. 开关装置

汽车上所有用电设备的接通和停止，都必须经过开关控制。对开关的要求是坚固耐用、安全可靠、操作方便、性能稳定。

（1）点火开关。点火开关是汽车电路中最重要的开关，是各条电路分支的控制枢纽，是多挡多接线柱开关。其主要功能：锁住转向盘转轴（Lock），接通点火仪表指示等（ON 或 IG），起动（ST 或 Start）挡，附件挡（Acc 主要是收放机专用），如果用于柴油车则增加（HEAT）挡。其中起动、预热挡因为工作电流很大，开关不易接通过久，所以这两挡在操作时必须用手克服弹簧力，扳住钥匙，一松手就弹回点火挡，不能自行定位，其他挡均可自行定位。点火开关的结构及表示方法如图 10-2 所示。

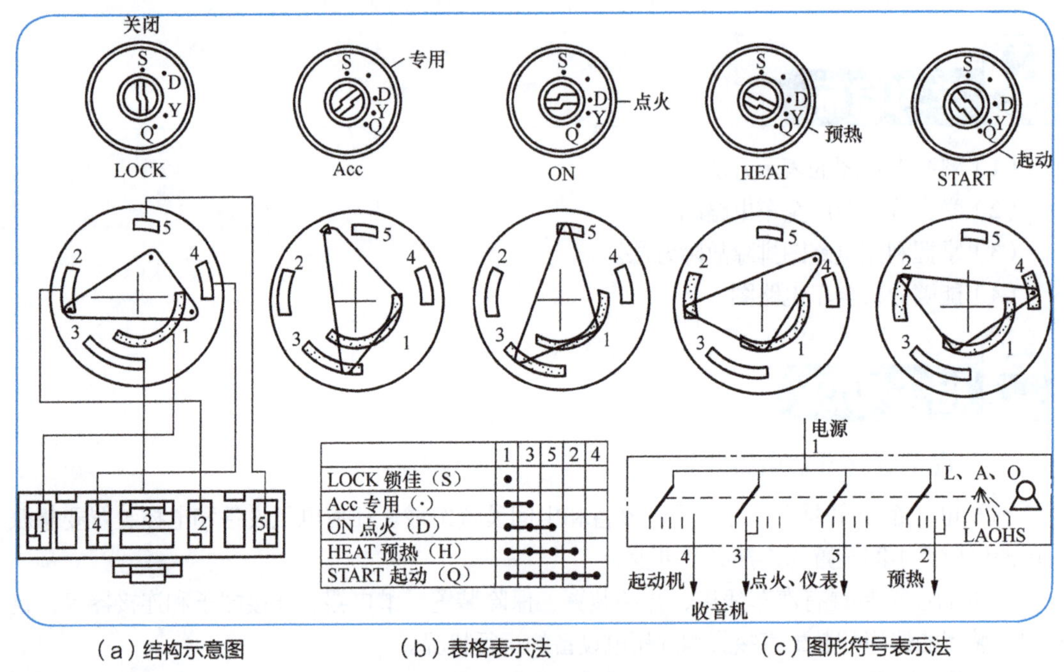

	1	3	5	2	4
LOCK 锁住（S）	●				
Acc 专用（·）	●	●			
ON 点火（D）	●	●	●		
HEAT 预热（H）	●	●	●	●	
START 起动（Q）	●	●	●	●	●

（a）结构示意图　（b）表格表示法　（c）图形符号表示法

图 10-2　点火开关电路图

（2）组合开关。如图 10-3 所示，组合开关包括刮水器开关（高速、低速、间歇、关闭），转向开关（左右转向变道），变光开关（远光、近光、超车），洗涤按钮开关，喇叭按钮开关，是用来控制照明与灯光信号装置以及一些其他附件的多功能组合式开关。它通常为手柄式，安装在转向盘下的转向柱上，以便于驾驶员操作。通常，组合开关分两个手柄和一个按钮。

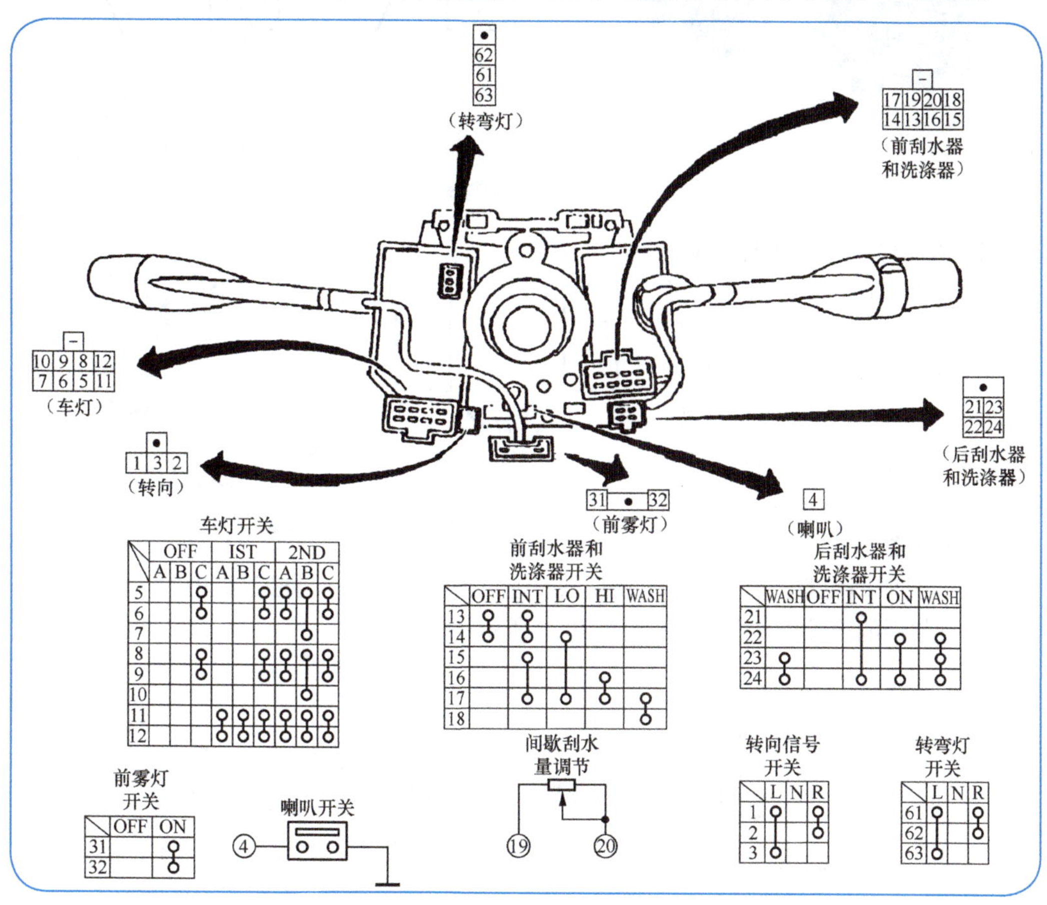

图 10-3　汽车组合开关

3. 保险装置

当电路中流过超过规定的过大电流时，汽车电路保险装置能够切断电路，从而防止烧坏电路连接导线和用电设备，并把故障限制在最小范围内。汽车上的保险装置主要有熔断器、易熔线和断路器。熔断器和易熔线符号如图10−4所示。

（a）易熔线符号　（b）熔断器符号

图 10-4　保险装置

4. 继电器

继电器（见图 10−5）可以实现自动接通或切断一对或多对触点、完成用小电流控制大电流，可以减小控制开关的电流负荷、保护电路中的控制开关等功能。常见的继电器有进气预热继电器、空调继电器、喇叭继电器、雾灯继电器、中间继电器、风窗刮水器 / 洗涤器继电器、危险报警与转向闪光继电器等。

继电器一般由一个控制线圈和一对或两对触点组成，触点有常开和常闭触点之分。检查时，用万用表的电阻挡测量继电器的线圈，检查其电阻是否符合要求。如果电阻符合要求，再给继电器线圈加载工作电压，检查其触点的工作情况。如果是常开触点，加载工作电压后，触点应闭合，测量电阻应为 0；如果触点为常闭触点，加载工作电压后，其触点应断开，测量电阻为无穷大。

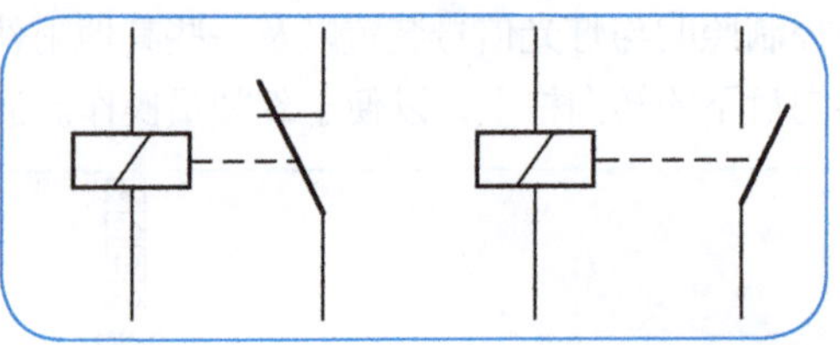

（a）触点常闭继电器符号　（b）触点常开继电器符号

图 10-5　继电器

相关电路检测时，继电器线圈的两个插脚，其中一个在控制开关接通后应有继电器的工作电压；另一插脚应搭铁。触点的插脚应根据电路图确定其应接电源还是搭铁，并按照其工作情况用万用表检测是否符合要求，如图 10-6 所示。

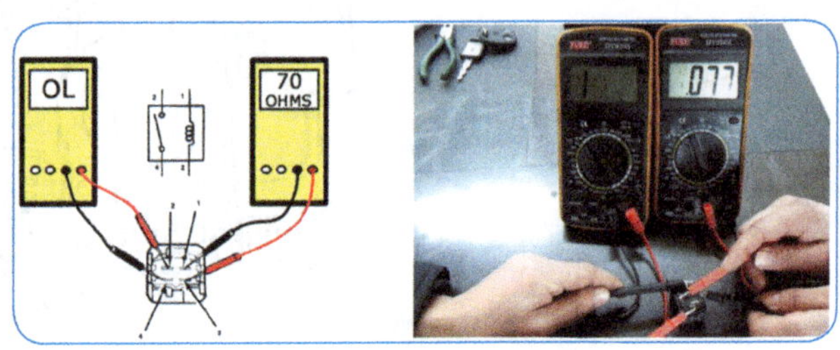

图 10-6　继电器检测方法

5. 连接器

连接器又叫插接器，现代汽车上使用很普遍。为防止在汽车行驶过程中脱开，均采用闭锁装置。连接器的符号和实物示意图如图 10-7 所示。

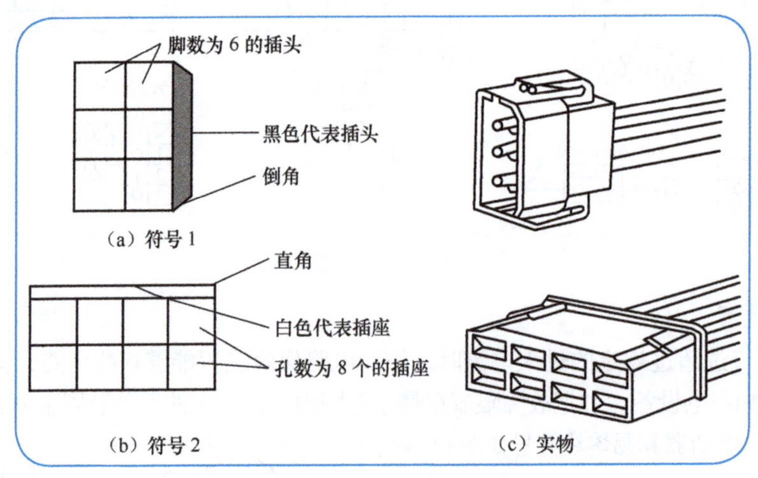

（a）符号 1　（b）符号 2　（c）实物

图 10-7　汽车线束连接器

二、利用电路图检查故障

当电气系统出现故障时，必需借助电路图进行故障诊断。电路图可以提供电气设备的基本电路、电器元件的安装位置、线束及连接器的基本情况。在使用电路图进行故障诊断时，可按下述步骤进行。

（1）通过阅读电路图，找出故障系统电路中所包含的电气元件、线束和插接器等。

（2）通过电路图找出上述电气元件、线束和插接器在车上的安装位置及电气元件、插接器上各端子的作用或编码；对怀疑有故障的部件按前述内容进行检测。

（3）根据电路图检查线束的短路和断路情况，直至查出故障的部位。

任务二 典型的大众车系电路图识读

大众车系的电路图包含电路图的结构、电路图符号说明、电路图、继电器位置和名称，熔断丝名称、容量及位置，中央电器盒上插头和线束的名称、缩写词等基本内容。桑塔纳2000型轿车的全车电路图识读情况如下。

一、电路图例解

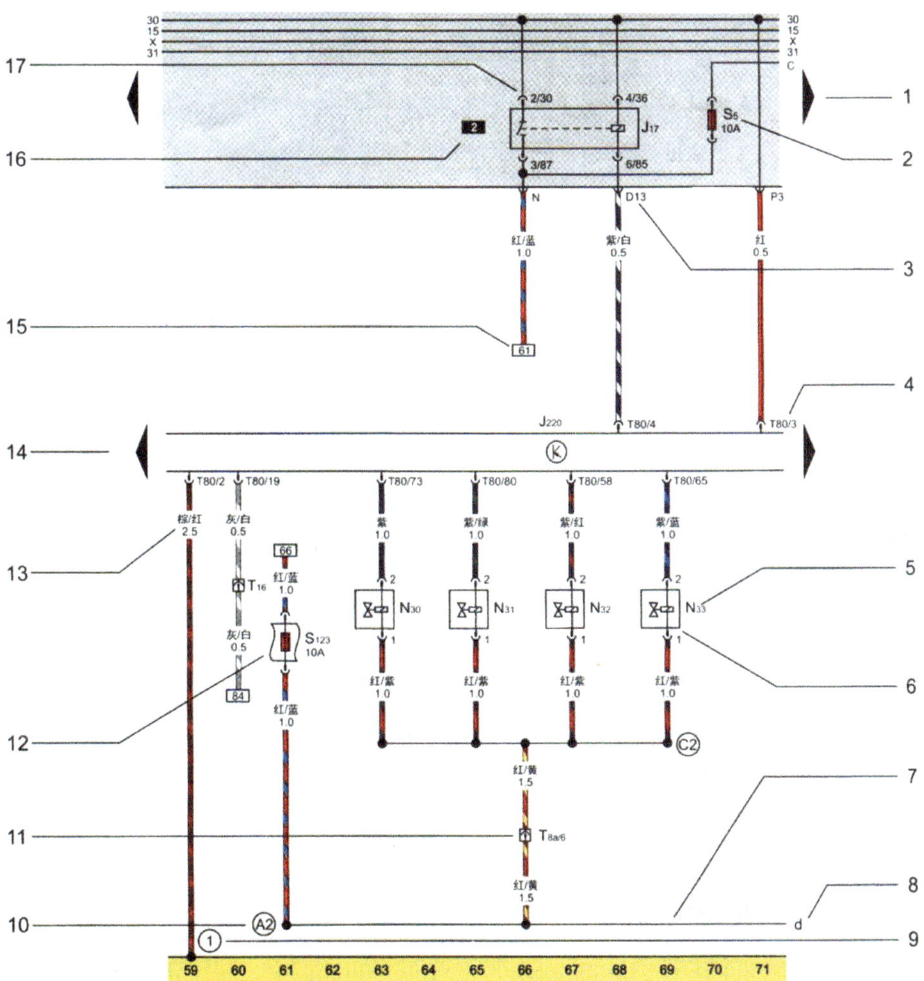

1—三角箭头，表示下接下一页电路图。

2—保险丝代号，图中 S_5 表示该保险丝位于保险丝座第 5 号位，10A。

3 一继电器板上插头连接代号，表示多针或单针插头连接和导线的位置，例如 D13，表示多针插头连接，D 位置触点 13。

4 一接线端子代号，表示电气元件上接线端子数 / 多针插头连接触点号码。

5 一元件代号，在电路图下方可以查到元件的名称。

6 一元件的符号，可参见电路图符号说明。

7 一内部接线（细实线），该接线并不是作为导线设置的，而是表示元件或导线束内部的电路。

8 一指示内部接线的去向，字母表示内部接线在下一页电路图中与标有相同字母的内部接线相连。

9 一接地点的代号，在电路图下方可查到该代号接地点在汽车上的位置。

10 一线束内连接线的代号，在电路图下方可查到该不可拆式连接位于哪个导线束内。

11 一插头连接，例如，$T_{8a/6}$ 表示 8 针 a 插头触点 6。

12 一附加保险丝符号，例如 S_{123} 表示在中央电器附加继电器板上第 123 号位保险丝，10A。

13 一导线的颜色和截面积（单位：平方毫米）。

14 一三角箭头，指示元件接续上一页电路图。

15 一指示导线的去向框内的数字指示导线连接到哪个接点编号。

16 一继电器位置编号。表示继电器板上的继电器位置编号。

17 一继电器板上的继电器或控制器接线代号，该代号表示继电器多针插头的各个触点。例如：2/30 表示：2 = 继电器板上 2 号位插口的触点 2，30 = 继电器 / 接触器上的触点 30。

二、继电器位置和名称

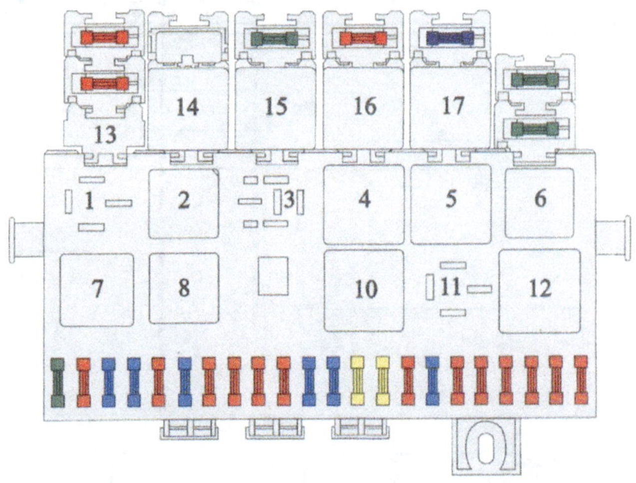

继电器位置	名称	产品序号	备注
1			空位
2	燃油泵继电器	167	
3			空位
4	冷却液液位控制器	42a	
5	空调继电器	13	
6	喇叭继电器	53	
7	雾灯继电器	15	
8	X- 接触继电器	18	
9			空位
10	刮水继电器	19	
11			空位
12	转向灯继电器	21	
13			诊断线插座
14	摇窗机自动下降继电器		
15	摇窗机延时继电器		
16	内顶灯延时继电器	ZBC 955 531	
17	压缩机切断继电器	147	

三、保险丝名称和容量

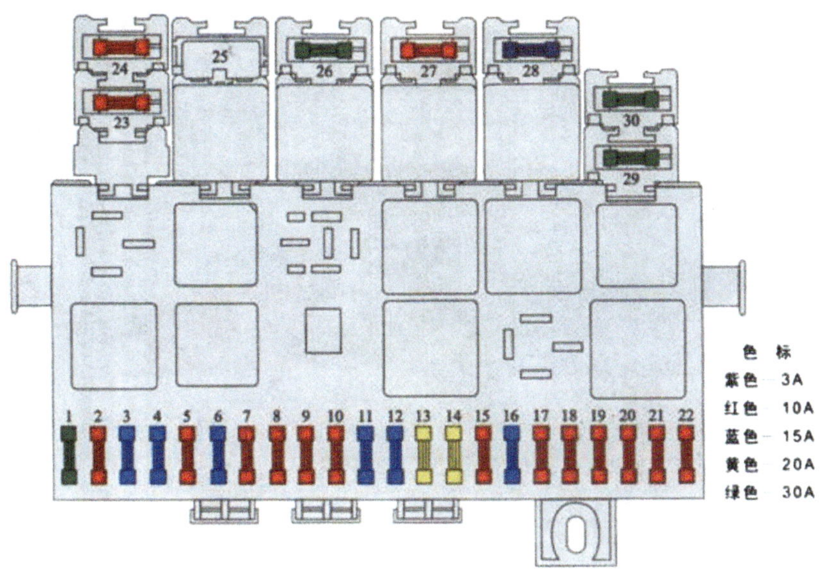

S1 散热风扇（不开空调时）	30A	S16 喇叭	15A
S2 制动灯	10A	S17 发动机控制单元	10A
S3 点烟器、集控门锁、数字钟、内顶灯、后阅读灯、行李箱灯、遮阳板灯	15A	S18 喇叭继电器、灯光开关、ABS 警告灯	10A
S4 报警灯	15A	S19 收放机、转向灯、防盗器控制单元	10A
S5 燃油泵	10A	S20 牌照灯、杂物箱照明灯	10A
S6 前雾灯	15A	S21 左前大灯（近光）	10A
S7 左尾灯、左前停车灯	10A	S22 右前大灯（近光）	10A
S8 右尾灯、右前停车灯、发动机舱照明灯	10A	S123 喷嘴、空气质量计、炭罐电磁阀、氧传感器加热	10A
S9 右前大灯（远光）	10A	S124 后雾灯	10A
S10 左前大灯（远光）	10A	S125 电动摇窗机热保护器	
S11 前风窗刮水器、清洗泵	15A	S126 空调鼓风马达	30A
S12 电动摇窗机、ABS 控制单元	15A	S127 自动天线	10A
S13 后窗除霜器	20A	S128 电动后视镜	3A
S14 空调继电器	20A	S129 ABS 液压泵	30A
S15 倒车灯、车速传感器	10A	S130 ABS 电磁阀	30A

四、中央电器背面板插头和线束名称

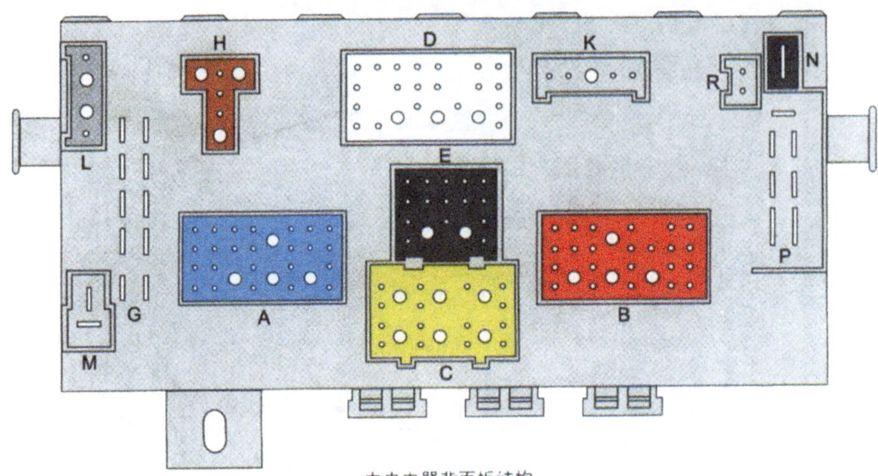

中央电器背面板结构

组合插头代号	用于接线的线束名称	插座颜色
A	仪表板线束	蓝色
B	仪表板线束	红色
C	前大灯线束	黄色
D	发动机线束	白色
E	尾部线束	黑色
G	连接单个插头	不定
H	空调操纵线束	棕色
K	空位	
L	连接喇叭继电器（在仪表板线束内）	灰色
M	空位	
N	单个插头	黑色
P	连接单个插头	不定
R	空位	

五、桑塔纳 2000 型轿车的全车电路图

交流发动机、蓄电池、起动机、点火开关

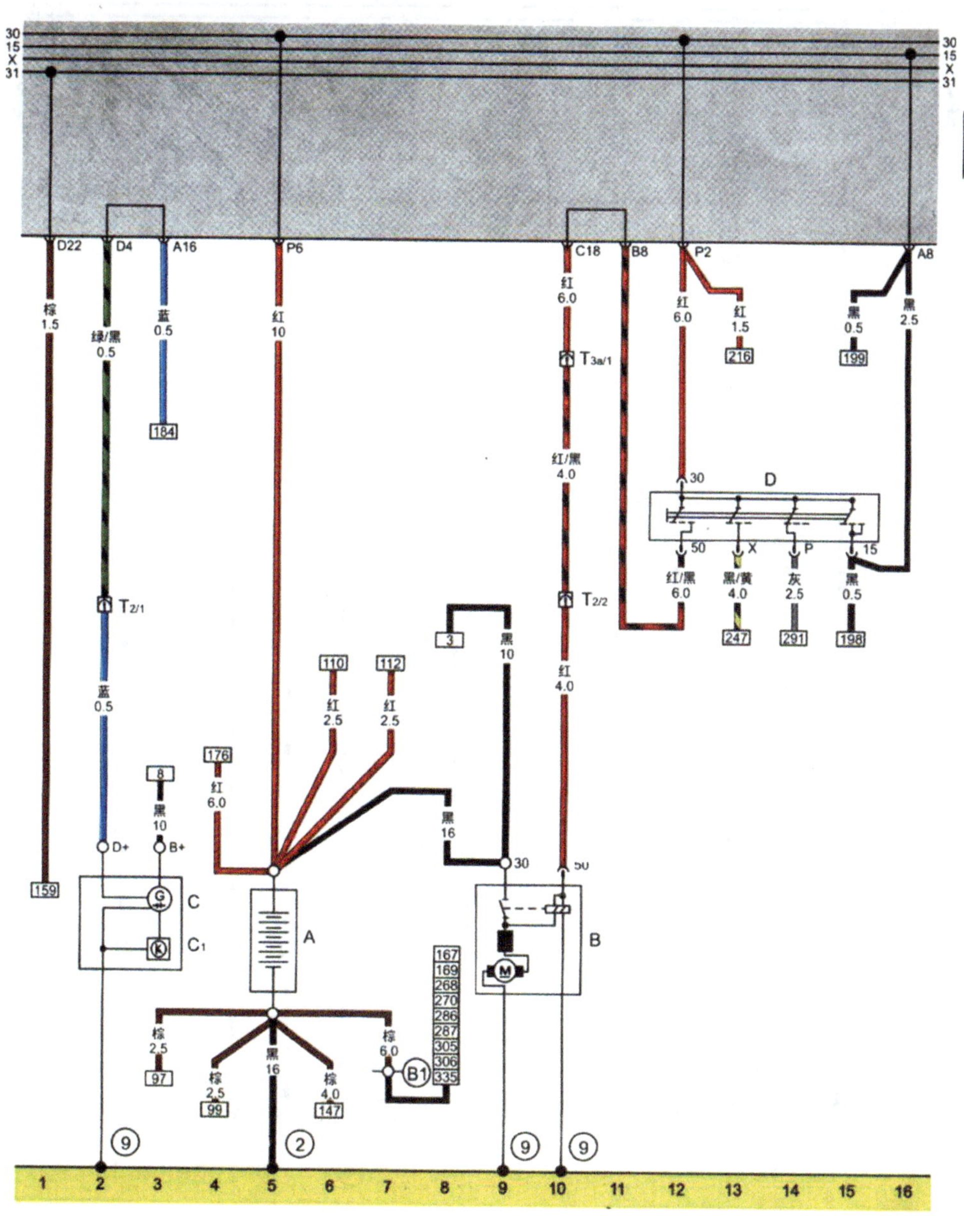

A — 蓄电池。

B — 起动机。

C — 交流发电机。

C1 — 调压器。

D — 点火开关。

T2 — 发动机线束与发电机线束插头连接，2 针，在发动机舱中间支架上。

T3a — 发动机线束与前大灯线束插头连接，3 针，在中央电器后面。

② — 接地点，在蓄电池支架上。

⑨ — 自身接地。

(B1) — 接地连接线，在前大灯线束内。

点火装置、发动机控制单元、霍尔传感器、冷却温度传感器、进气温度传感器

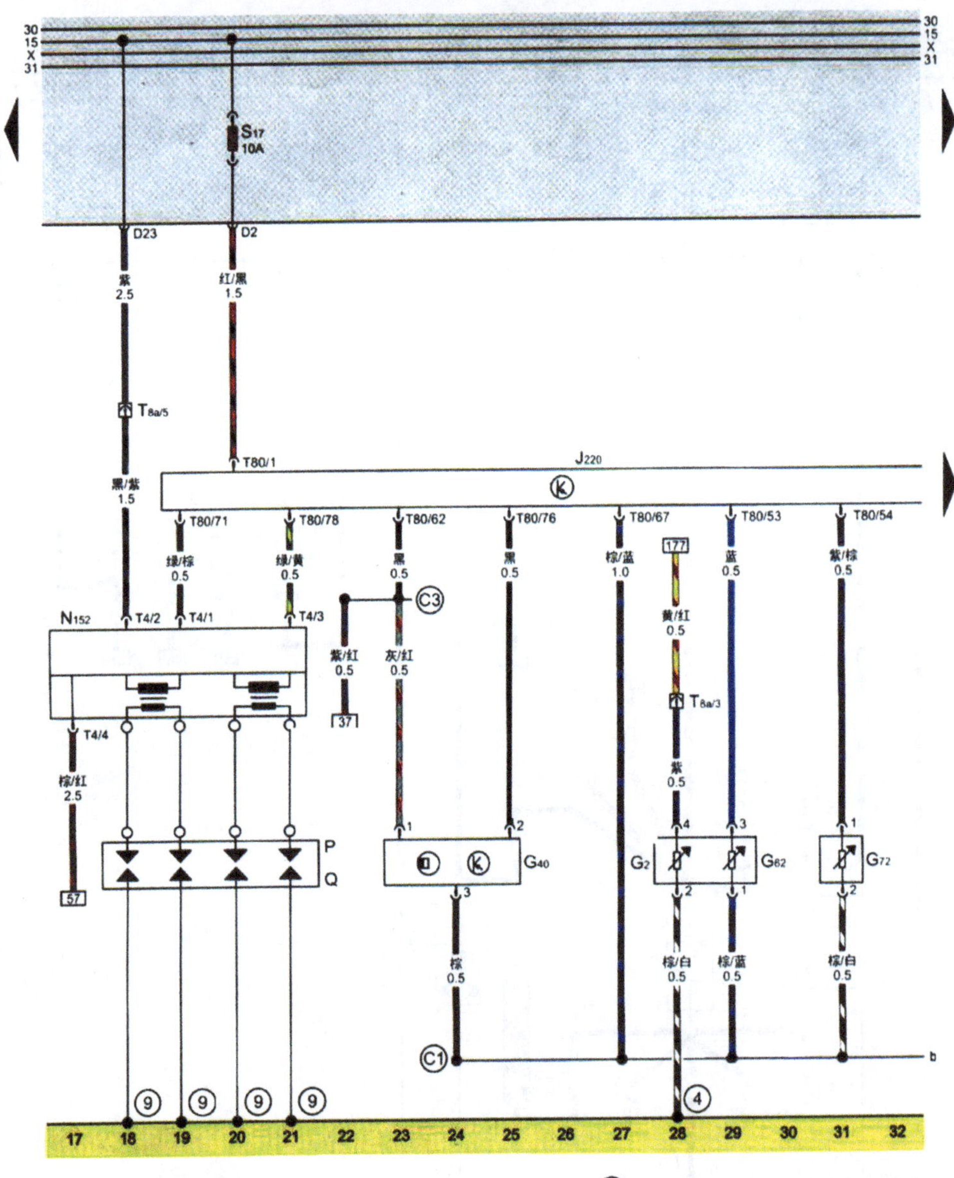

G2 — 水温表传感器。

G40 — 霍尔传感器。

G62 — 冷却温度传感器。

G72 — 进气温度传感器。

J220 — Motronic 发动机控制单元。

N152 — 点火线圈。

P — 火花塞插头。

Q — 火花塞。

S17 — 发动机控制单元保险丝，10 A。

T4 — 前大灯线束与散热风扇控制器插头连接，4 针，在散热风扇控制器上。

T8a — 发动机线束与发动机右线束插头连接，8 针，在发动机舱中间支架上。

T80 — 发动机线束、发动机右线束与发动机控制单元插头连接，80 针，在发动机控制单元上。

④ — 接地点，在离合器壳上的支架上。

⑨ — 自身接地。

Ⓒ1 — 连接线，在发动机右线束内。

Ⓒ3 — +5V 连接线，在发动机右线束内。

发动机控制单元，节气门控制单元，1、2 缸爆燃传感器

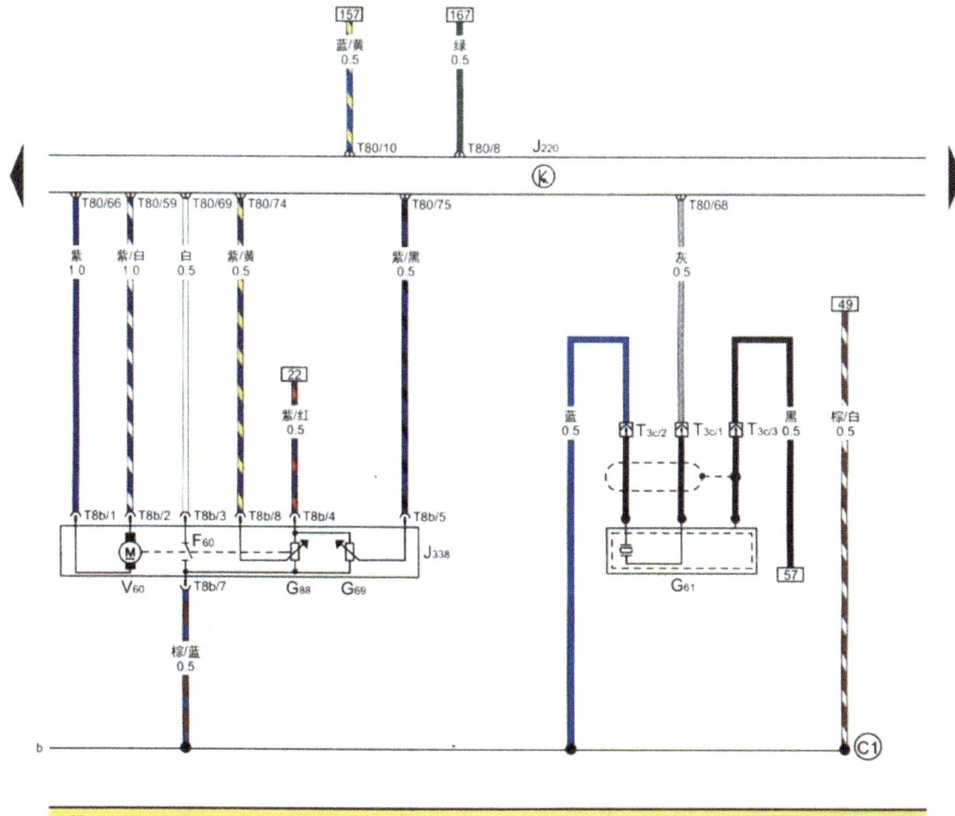

F60 — 怠速开关。

G61 — 1、2 缸爆燃传感器。

G69 — 节气门电位计。

G88 — 节气门定位电位计。

J220 — Motronic 发动机控制单元。

J338 — 节气门控制部件。

T3c — 发动机右线束与 1、2 缸爆燃传感器插头连接，3 针，在发动机舱中间支架上。

T8b — 发动机右线束与节气门控制部件插头连接，8 针，在节气门控制部件上。

T80 — 发动机线束、发动机右线束与发动机控制单元插头连接，80 针，在发动机控制单元上。

V60 — 节气门定位器。

(C1) — 连接线，在发动机右线束内。

发动机控制单元，3、4 缸爆燃传感器，转速传感器

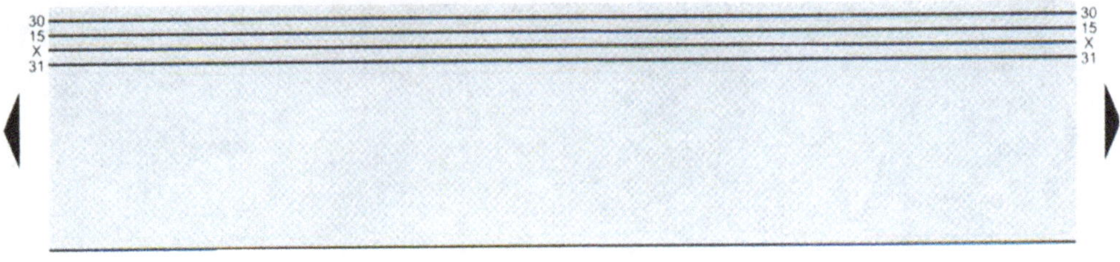

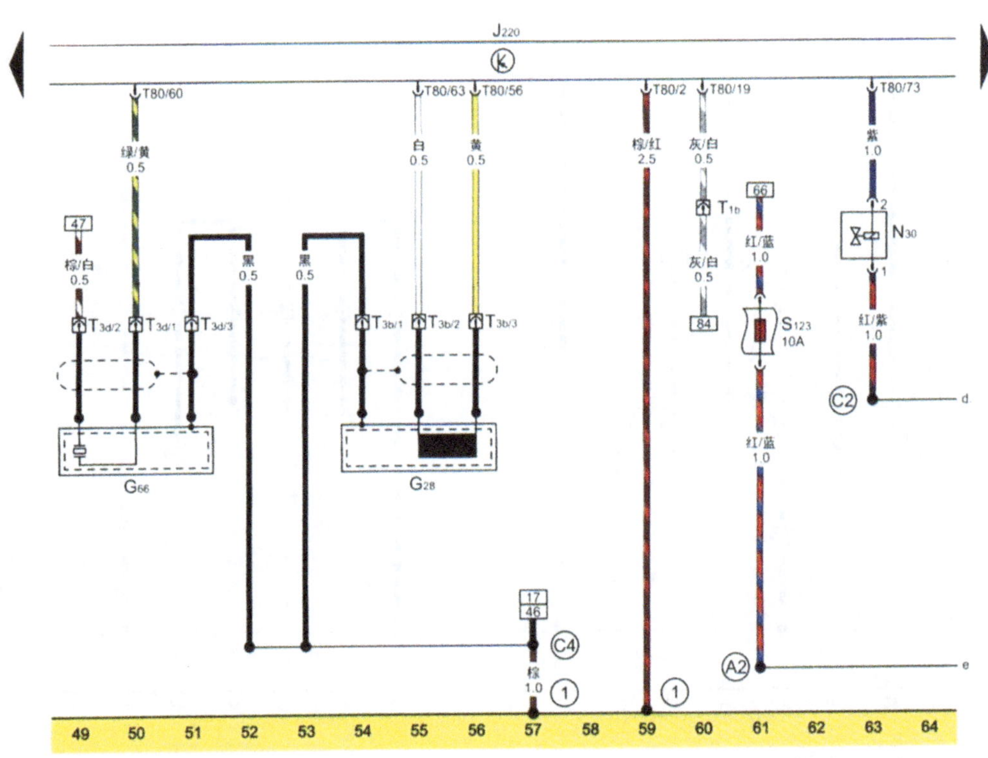

G28 — 发动机转速传感器。

G66 — 3、4 缸爆燃传感器。

J220 — Motronic 发动机控制单元。

N30 — 第 1 缸喷嘴。

S123 — 喷嘴、空气质量计、AKF阀、氧传感器加热保险丝，10 A。

T1b — 发动机线束与仪表板线束插头连接，1 针，在中央电器后面。

T3b — 发动机右线束与发动机转速传感器插头连接，3 针，在发动机舱中间支架上。

T3d — 发动机右线束与 3、4 缸爆燃传感器插头连接，3 针，在发动机舱中间支架上。

T80 — 发动机线束、发动机右线束与发动机控制单元插头连接，80 针，在发动机控制单元上。

① — 接地点，在发动机控制单元旁车身上。

(A2) — 正极连接线，在发动机线束内。

(C2) — 正极连接线，在发动机右线束内。

(C4) — 接地连接线，在发动机右线束内。

发动机控制单元、喷嘴、燃油泵继电器、空气流量计、氧传感器、活性炭罐电磁阀

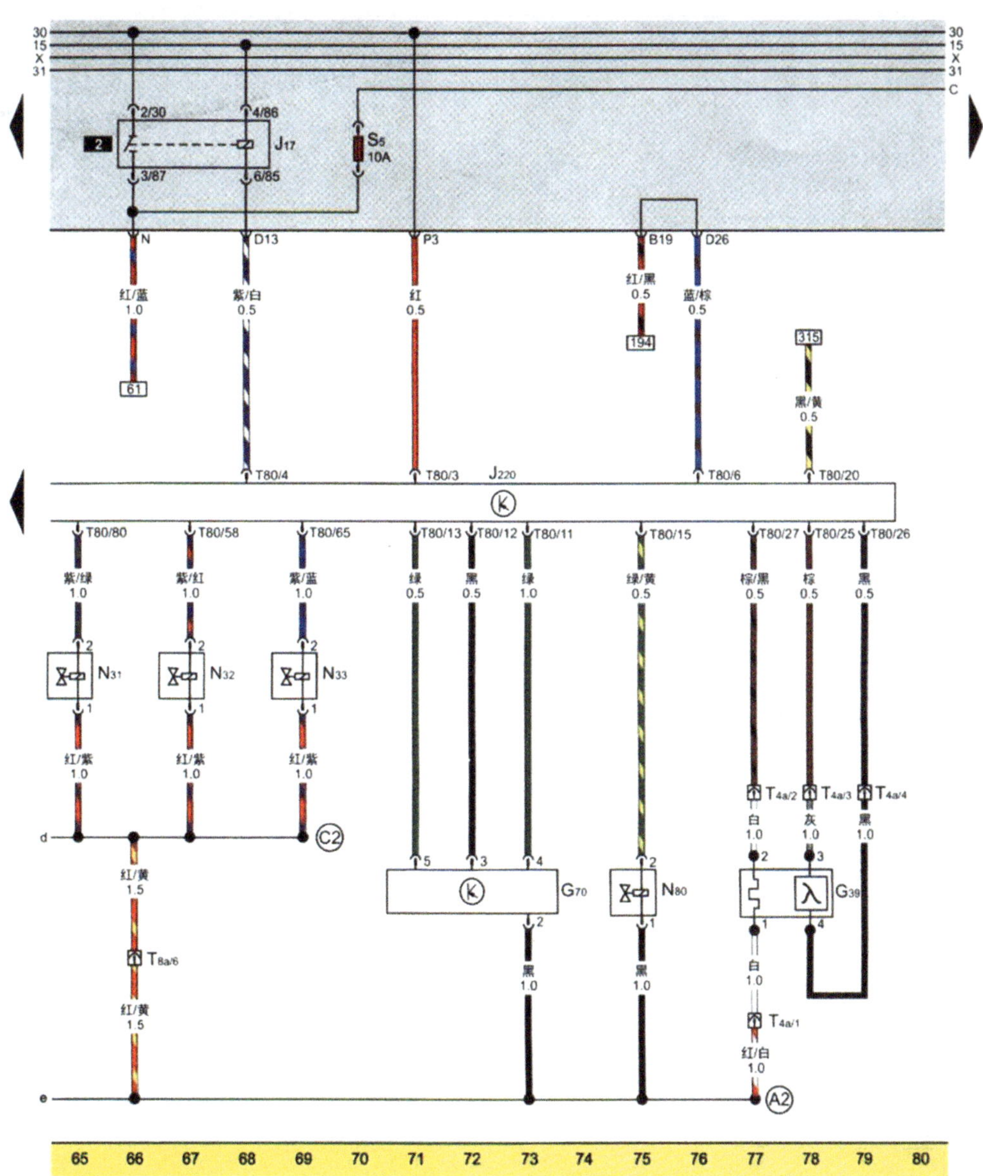

G39 — 氧传感器。

G70 — 空气质量计。

J17 — 燃油泵继电器。

J220 — Motronic 发动机控制单元。

N31 — 第 2 缸喷嘴。

N32 — 第 3 缸喷嘴。

N33 — 第 4 缸喷嘴。

N80 — 活性炭罐电磁阀。

S5 — 燃油泵保险丝，10 A。

T4a — 发动机线束与氧传感器插头连接，4 针，在发动机舱中间支架上。

T8a — 发动机线束与发动机右线束插头连接，8 针，在发动机舱中间支架上。

T80 — 发动机线束、发动机右线束与发动机控制单元插头连接，80 针，在发动机控制单元上。

(A2) — 正极连接线，在发动机线束内。

(C2) — 正极连接线，在发动机右线束内。

燃油泵、电子防盗器、ABS 控制器、制动灯开关

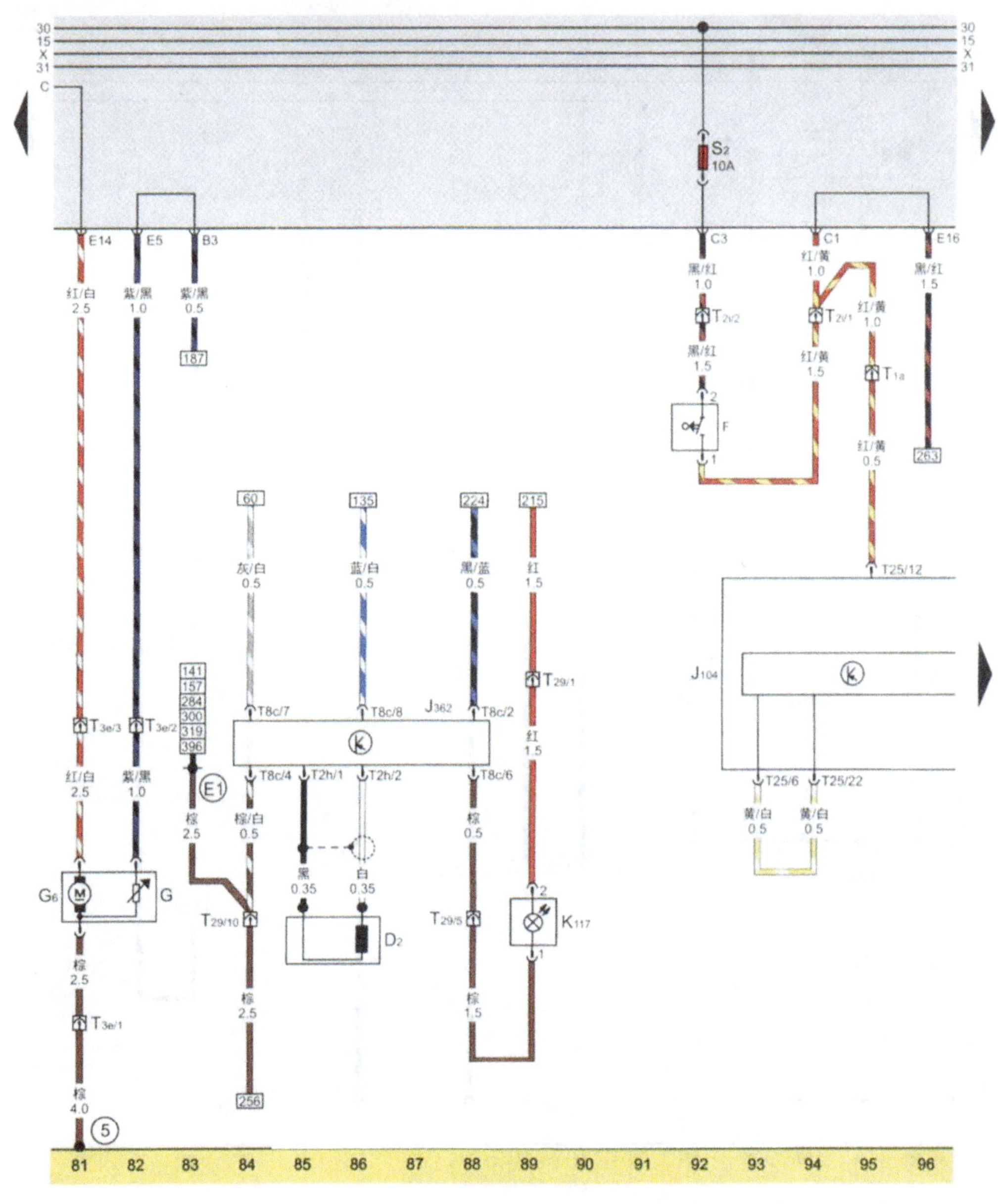

D2 — 读识线圈。
F — 制动灯开关。
G — 燃油表传感器。
G6 — 燃油泵。
J104 — ABS 控制器。
J362 — 防盗器控制单元。
K117 — 防盗器警告灯。
S2 — 制动灯保险丝，10 A。
T1a — 前大灯线束与 ABS 线束插头连接，1 针，在中央电器后面。
T2h — 识读线圈与防盗器控制单元插头连接，2 针，在防盗器控制单元上。
T2i — 前大灯线束与仪表板线束插头连接，2 针，在中央电器后面。
T3e — 尾部线束与燃油箱插头连接，3 针，在燃油箱盖上。
T8c — 仪表板线束与防盗器控制单元插头连接，8 针，在防盗器控制单元上。
T25 — ABS 线束与 ABS 控制单元插头连接，25 针，在 ABS 控制器上。
T29 — 仪表板线束与仪表板开关线束插头连接，29 针，在组合仪表下方。
⑤ — 接地点，在中央电器左侧星形接地爪上。
Ⓔ1 — 接地连接线，在仪表板开关线束内。

ABS 控制器、车轮转速传感器、ABS 液压泵

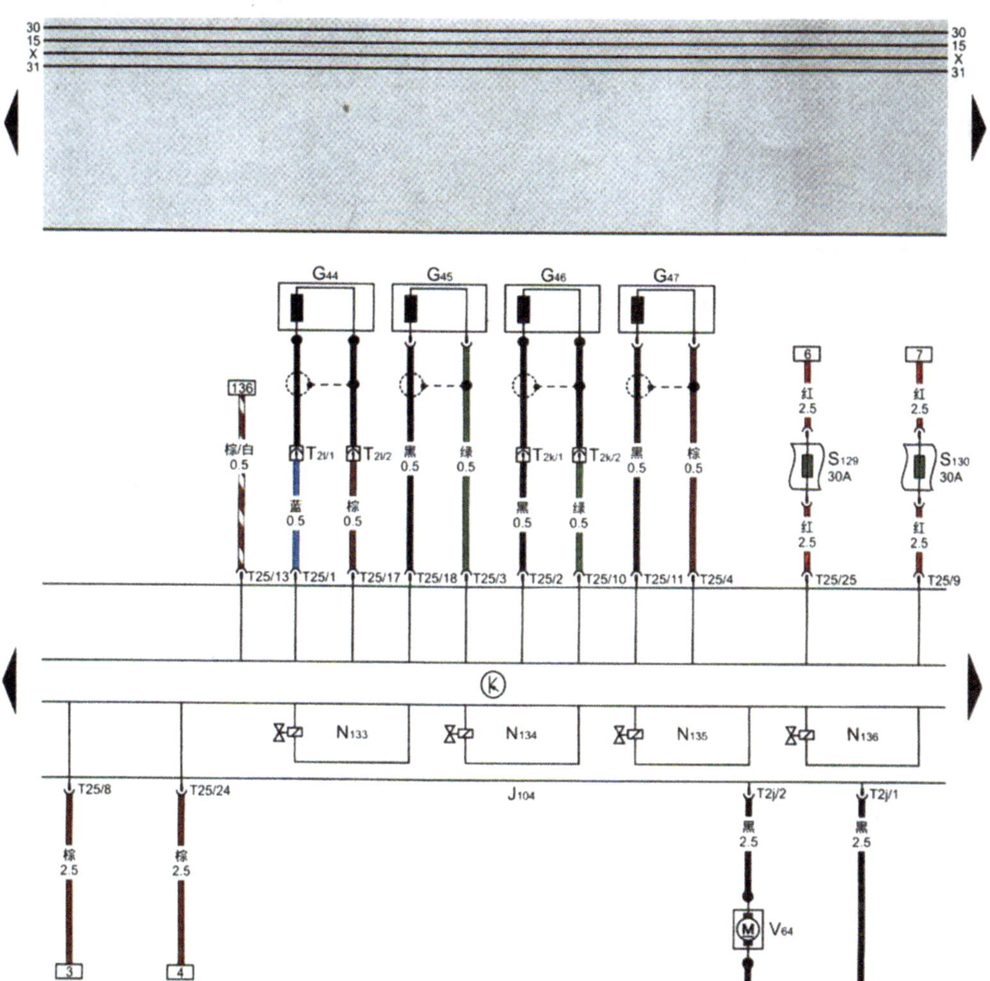

97	98	99	100	101	102	103	104	105	106	107	108	109	110	111	112

G44 — 右后转速传感器。
G45 — 右前转速传感器。
G46 — 左后转速传感器。
G47 — 左前转速传感器。
J104 — ABS 控制器。
N133 — ABS 右后进油电磁阀。
N134 — ABS 右后出油电磁阀。
N135 — ABS 左后进油电磁阀。
N136 — ABS 左后出油电磁阀。
S129 — ABS 液压泵保险丝，30 A。
S130 — ABS 电磁阀保险丝，30 A。
T2j — ABS 液压泵与控制单元插头连接，2 针，在 ABS 控制单元上。
T2k — ABS 线束与左后转速传感器插头连接，2 针，在左后座位下面。
T2l — ABS 线束与右后转速传感器插头连接，2 针，在右后座位下面。
T25 — ABS 线束与 ABS 控制单元插头连接，25 针，在 ABS 控制器上。
V64 — ABS 液压泵。

ABS 控制器、ABS 警告灯

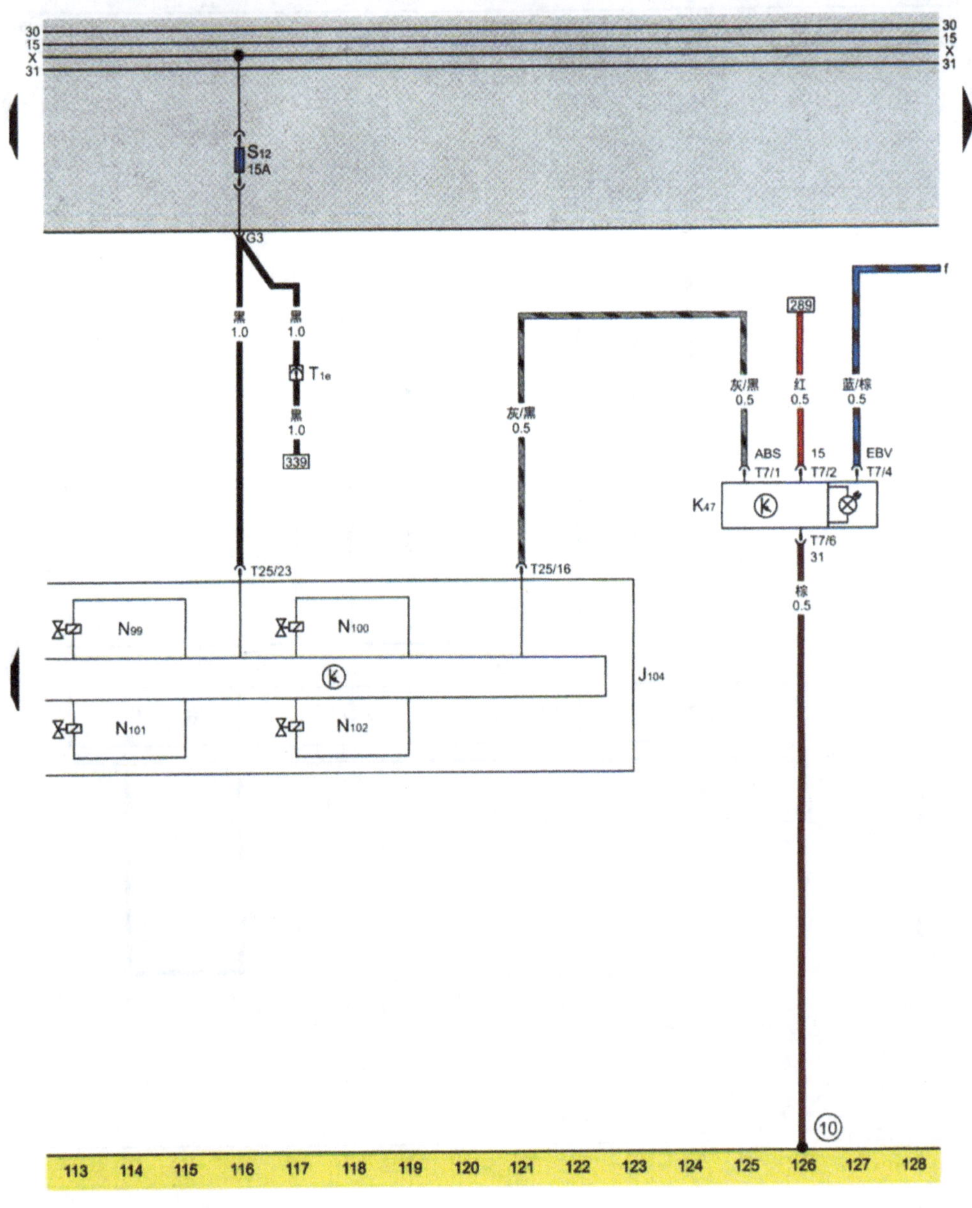

J104 — ABS 控制器。

K47 — ABS 警告灯。

N99 — ABS 右前进油电磁阀。

N100 — ABS 右前出油电磁阀。

N101 — ABS 左前进油电磁阀。

N102 — ABS 左前出油电磁阀。

S12 — 电动摇窗机、ABS 控制单元保险丝，15 A。

T1e — ABS 线束与电动摇窗机线束插头连接，1 针，在中央电器后面。

T7 — ABS 线束与 ABS 警告灯插头连接，7 针，在 ABS 警告灯上。

T25 — ABS 线束与 ABS 控制单元插头连接，25 针，在 ABS 控制器上。

⑩ — 接地点，在中央电器后面车身前围板上。

制动液位报警开关、手制动指示灯开关、自诊断插座、空调电磁离合器

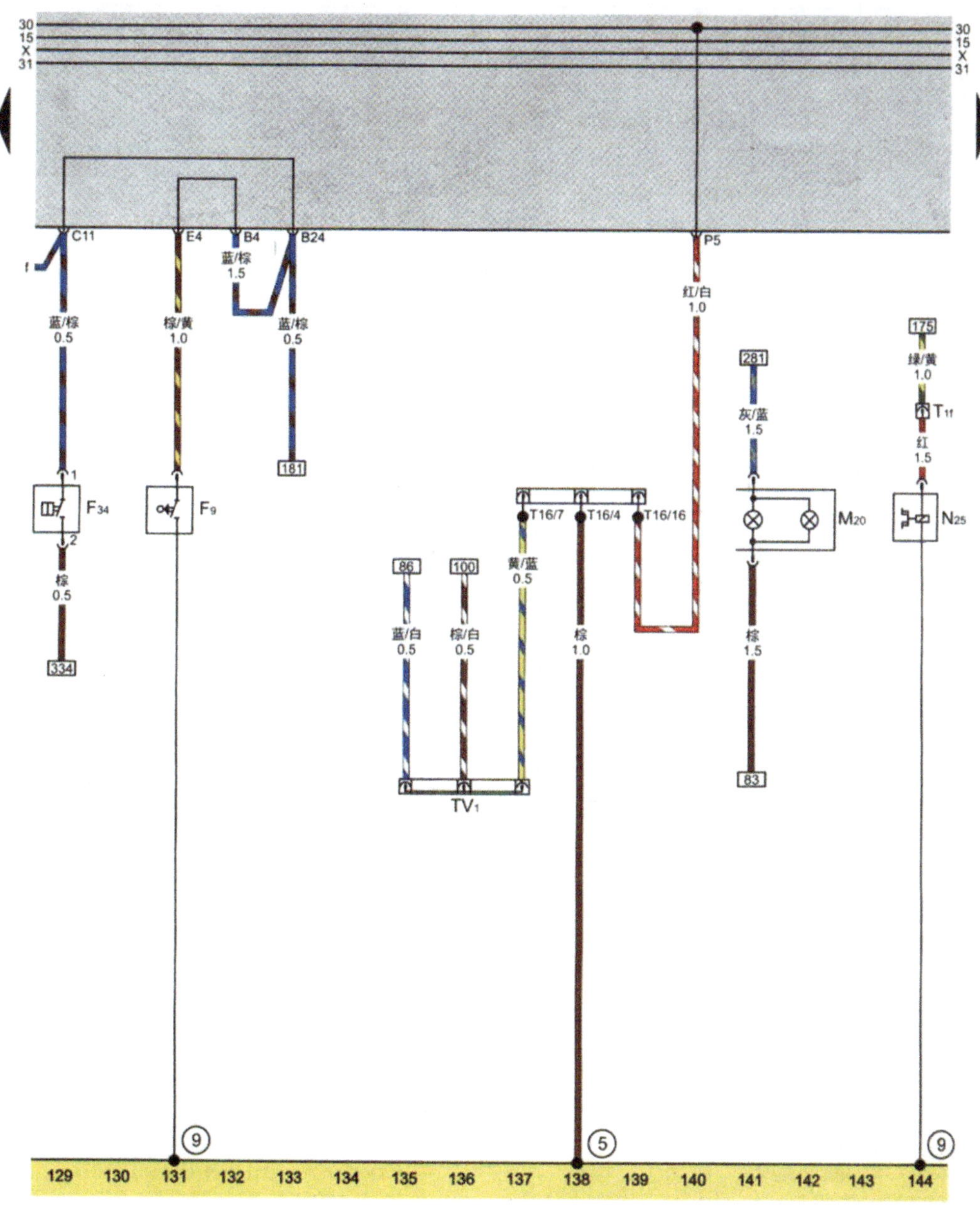

F9 — 手制动指示灯开关。

F34 — 制动液位报警开关。

M20 — 空调控制面板照明灯。

N25 — 电磁离合器。

T1f — 前大灯线束与压缩机电磁离合器插头连接，1 针，在压缩机旁。

T16 — 故障诊断仪插座，16 针，在变速杆防尘罩下面。

TV1 — 诊断线插座，附加插在中央电器 13 号位上。

⑤ — 接地点，在中央电器左侧星形接地爪上。

⑨ — 自身接地。

空调继电器、空调 A/C 开关、风速开关、鼓风马达、散热风扇、室温开关、进风门电磁阀

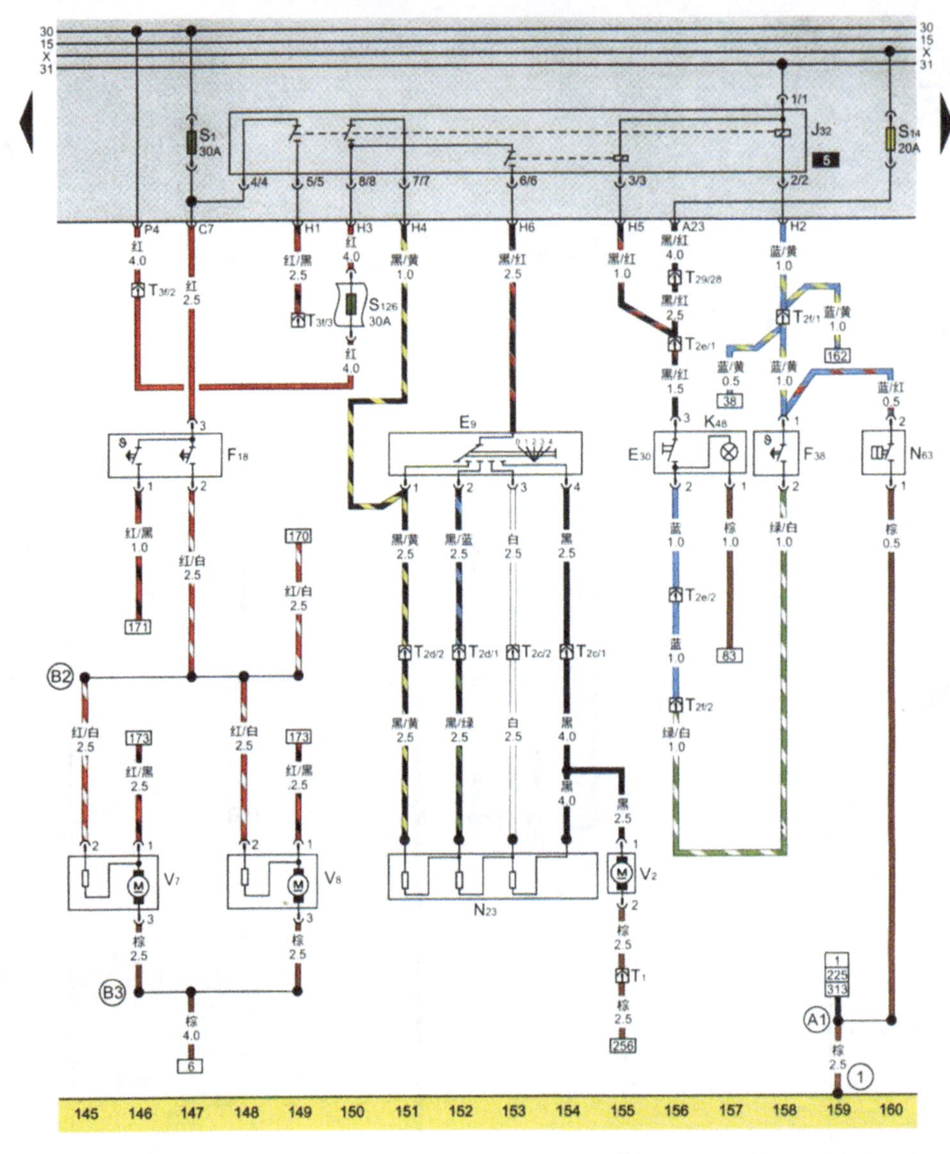

E9 — 风速开关。
E30 — 空调 A/C 开关。
F18 — 散热风扇热敏开关。
F38 — 室温开关。
J32 — 空调继电器。
K48 — 空调 A/C 开关指示灯。
N23 — 鼓风马达减速电阻。
N63 — 进风门电磁阀。
S1 — 散热风扇保险丝（不用空调时），30 A。
S14 — 空调继电器保险丝，20 A。
S126 — 空调鼓风马达保险丝，30 A。
T1 — 空调鼓风马达线束与仪表板线束插头连接，1 针，在中央电器后面。
T2c — 空调操纵线束与空调鼓风马达线束插头连接，2 针，在加速踏板上方。
T2d — 空调操纵线束与空调鼓风马达线束插头连接，2 针，在加速踏板上方。
T2e — 仪表板开关线束与空调操纵线束插头连接，2 针，在空调操纵面板后面。
T2f — 发动机线束与空调操纵线束插头连接，2 针，在中央电器后面。
T3f — 空调纵操纵线束与发动机线束插头连接，3 针，在中央电器后面。
T29 — 仪表板线束与仪表板开关线束插头连接，29 针，在组合仪表下方。
V2 — 鼓风马达。
V7 — 左散热风扇。
V8 — 右散热风扇。
① — 接地点，在发动机控制单元旁车身上。
(A1) — 接地连接线，在发动机线束内。
(B2) — 连接线，在前大灯线束内。
(B3) — 接地连接线，在前大灯线束内。

散热风扇控制器、压缩机切断继电器、冷量开关、组合开关、空调水温控制开关

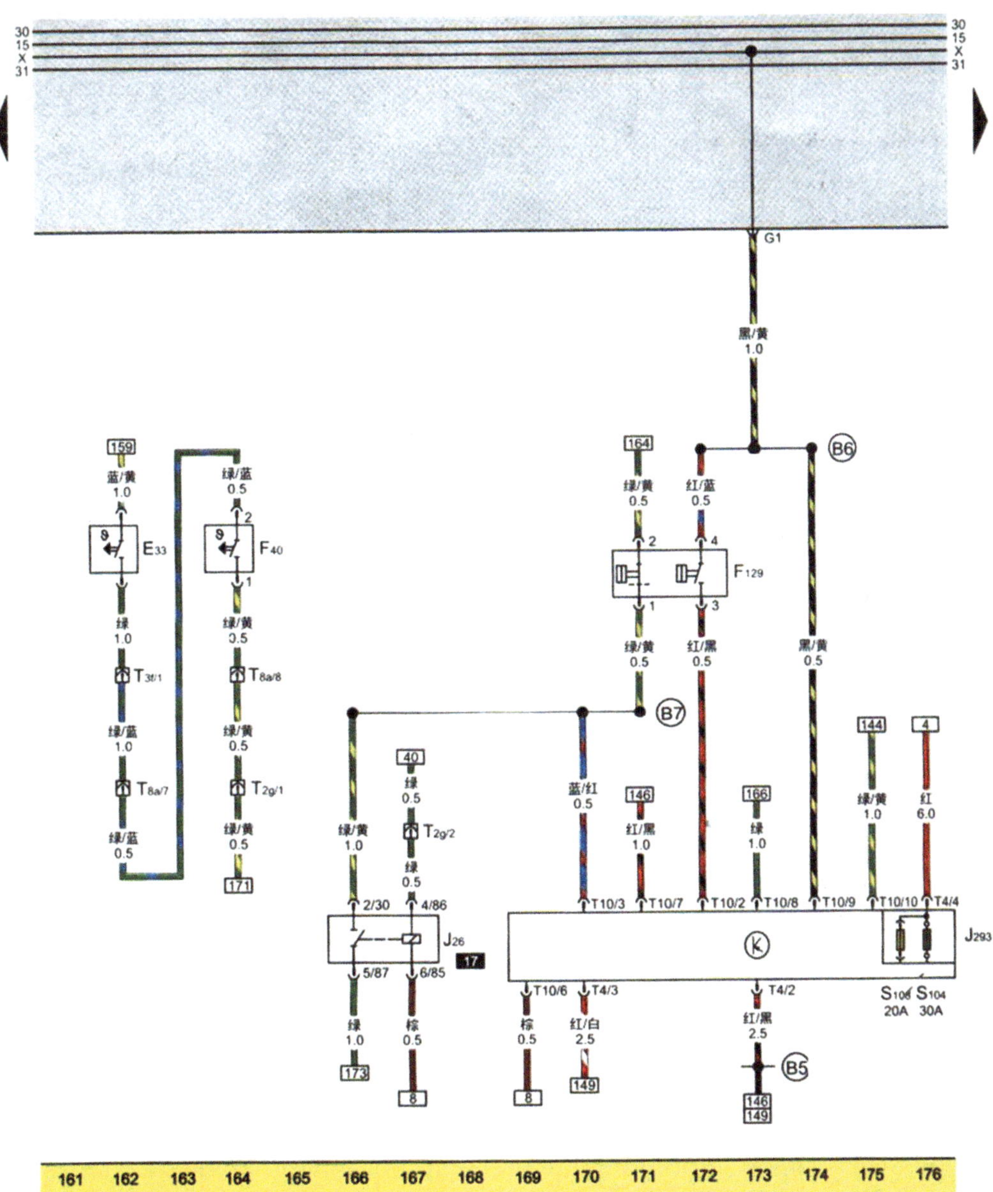

E33 — 冷量开关。
F40 — 空调水温控制开关。
F129 — 组合开关。
J26 — 压缩机切断继电器。
J293 — 散热风扇控制器。
S104 — 散热风扇保险丝，高速档(使用空调时)，30 A。
S108 — 散热风扇保险丝，低速档(使用空调时)，20 A。
T2g — 发动机线束与前大灯线束插头连接，2 针，在中央电器后面。
T3f — 空调操纵线束与发动机线束插头连接，3 针，在中央电器后面。
T4 — 前大灯线束与散热风扇控制器插头连接，4 针，在散热风扇控制器上。
T8a — 发动机线束与发动机右线束插头连接，8 针，在发动机舱中间支架上。
T10 — 前大灯线束与散热风扇控制器插头连接，10 针，在散热风扇控制器上。

B5 — 连接线，在前大灯线束内。
B6 — 正极连接线，在前大灯线束内。
B7 — 连接线，在前大灯线束内。

组合仪表

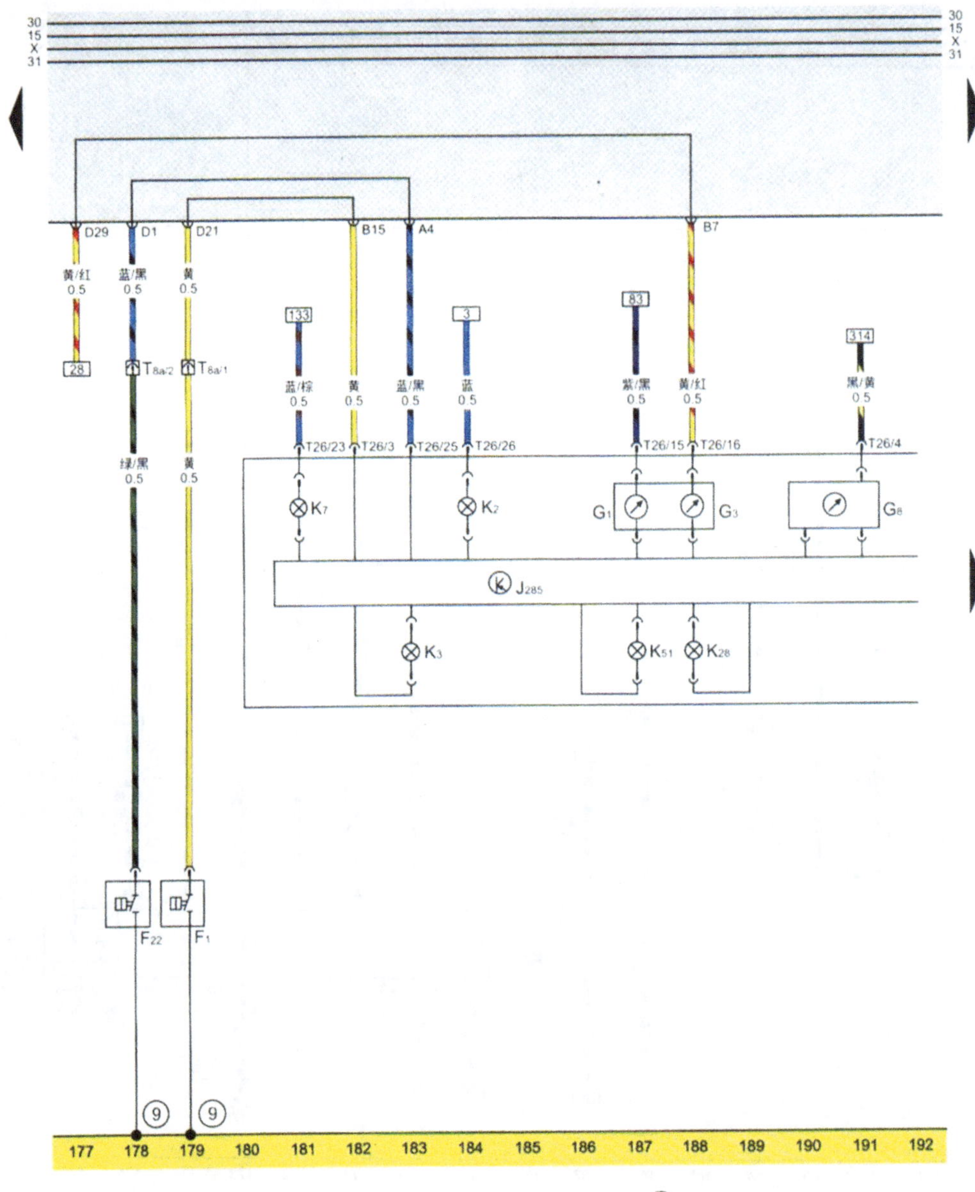

F1 — 油压开关（1.8 巴）。
F22 — 油压开关（0.25 巴）。
G1 — 燃油表。
G3 — 水温表。
G8 — 车速里程表。
J285 — 组合仪表控制器。
K2 — 充电不足警告灯。
K3 — 油压报警灯。
K7 — 手制动指示及制动液位警告灯。
K28 — 冷却液温度报警灯。
K51 — 燃油不足警告灯。
T8a — 发动机线束与发动机右线束插头连接，8 针，在发动机舱中间支架上。
T26 — 仪表板线束与组合仪表插头连接，26 针，在组合仪表上。

⑨ — 自身接地。

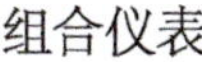

组合仪表

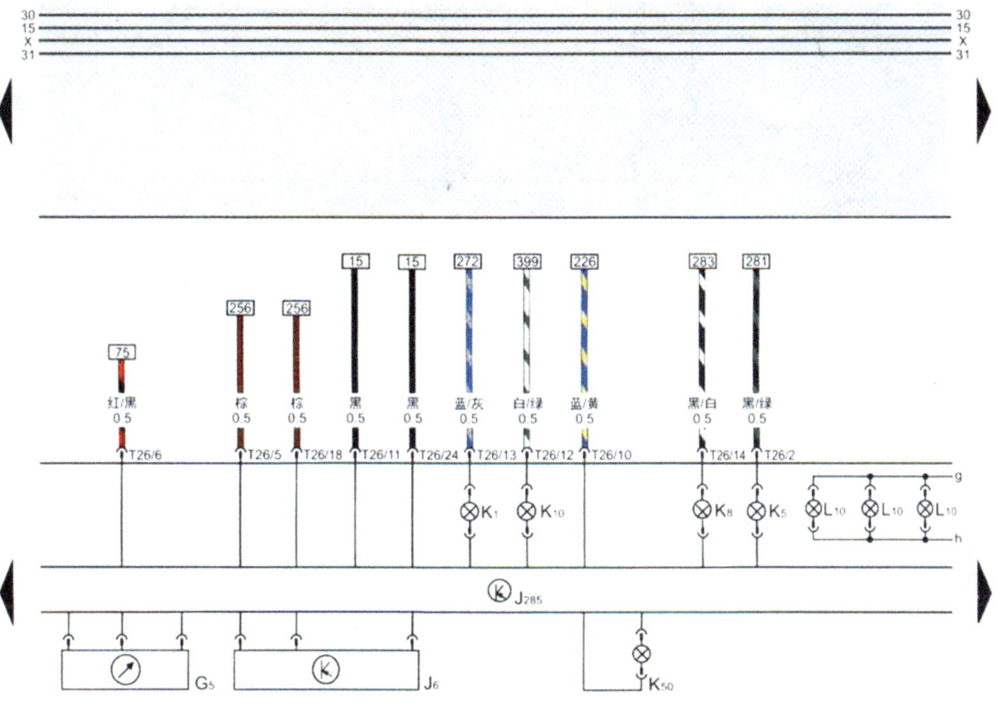

193 194 195 196 197 198 199 200 201 202 203 204 205 206 207 208

G5 — 转速表。
J6 — 稳压器。
J285 — 组合仪表控制器。
K1 — 远光指示灯。
K5 — 右转向指示灯。
K8 — 左转向指示灯。
K10 — 后风窗除霜指示灯。
K50 — 冷却液不足警告灯。
L10 — 仪表照明灯。
T26 — 仪表板线束与组合仪表插头连接，26 针，在组合仪表上 。

组合仪表、收放机、自动天线

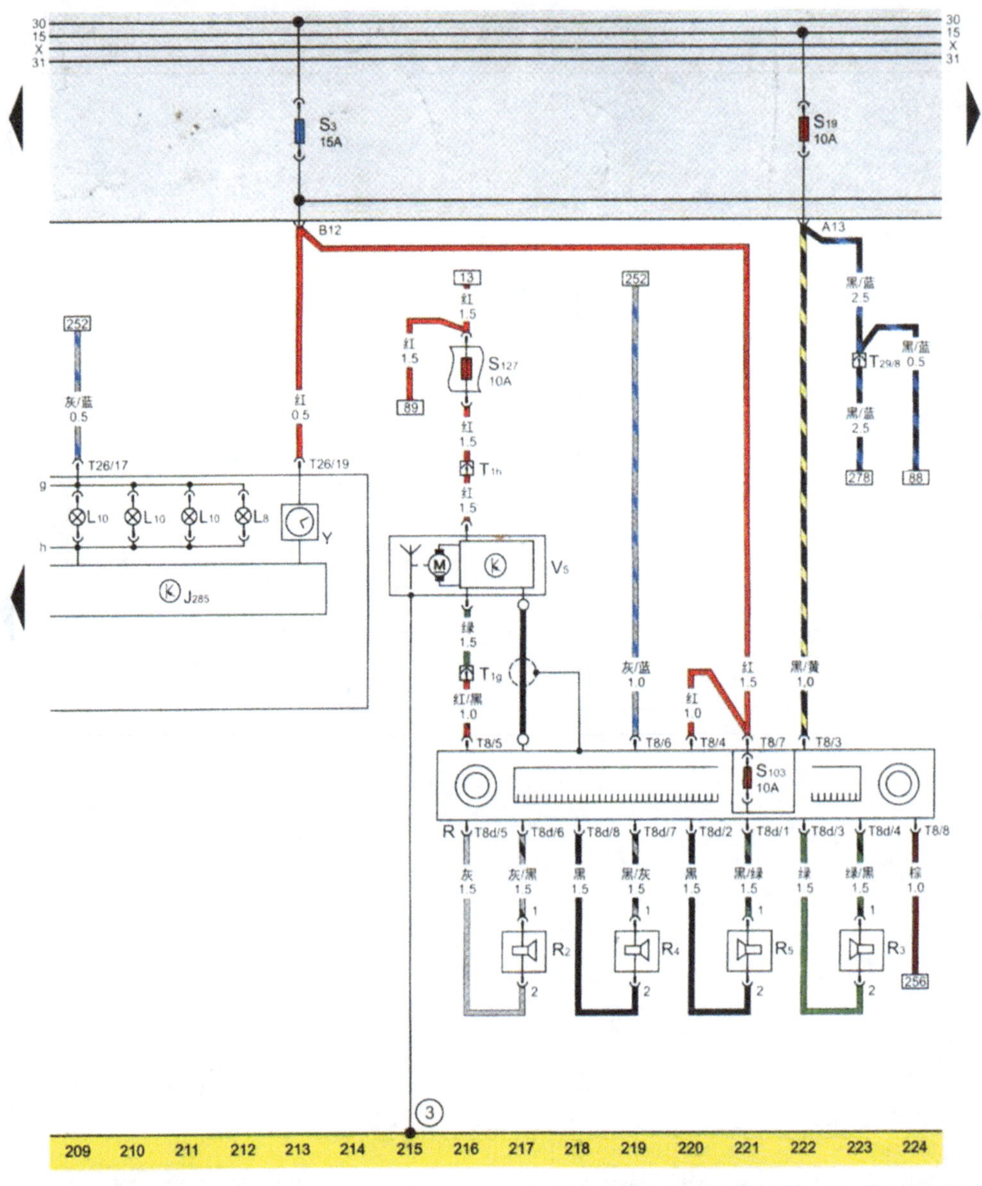

J285 — 组合仪表控制器。
L8 — 数字钟照明灯。
L10 — 仪表照明灯。
R — 收放机。
R2 — 左前扬声器。
R3 — 右前扬声器。
R4 — 左后扬声器。
R5 — 右后扬声器。
S3 — 点烟器、集控门锁、数字钟、内顶灯、后阅读灯、行李箱灯、遮阳板灯保险丝，15 A。
S19 — 收放机、转向灯、防盗器控制单元保险丝，10 A。
S103 — 收放机保险丝（停车时），10 A。
S127 — 自动天线保险丝，10 A。
T1g — 仪表板线束与自动天线插头连接，1针，在收放机后面。
T1h — 仪表板线束与自动天线插头连接，1针，在收放机后面。
T8 — 仪表板线束与收放机插头连接，8 针，在收放机后部。
T8d — 扬声器线束与收放机插头连接，8 针，在收放机后部。
T26 — 仪表板线束与组合仪表插头连接，26 针，在组合仪表上。
T29 — 仪表板线束与仪表板开关线束插头连接，29 针，在组合仪表下方。
V5 — 自动天线。
Y — 数字钟。
③ — 接地点，在自动天线附近车身上。

内顶灯、遮阳板灯、后阅读灯、行李箱照明灯

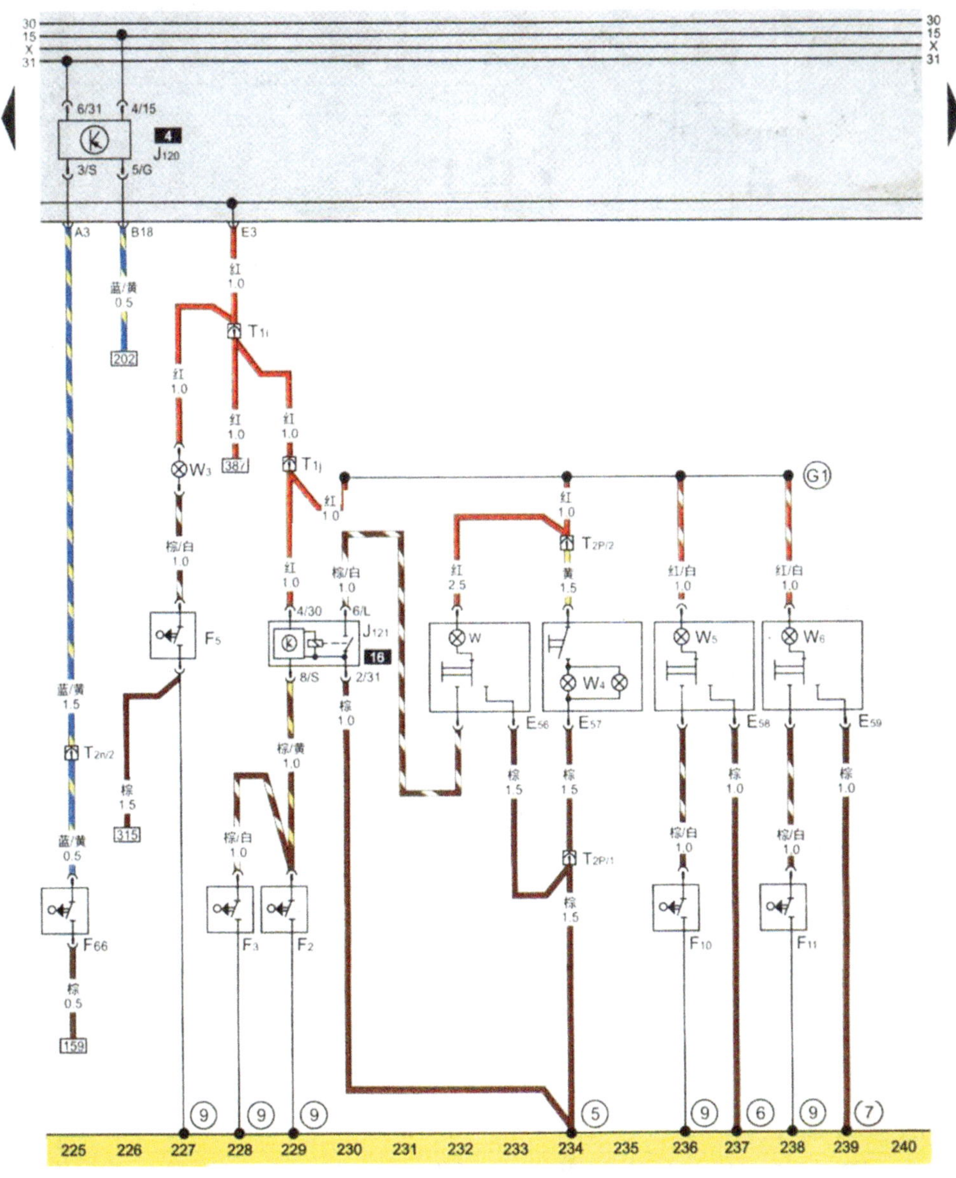

E56 — 内顶灯照明开关。
E57 — 遮阳板灯照明开关。
E58 — 左后阅读灯照明开关。
E59 — 右后阅读灯照明开关。
F2 — 左前门上内顶灯接触开关。
F3 — 右前门上内顶灯接触开关。
F5 — 行李箱照明灯接触开关。
F10 — 左后阅读灯接触开关。
F11 — 右后阅读灯接触开关。
F66 — 冷却液不足警告灯开关。
J120 — 冷却液液位控制器。
J121 — 内顶灯延时继电器。
T1i — 集控门锁线束与尾部线束插头连接，1针，在中央电器后面。
T1j — 集控门锁线束与内顶灯线束插头连接，1针，在中央电器后面。
T2r — 发动机线束与仪表板线束插头连接，2针，在中央电器后面。
T2p — 内顶灯线束与遮阳板灯插头连接，2针，在车顶前右侧。
W — 内顶灯。
W3 — 行李箱照明灯。
W4 — 遮阳板灯。
W5 — 左后阅读灯。
W6 — 右后阅读灯。
(5) — 接地点，在中央电器左侧星形接地爪上。
(6) — 接地点，在左后阅读灯前方车顶上。
(7) — 接地点，在右后阅读灯前方车顶上。
(9) — 自身接地。
(G1) — 正极连接线，在内顶灯线束内。

灯光开关、点烟器

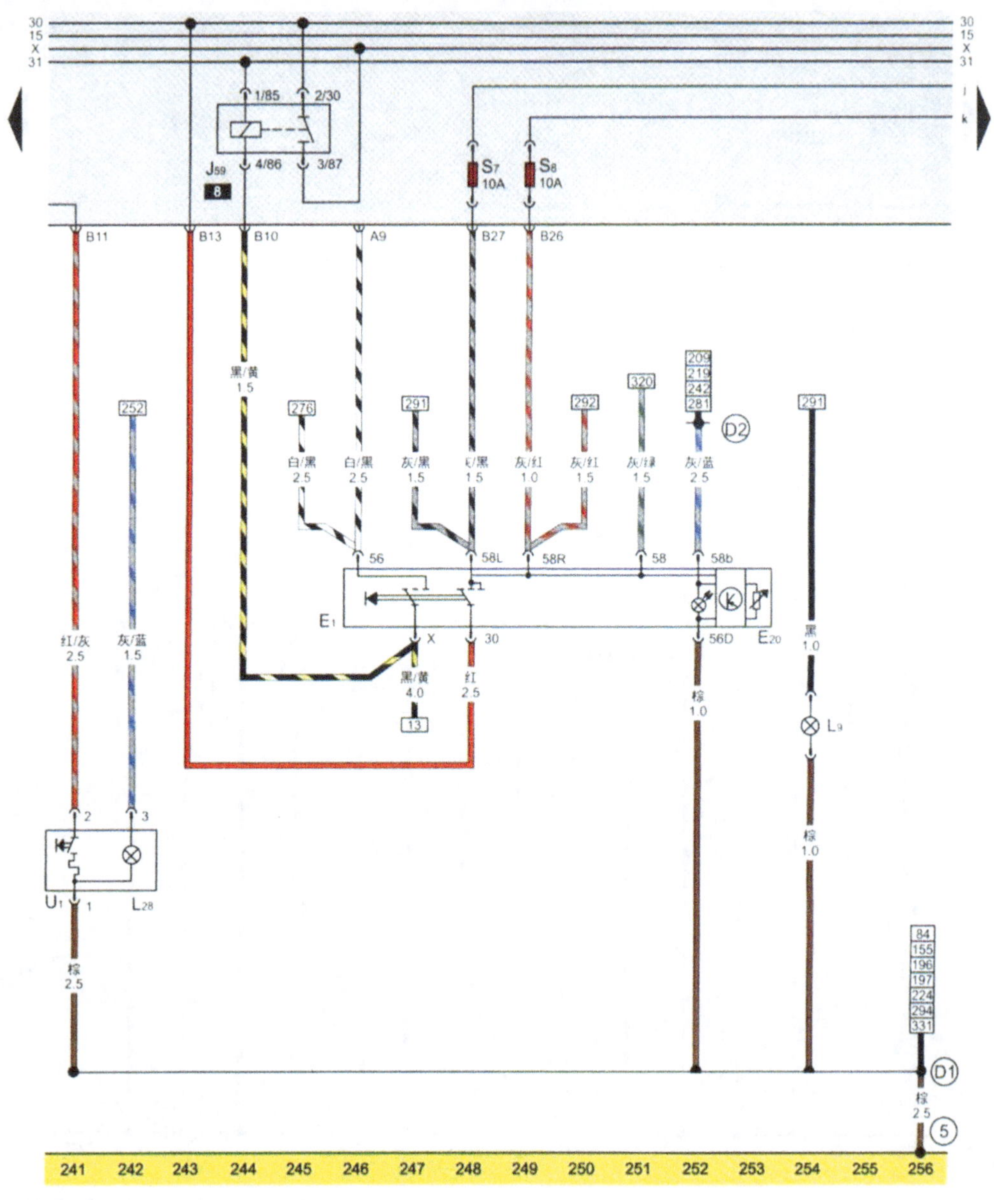

E1 — 灯光开关。

E20 — 仪表板照明调节器。

J59 — X-接触继电器。

L9 — 灯光开关照明灯。

L28 — 点烟器照明灯。

S7 — 左尾灯、左前停车灯保险丝，10 A。

S8 — 右尾灯、右前停车灯、发动机舱照明灯保险丝，10 A。

U1 — 点烟器。

(5) — 接地点，在中央电器左侧星形接地爪上。

(D1) — 接地连接线，在仪表板线束内。

(D2) — 连接线，在仪表板线束内。

前大灯、停车灯、后转向灯、尾灯、制动灯、发动机舱照明

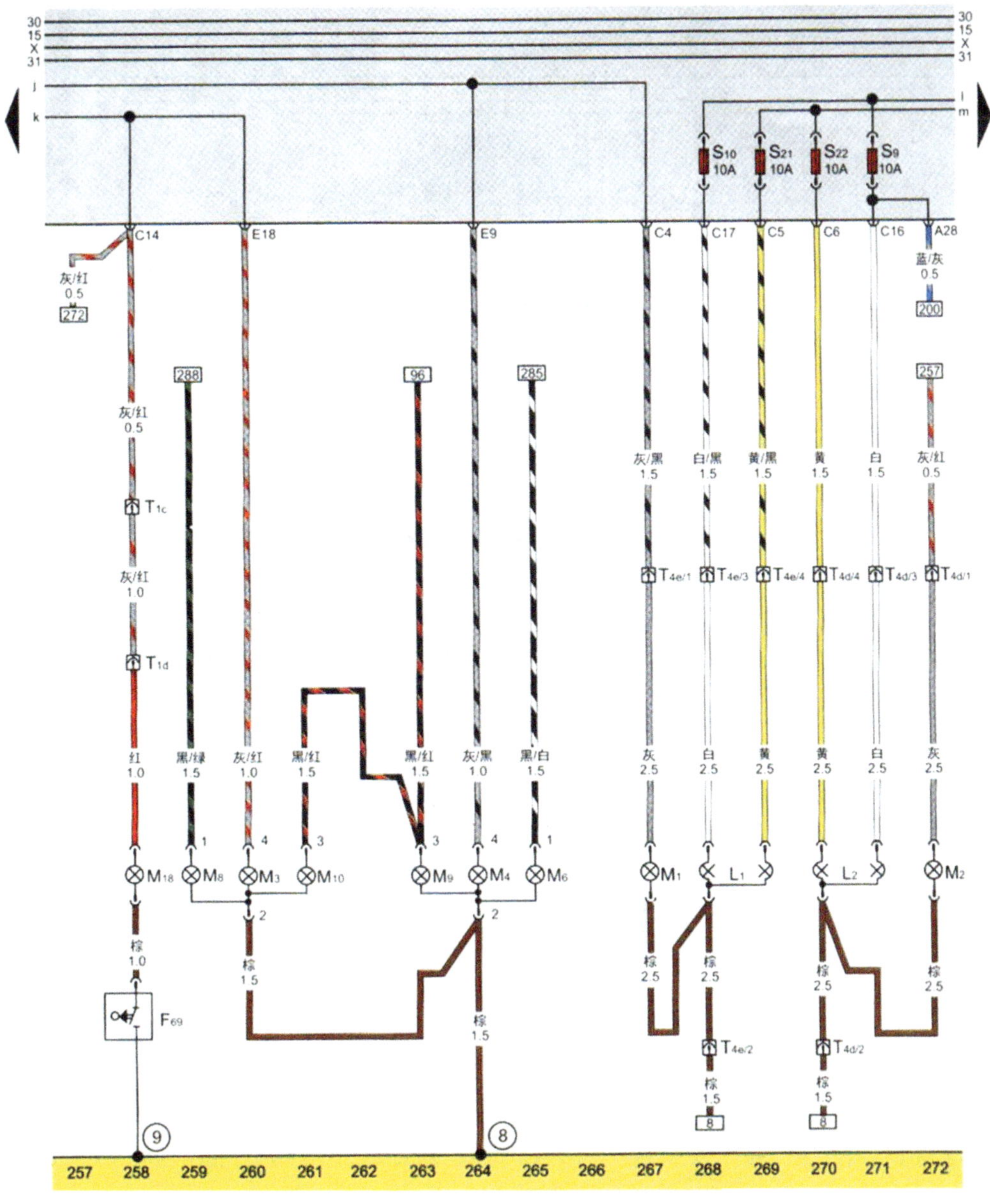

F69 — 发动机舱照明灯接触开关。
L1 — 左前大灯。
L2 — 右前大灯。
M1 — 左停车灯。
M2 — 右停车灯。
M3 — 右尾灯。
M4 — 左尾灯。
M6 — 左后转向灯。
M8 — 右后转向灯。
M9 — 左制动灯。
M10 — 右制动灯。
M18 — 发动机舱照明灯。
S9 — 右前大灯（远光）保险丝，10 A。
S10 — 左前大灯（远光）保险丝，10 A。
S21 — 左前大灯（近光）保险丝，10 A。
S22 — 右前大灯（近光）保险丝，10 A。
T1c — 前大灯线束与发动机线束插头连接，1 针，在中央电器后面。
T1d — 发动机线束与发动机舱照明灯电线插头连接，1 针，在刮水器电机前。
T4d — 前大灯线束与右前大灯插头连接，4 针，在右前大灯上。
T4e — 前大灯线束与左前大灯插头连接，4 针，在左前大灯上。
⑧ — 接地点，在左组合后灯左侧车身上。
⑨ — 自身接地。

变光开关、报警灯开关、前转向灯

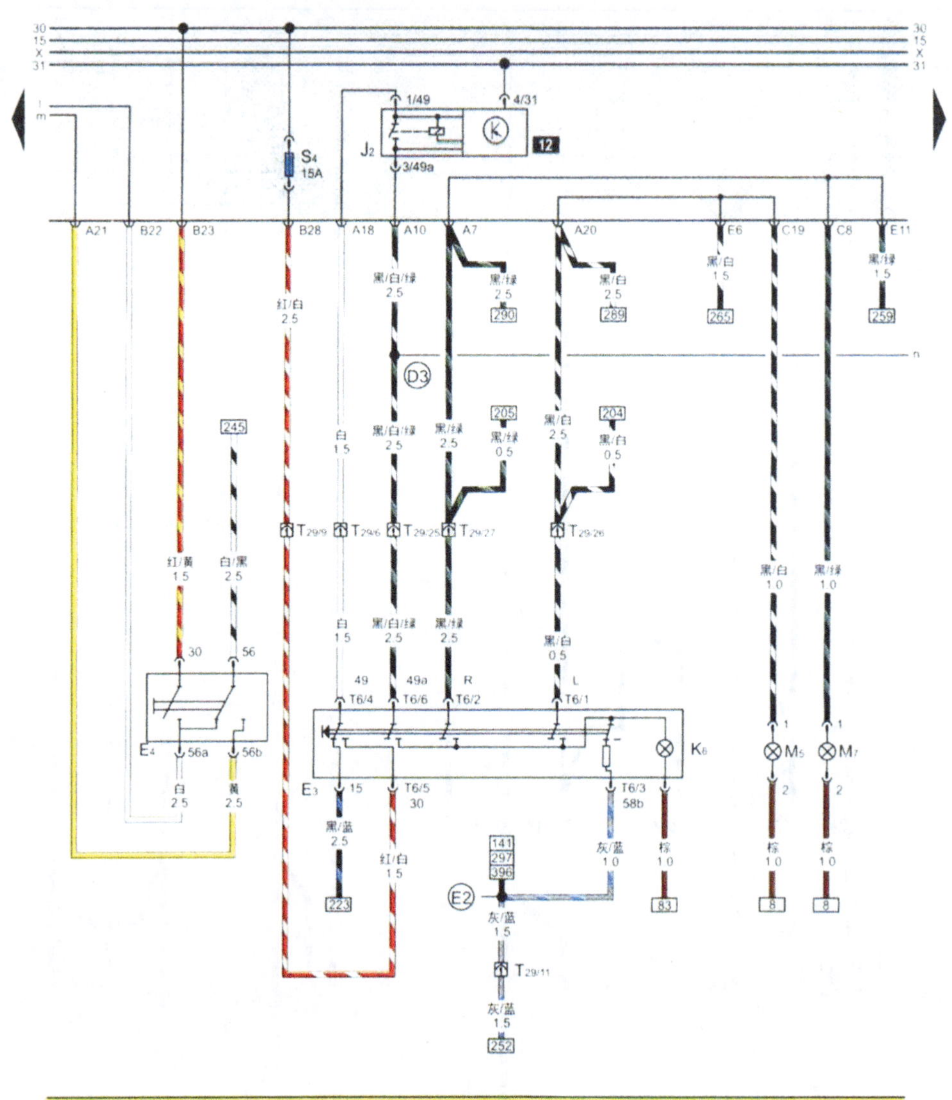

273 274 275 276 277 278 279 280 281 282 283 284 285 286 287 288

E3 — 报警灯开关。

E4 — 变光开关。

J2 — 转向灯继电器。

K6 — 报警闪光指示灯。

M5 — 左前转向灯。

M7 — 右前转向灯。

S4 — 报警灯保险丝，15 A。

T6 — 仪表板开关线束与报警灯开关插头连接，6 针，在报警灯开关上。

T29 — 仪表板线束与仪表板开关线束插头连接，29 针，在组合仪表下方。

(D3) — 正极连接线，在仪表板线束内。

(E2) — 连接线，在仪表板开关线束内。

转向灯开关、停车灯开关、雾灯开关、双音喇叭

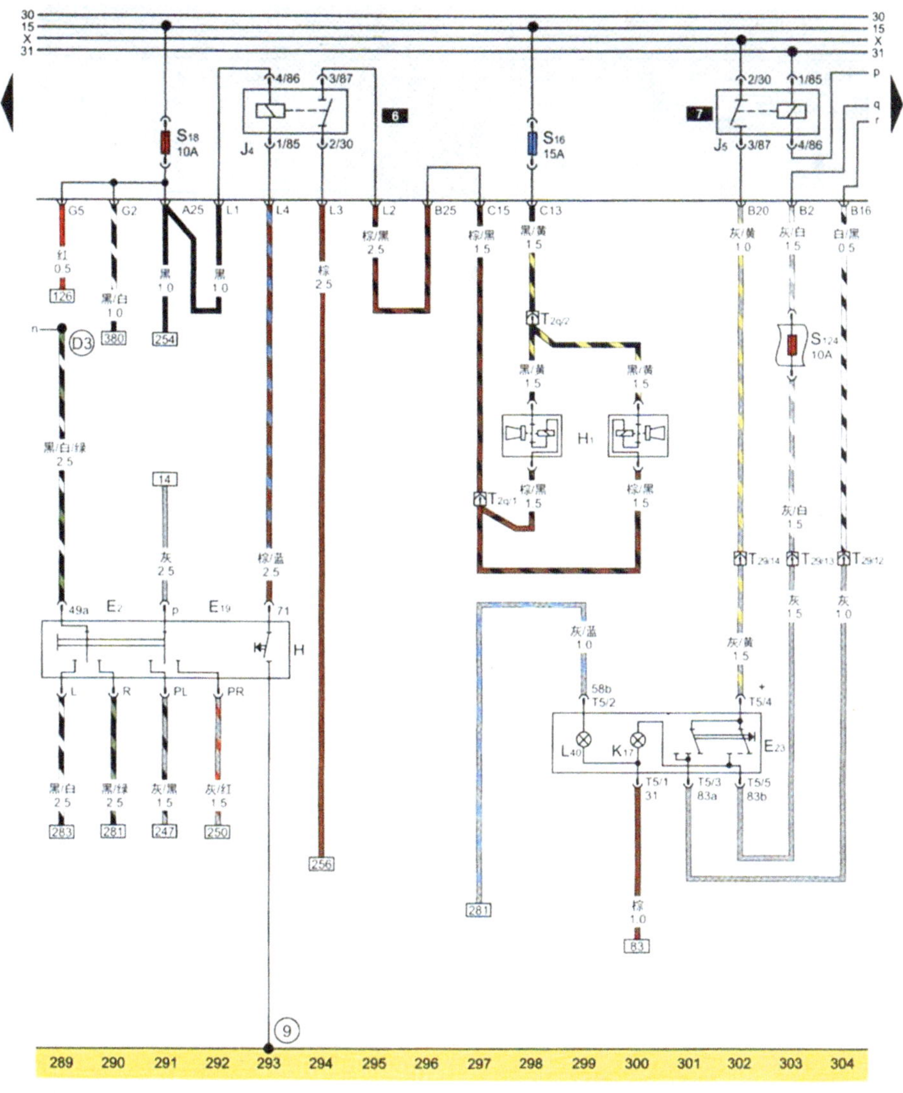

E2 — 转向灯开关。

E19 — 停车灯开关。

E23 — 雾灯开关。

H — 双音喇叭开关。

H1 — 双音喇叭。

J4 — 喇叭继电器。

J5 — 雾灯继电器。

K17 — 雾灯指示灯。

L40 — 雾灯开关照明灯。

S16 — 喇叭保险丝，15 A。

S18 — 喇叭继电器、灯光开关、ABS警告灯保险丝，10 A。

S124 — 后雾灯保险丝，10 A。

T2q — 前大灯线束与喇叭线束插头连接，2 针，在喇叭上方。

T5 — 仪表板开关线束与雾灯开关插头连接，5 针，在雾灯开关上。

T29 — 仪表板线束与仪表板开关线束插头连接，29 针，在组合仪表下方。

⑨ — 自身接地。

(D3) — 正极连接线，在仪表板线束内。

雾灯、倒车灯、牌照灯、杂物箱照明灯、车速传感器

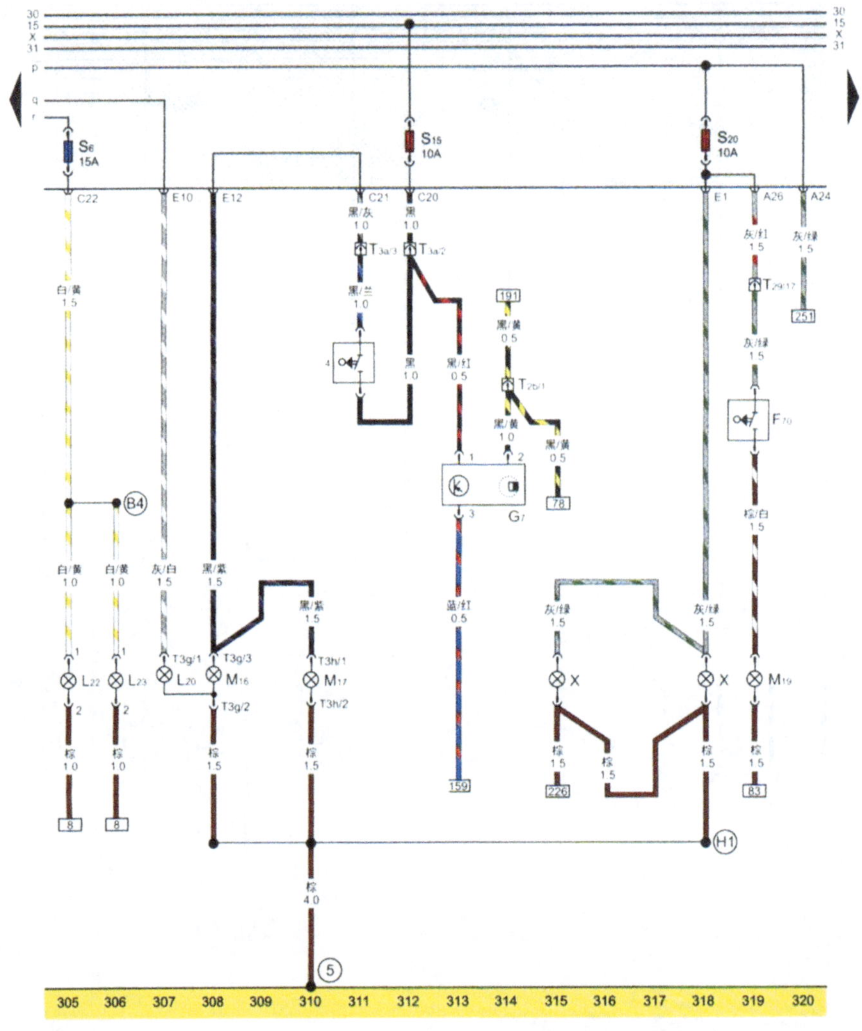

F4 — 倒车灯开关。

F70 — 杂物箱照明灯接触开关。

G7 — 车速传感器。

L20 — 后雾灯。

L22 — 左前雾灯。

L23 — 右前雾灯。

M16 — 左倒车灯。

M17 — 右倒车灯。

M19 — 杂物箱照明灯。

S6 — 前雾灯保险丝，15 A。

S15 — 倒车灯、车速传感器保险丝，10 A。

S20 — 牌照灯、杂物箱照明灯保险丝，10 A。

T2b — 发动机线束与仪表板线束插头连接，2 针，在中央电器后面。

T3a — 发动机线束与前大灯线束插头连接，3 针，在中央电器后面。

T3g — 尾部线束与左倒车灯插头连接，3 针，在左倒车灯上。

T3h — 尾部线束与右倒车灯插头连接，3 针，在右倒车灯上。

T29 — 仪表板线束与仪表板开关线束插头连接，29 针，在组合仪表下方。

X — 牌照灯。

(5) — 接地点，在中央电器左侧星形接地爪上。

(B4) — 正极连接线，在前大灯线束内。

(H1) — 接地连接线，在尾部线束内。

前风窗刮水器、前风窗清洗器

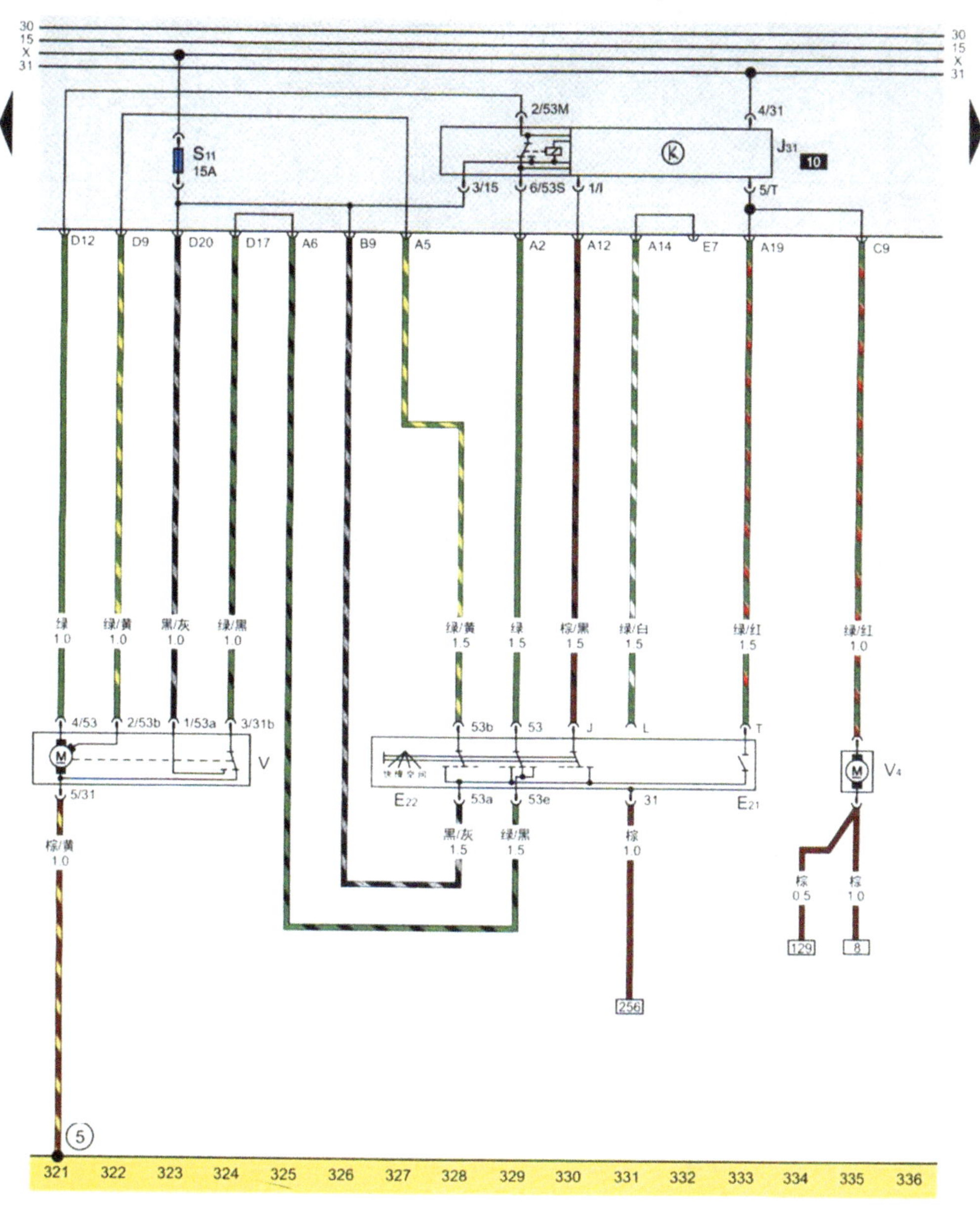

E21 — 前风窗清洗泵开关。

E22 — 前风窗前刮水器开关。

J31 — 刮水继电器。

S11 — 前风窗刮水器、清洗泵保险丝，15 A。

V — 前风窗刮水电机。

V4 — 前风窗清洗泵。

⑤ — 接地点，在中央电器左侧星形接地爪上。

电动摇窗机

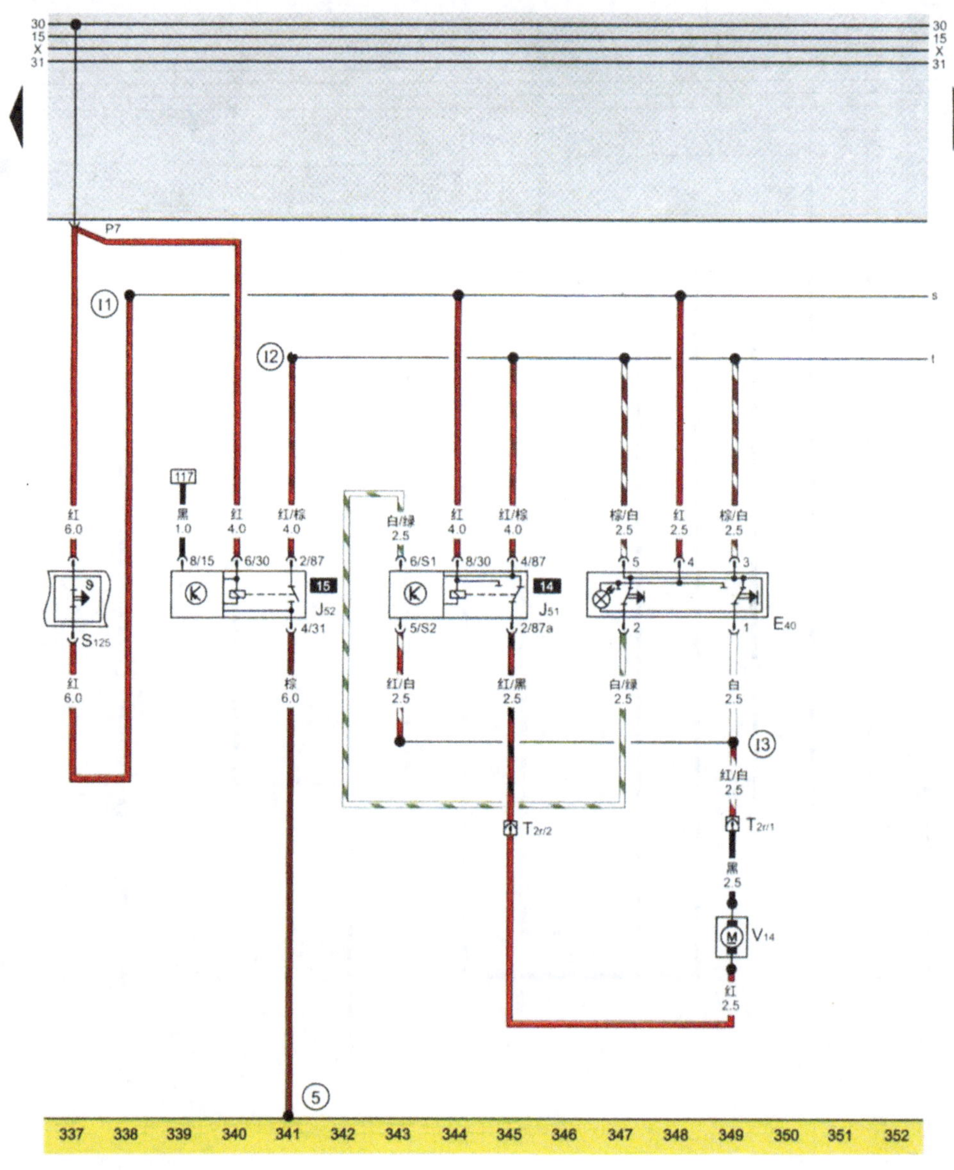

E40 — 摇窗机自关(左前)。

J51 — 摇窗机自动下降继电器。

J52 — 摇窗机延时继电器。

S125 — 电动摇窗机热保护器。

T2r — 电动摇窗机线束与摇窗机马达插头连接，2 针，在左前门内。

V14 — 左前摇窗机马达。

⑤ — 接地点，在中央电器左侧星形接地爪上。

⑪ — 正极连接线，在电动摇窗机线束内。

⑫ — 连接线，在电动摇窗机线束内。

⑬ — 连接线，在电动摇窗机线束内。

电动摇窗机

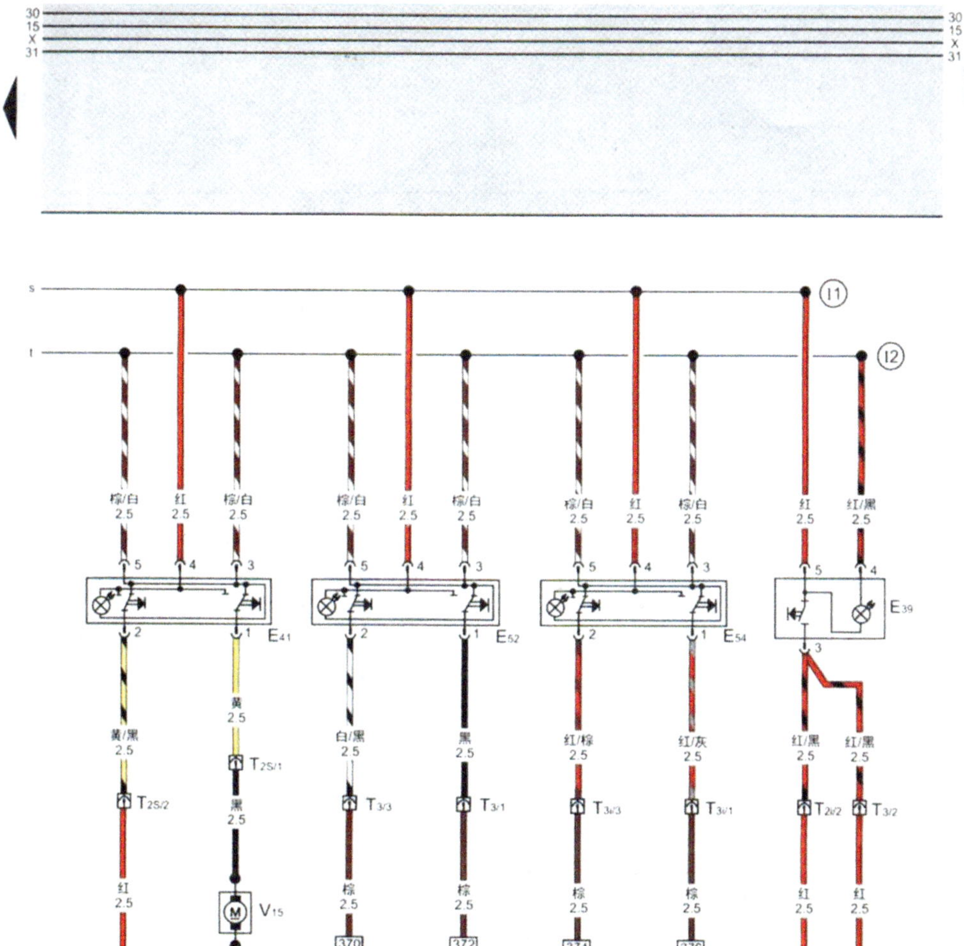

353	354	355	356	357	358	359	360	361	362	363	364	365	366	367	368

E39 — 摇窗机安全开关(后门)。

E41 — 摇窗机开关(左前)。

E52 — 摇窗机开关(左后)。

E54 — 摇窗机开关(右后)。

T2s — 电动摇窗机线束与摇窗机马达插头连接，2 针，在右前门内。

T3 — 电动摇窗机线束与左后摇窗机开关插头连接，3 针，在左后门内。

T3i — 电动摇窗机线束与右后摇窗机开关插头连接，3 针，在右后门内。

V15 — 右前摇窗机马达。

(I1) — 正极连接线，在电动摇窗机线束内。

(I2) — 连接线，在电动摇窗机线束内。

电动摇窗机、电动后视镜

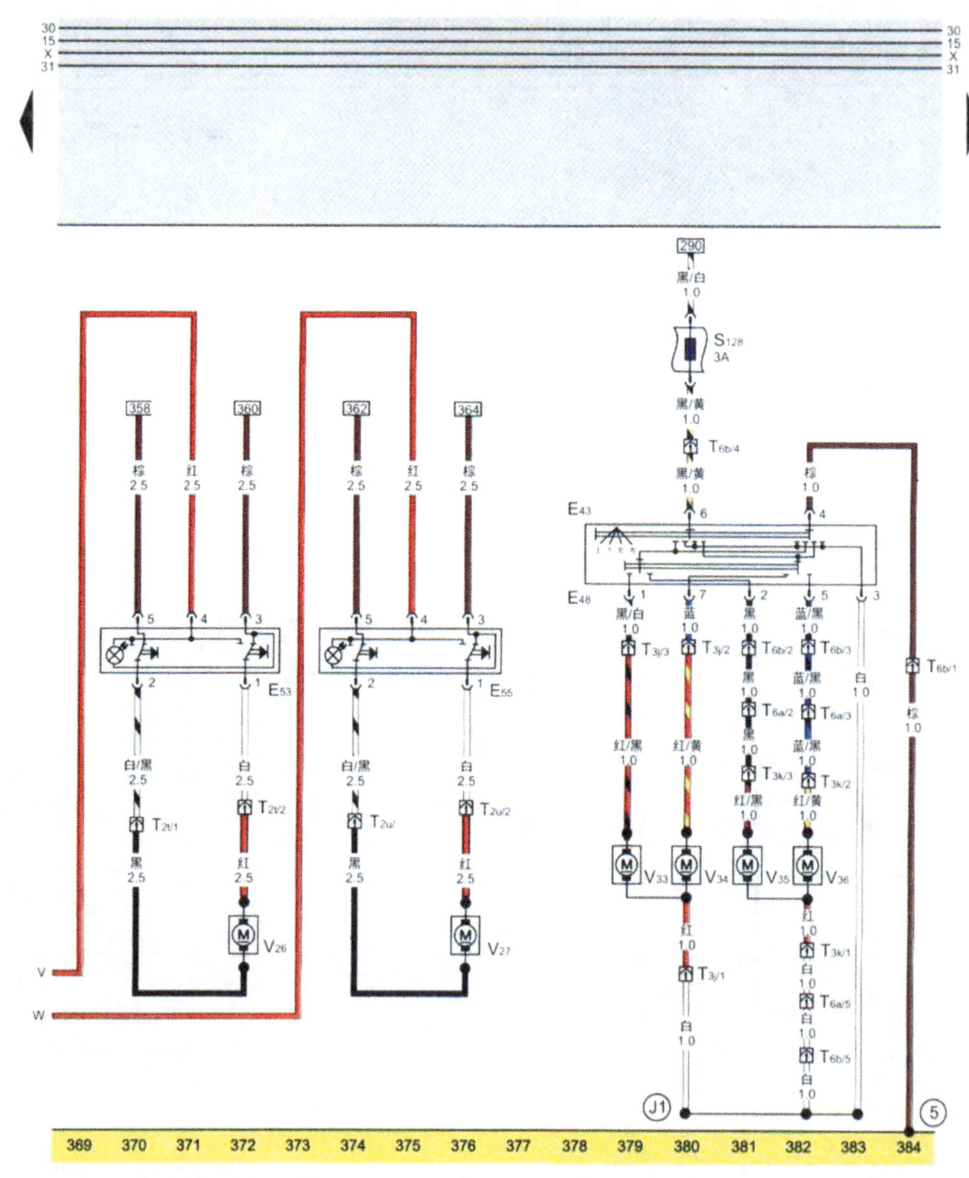

E43 — 电动后视镜调节开关。

E48 — 电动后视镜转换开关。

E53 — 左后门上摇窗机开关。

E55 — 右后门上摇窗机开关。

S128 — 电动后视镜保险丝，3 A。

T2t — 左后摇窗机开关与摇窗机马达插头连接，2 针，在左后门内。

T2u — 右后摇窗机开关与摇窗机马达插头连接，2 针，在右后门内。

T3j — 左前门线束与左电动后视镜插头连接，3 针，在左前门内。

T3k — 右前门线束与右电动后视镜插头连接，3 针，在右前门内。

T6a — 电动后视镜线束与右前门线束插头连接，6 针，在杂物箱右侧。

T6b — 电动后视镜线束与左前门线束插头连接，6 针，在中央电器左侧。

V26 — 左后摇窗机马达。

V27 — 右后摇窗机马达。

V33 — 左电动后视镜上下调节马达。

V34 — 左电动后视镜左右调节马达。

V35 — 右电动后视镜上下调节马达。

V36 — 右电动后视镜左右调节马达。

(5) — 接地点，在中央电器左侧星形接地爪上。

(J1) — 连接线，在左前门线束内。

集控门锁、后风窗除霜

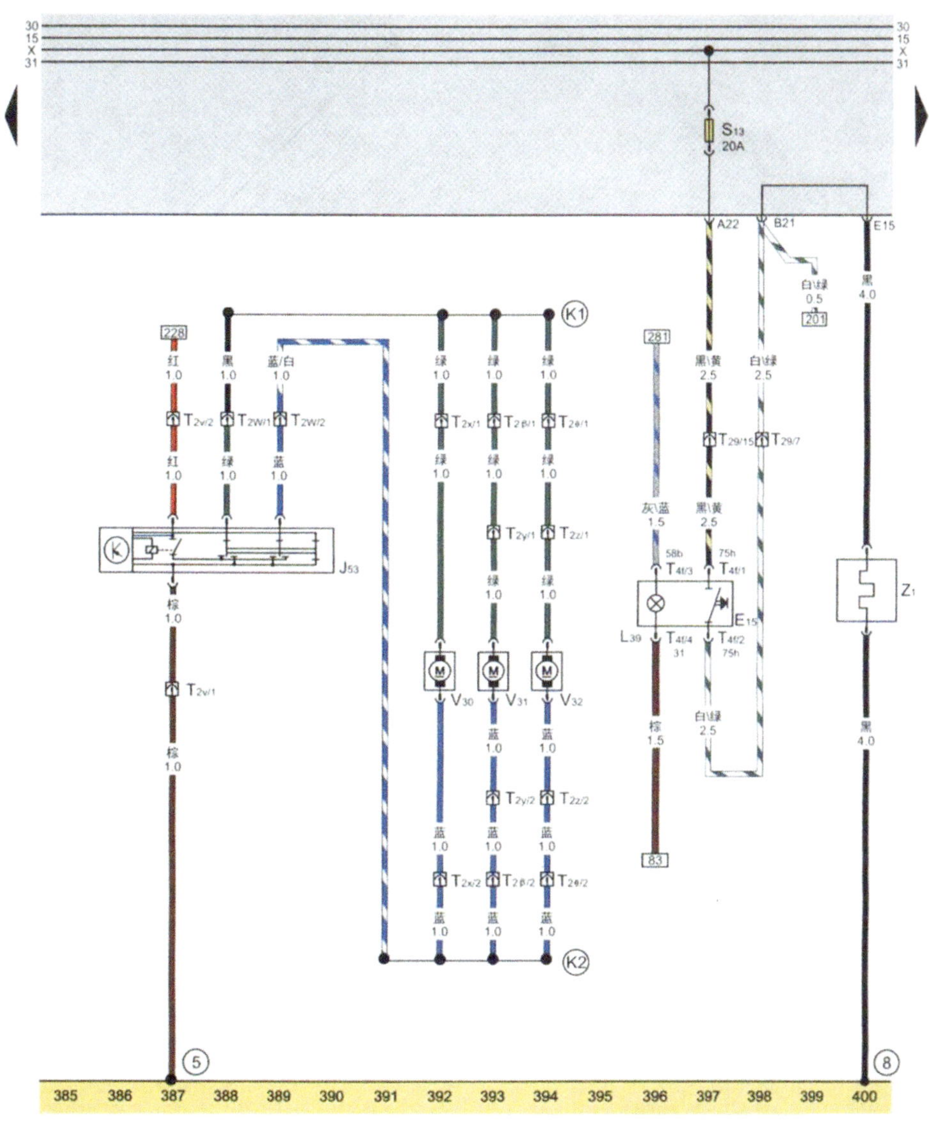

E15 — 后风窗除霜器开关。

J53 — 集控锁控制器。

L39 — 后风窗除霜开关照明灯。

S13 — 后窗除霜器保险丝，20 A 。

T2v — 左前门集控锁附加线束与集控门锁线束插头连接，2 针，在左前门内 。

T2w — 左前门集控锁附加线束与集控门锁线束插头连接，2 针，在左前门内。

T2x — 右前门集控锁附加线束与集控门锁线束插头连接，2 针，在右前门内。

T2y — 左后门集控锁附加线束与左后门附加线束插头连接，2 针，在左后门内。

T2z — 右后门集控锁附加线束与右后门附加线束插头连接，2 针，在右后门内。

T2β — 左后门附加线束与集控门锁线束插头连接，2 针，在司机座椅外侧地毯下 。

T2ϑ — 右后门附加线束与集控门锁线束插头连接，2 针，在副驾驶座椅外侧地毯下。

T4f — 仪表板开关线束与后窗除霜器开关插头连接，4 针，在后窗除霜器开关上。

T29 — 仪表板线束与仪表板开关线束插头连接，29 针，在组合仪表下方 。

V30 — 右前集控锁马达。

V31 — 左后集控锁马达。

V32 — 右后集控锁马达。

Z1 — 后风窗除霜器。

⑤ — 接地点，在中央电器左侧星形接地爪上。

⑧ — 接地点,在左组合后灯左侧车身上。

(K1) — 连接线，在集控门锁线束内。

(K2) — 连接线，在集控门锁线束内。